Allemagne
Faits et réalités

D0727841

Allemagne
Faits et réalités

Societäts-Verlag

Sommaire

Sommaire

Le pays

La République fédérale d'Allemagne est située au centre de l'Europe. Elle a pour voisins neuf Etats: le Danemark au Nord, les Pays-Bas, la Belgique, le Luxembourg et la France à l'Ouest, la Suisse et l'Autriche au Sud ainsi que la Tchécoslovaquie et la Pologne à l'Est. Cette situation médiane est plus caractérisée encore depuis que l'Allemagne a recouvré son unité étatique, le 3 octobre 1990. Plus que jamais, la République fédérale est une plaque tournante entre l'Est et l'Ouest, mais aussi pour la Scandinavie et le bassin méditerranéen. Ancrée dans la Communauté européenne et l'OTAN, l'Allemagne est un pont vers les Etats d'Europe centrale et orientale.

Le territoire de la République fédérale d'Allemagne a une superficie de 357.000 km². La distance maximale Nord-Sud à vol d'oiseau est de 876 km et, d'Ouest en Est, de 640 km. Les points les plus excentriques de la frontière sont List, sur l'île de Sylt, au Nord, le village saxon de Deschka, à l'Est, la ville bavaroise d'Oberstdorf, au Sud, et Selfkant (en Rhénanie du Nord/Westphalie), à l'Ouest. Les frontières de la République fédérale couvrent une longueur totale de 3.767 km.

La population de l'Allemagne est d'environ 79,1 millions d'habitants. Après la Russie, la République fédérale est l'Etat le plus peuplé d'Europe, devant l'Italie avec 58 millions d'habitants, la Grande-Bretagne avec 57 millions et la France avec 56 millions. Par sa superficie, l'Allemagne est toutefois plus petite que la France, avec 552.000 kilomètres carrés, et l'Espagne, avec 505.000 kilomètres carrés.

Les paysages. Les paysages allemands sont extrêmement diversifiés et pleins d'attraits. Des montagnes de moyenne et haute altitude succèdent à des plateaux, des terrasses en gradins, des contrées vallonnées ou montagneuses et des régions de lacs ainsi que de vastes étendues ouvertes. Du Nord au Sud, l'Allemagne se subdivise en cinq grands types de paysages: la plaine d'Allemagne du Nord, la frange de montagnes moyennes, les gradins d'altitude moyenne d'Allemagne du Sud-Ouest, les Préalpes d'Allemagne du Sud et les Alpes bavaroises.

Au Nord, des plissements de collines de moraines sableuses et d'argile émaillés d'innombrables lacs caractérisent la plaine, ponctuée de landes et de tourbières ainsi que de sols fertiles, vers le Sud, au pied du plissement hercynien d'Allemagne centrale: parmi

© *westermann* / 07

Yougoslavie: la Serbie et le Monténégro ont choisi comme nom d'Etat «République fédérale de Yougoslavie» – jusqu'à présent, pas de reconnaissance internationale par les Etats de la CE.
Macédoine: cet Etat (et son nom, «République yougoslave de Macédoine») ne sont, jusqu'ici, pas encore reconnus internationalement par les Etats de la CE.

L'Europe d'aujourd'hui (avril 1992) —— Frontière de pays ○ Capitale

ces bassins de basse plaine figurent le bassin du Rhin inférieur, le bassin de Westphalie et le bassin de Saxe-Thuringe. Au Nord, les basses terres fertiles conquises sur la mer du Nord vont jusqu'aux moraines sableuses. Dans le Schleswig-Holstein, les Förde, échancrures du littoral, sont typiques de la côte de la Baltique, alors qu'une côte de plages et de cordons littoraux en voie de régularisation prédomine dans le Mecklembourg-Poméranie occidentale. Dans la mer du Nord, les îles les plus importantes sont les îles de Frise orientale comme Borkum ou Norderney, les îles de la Frise du Nord comme Amrum, Föhr ou Sylt et les „Hallig", Helgoland, dans la baie de Helgoland, ainsi que, dans la Baltique,

Rügen et Fehmarn. Le littoral de la Baltique se compose en partie de rives basses et sablonneuses et en partie de falaises escarpées. Entre la mer du Nord et la Baltique se trouve le paysage de basses collines appelé la „Suisse du Holstein".

Des ondulations de moyenne altitude séparent le nord du sud de l'Allemagne; la vallée du Rhin central, entre Bonn et Bingen, ainsi que les fossés de la Hesse servent de voies de pénétration naturelles pour la circulation Nord-Sud. Parmi les massifs de moyenne altitude figurent notamment le Massif schisteux rhénan avec le Hunsrück, l'Eifel, le Taunus, le Westerwald, le Pays de Berg et le Sauerland, le Bergland hessois, le Weserbergland et le Leinebergland à l'ouest et au centre de l'Allemagne. Au cœur de l'Allemagne s'élève le massif isolé du Harz. A l'Est s'étendent la Rhön, la Forêt de Bavière, la Forêt du Haut-Palatinat, le Fichtelgebirge, la Forêt de Franconie, la Forêt de Thuringe et l'Erzgebirge.

Les terrasses en gradins de moyenne altitude du sud-ouest de l'Allemagne comportent le fossé du haut Rhin bordé par les massifs

---

Montagnes, cours d'eau, lacs, îles

Zugspitze (Alpes calcaires septentrionales)	2962 m
Watzmann (Alpes calcaires septentrionales)	2713 m
Feldberg (Forêt-Noire)	1493 m
Großer Arber (Forêt de Bavière)	1456 m
Fichtelberg (Erzgebirge)	1214 m
Brocken (Harz)	1142 m
Cours d'eau à l'intérieur de l'Allemagne:	
Rhin	865 km
Elbe	700 km
Main	524 km
Weser	440 km
Spree	382 km
Canaux aouverts à la navigation:	
Mittellandkanal	321 km
Canal Dortmund-Ems	269 km
Canal mer du Nord/Baltique	99 km
Lacs naturels et artificiels:	
Lac de Constance (superficie totale)	538 km^2
Lac de Constance (partie allemande)	305 km^2
Müritz	115 km^2
Schwammenauel	205 km^3
Edertalsperre (Edersee)	202 km^3
Iles:	
Rügen	926 km^2
Usedom (partie allemande)	354 km^2
Fehmarn	185 km^2
Sylt	99 km^2

de la Forêt-Noire, de l'Odenwald et du Spessart, la Forêt du Palatinat avec le Haardt et les terrasses en gradins de Souabe-Franconie avec le Jura souabe.

Dans une étroite vallée entre Bingen et Bonn, le Rhin, principal axe de circulation allemand dans le sens Nord-Sud, se fraye son chemin à travers le Massif schisteux rhénan, dont les hauts plateaux et les crêtes peu fertiles du Hunsrück, du Taunus, de l'Eifel et du Westerwald sont beaucoup moins peuplés que les contrées des vallées protégées sur les rives gauche et droite du Rhin, caractérisées par la viticulture et un tourisme prospère.

Les Préalpes d'Allemagne du Sud comportent le haut plateau souabe-bavarois avec ses collines et ses grands lacs, au Sud, complété par de vastes terrasses de graviers et de cailloux, le pays de collines de la Basse-Bavière et le fossé du Danube. Des caractéristiques de ce paysage sont les régions de moraines, les chaînes de collines en forme de coupole baignées par des lacs (Chiemsee, lac de Starnberg) et ponctuées de petits villages.

La partie allemande des Alpes, comprise entre le lac de Constance et Berchtesgaden, ne comporte qu'une faible partie de cette chaîne de montagnes: elle se limite aux Alpes de l'Allgäu, aux Alpes bavaroises et aux Alpes de Berchtesgaden. De nombreux lacs pittoresques, par exemple le Königssee, près de Berchtesgaden, ainsi que des hauts-lieux touristiques appréciés comme Garmisch-Partenkirchen ou Mittenwald se dissimulent dans l'écrin majestueux des Alpes.

Le climat. Sur le plan climatique, l'Allemagne subit l'influence des vents d'Ouest tempérés et frais, entre l'océan Atlantique et le climat continental à l'Est. De grandes fluctuations de températures sont rares. Les précipitations se produisent en toutes saisons. En hiver, la température moyenne oscille entre 1,5 degré Celsius en plaine et moins 6 degrés en montagne. Les valeurs moyennes en juillet sont de 18 degrés Celsius en plaine et de 20 degrés dans les vallées protégées du Sud. Des exceptions à cette règle sont constituées par le fossé du haut Rhin avec son climat très tempéré, par la Haute-Bavière avec son foehn qui souffle régulièrement, un vent chaud des Alpes venu du Sud, et le Harz, qui constitue une zone climatique spécifique avec ses vents froids, ses étés frais et ses hivers très enneigés.

La population

L'Allemagne est peuplée par plus de 79 millions d'hommes (dont 5,6 millions d'étrangers) et sa densité démographique de 222 habitants au kilomètre carré en fait l'un des pays d'Europe les plus densément peuplés. Il n'y a qu'en Belgique et aux Pays-Bas que la densité démographique soit plus élevée encore.

La population en Allemagne est répartie de façon géographiquement très diversifiée. La grande région de Berlin, qui connaît un essor rapide depuis l'unification de l'Allemagne, avec maintenant 3,4 millions d'habitants, en comptera vraisemblablement 8 millions d'ici à la fin du siècle. Dans la région industrielle du Rhin et de la Ruhr, où les villes se succèdent de façon pratiquement ininterrompue, vivent plus de 4 millions d'êtres humains — soit 5.500 au kilomètre carré.

D'autres grandes agglomérations sont la région Rhin-Main avec les villes de Francfort, Wiesbaden et Mayence, la région industrielle du Rhin-Neckar avec Mannheim et Ludwigshafen, le pôle économique de Stuttgart ainsi que les régions d'activité de Brême, Cologne, Dresde, Hambourg, Leipzig, Munich et Nuremberg-Fürth.

A ces régions densément peuplées font pièce des contrées pratiquement désertes d'hommes, par exemple les paysages de landes et de tourbières de la plaine d'Allemagne du Nord, certaines contrées de l'Eifel, de la Forêt de Bavière, du Haut-Palatinat, de la marche de Brandebourg et de grandes parties du Mecklembourg-Poméranie occidentale.

L'ouest de l'Allemagne est beaucoup plus densément peuplé que les cinq nouveaux Länder fédérés de l'Est. Dans cette région ne vit, sur environ 30% de la superficie, qu'un cinquième des habitants de l'Allemagne, soit 7 millions d'hommes. Sur les 20 villes comptant plus de 300.000 habitants, quatre se trouvent dans la partie orientale de l'Allemagne.

Près d'un habitant sur trois de la République fédérale vit dans l'une des 85 grandes villes de plus de 100.000 habitants. Cela représente environ 26 millions d'hommes. La grande majorité vit par contre dans des villages et des petites villes: plus de 7 millions ont leur domicile dans des localités comptant jusqu'à 2.000 habitants. 46 millions vivent dans des communes dont la population varie entre 2.000 et 10.000 habitants.

A partir des années soixante-dix, la population a régressé dans les anciens et les nouveaux Länder fédérés, car le taux des

Pyramide des âges de la population en Allemagne au 1.1.1990

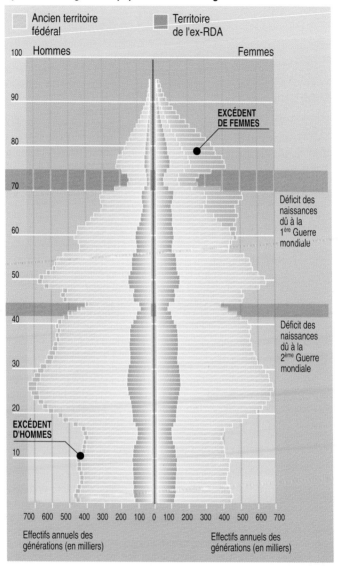

naissances était en baisse. Depuis 1990, celui-ci recommence toutefois à augmenter légèrement dans les anciens Länder fédérés. Avec onze naissances pour 1.000 habitants par an (ancien territoire fédéré), l'Allemagne est l'un des pays ayant le plus faible taux de naissances du monde. La hausse de la population enregistrée après la Seconde Guerre mondiale a essentiellement eu son origine dans l'immigration. Environ 13 millions d'expulsés et de réfugiés allemands en provenance des anciennes provinces allemandes de l'Est et d'Europe de l'Est sont arrivés sur le territoire de l'actuelle Allemagne. Jusqu'à la construction du Mur de Berlin, en 1961, et à la fermeture hermétique de la frontière par la RDA de cette époque, il s'est produit un important exode dans le sens Allemagne de l'Est-Allemagne de l'Ouest. Depuis le début des années soixante, un nombre considérable de travailleurs immigrés étrangers est arrivé dans les anciens Länder de la République fédérale, dont l'économie en plein essor avait impérieusement besoin d'une main d'œuvre supplémentaire qu'elle ne possédait pas sur son propre territoire.

Les différences régionales. Au cours du dernier millénaire, le peuple allemand s'est constitué essentiellement à partir des différentes ethnies allemandes comme les Franconiens, les Saxons, les Souabes et les Bavarois. Aujourd'hui, ces anciennes peuplades ont disparu depuis longtemps sous leur forme originelle, mais leurs traditions et dialectes n'en survivent pas moins sous les traits de groupes régionaux qui cultivent leur histoire.

Les populations des différents Länder fédérés ne coïncident aujourd'hui pratiquement plus avec les anciennes ethnies. Tels qu'ils existent aujourd'hui, les Länder n'ont en grande partie été créés qu'après la Seconde Guerre mondiale avec le concours des puissances d'occupation, le tracé des frontières n'ayant le plus souvent guère tenu compte des traditions. De plus, les courants de réfugiés et les importantes migrations de l'après-guerre ainsi que, naturellement, la mobilité de la société industrielle moderne ont plus ou moins fait s'estomper les frontières entre les différents groupes de la population.

Ce qui reste, ce sont les traits de caractère différents qui sont attribués aux divers groupes ethniques. Les Mecklembourgeois ont ainsi la réputation d'être fermés, les Souabes économes, les Rhénans bons vivants et les Saxons zélés et madrés — énumération que l'on pourrait poursuivre indéfiniment; mais cela ne fait en dernier ressort que généraliser des comportements considérés comme typiques d'un groupe.

La langue allemande. L'allemand fait partie du groupe générique des langues indo-germaniques et, au sein de celui-ci, des langues germaniques. Il est donc apparenté au danois, au norvégien et au suédois, ainsi qu'au néerlandais et au flamand, mais aussi à l'anglais. L'émergence d'une langue écrite commune est le fruit de la traduction de la Bible par Martin Luther.

L'Allemagne est riche en patois. Le dialecte et l'élocution permettent de reconnaître, chez la majorité des Allemands, de quelle région ils sont originaires. A titre d'exemple, si un Frison, un Mecklembourgeois et un Bavarois s'entretenaient dans leur dialecte respectif, ils auraient de grandes difficultés à se comprendre.

Pendant la division de l'Allemagne, un vocabulaire politique différent s'est, en outre, instauré dans les deux Etats allemands; de plus, des mots nouveaux se sont ajoutés, que l'on ne comprenait pas forcément dans l'autre Etat respectif. Mais le vocabulaire de base et la grammaire sont restés identiques à l'Est et à l'Ouest. Le point commun de la langue a été un trait d'union qui a assuré la cohésion de la nation divisée.

En dehors de l'Allemagne, on parle aussi l'allemand comme langue maternelle en Autriche, au Liechtenstein, dans la plus grande partie

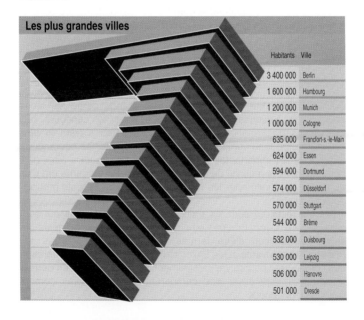

Les plus grandes villes

Habitants	Ville
3 400 000	Berlin
1 600 000	Hambourg
1 200 000	Munich
1 000 000	Cologne
635 000	Francfort-s.-le-Main
624 000	Essen
594 000	Dortmund
574 000	Düsseldorf
570 000	Stuttgart
544 000	Brème
532 000	Duisbourg
530 000	Leipzig
506 000	Hanovre
501 000	Dresde

de la Suisse, dans le Tyrol du Sud (Italie du Nord) et dans de petites régions de Belgique, de France (Alsace) et du Luxembourg, le long de la frontière allemande. De même, les minorités allemandes de Pologne, de Roumanie et des pays de l'ancienne Union soviétique ont en partie préservé l'allemand.

L'allemand est la langue maternelle de plus de 100 millions d'hommes. Environ un sur dix des livres qui sont publiés dans le monde entier est écrit en allemand. Parmi les langues à partir desquelles on traduit, l'allemand figure au troisième rang après l'anglais et le français, et l'allemand est la langue dans laquelle on traduit le plus souvent.

Les concitoyens étrangers. Largement plus de 5 millions de travailleurs étrangers vivent en République fédérale d'Allemagne avec les membres de leur famille, dont 30% de Turcs, 12% de Yougoslaves et 10% d'Italiens. Près de 60% des étrangers séjournent déjà depuis au moins dix ans en Allemagne. Plus des deux tiers des enfants étrangers sont nés ici.

La République fédérale doit beaucoup aux travailleurs immigrés étrangers: ils ont joué un rôle important dans son essor économique et ils contribuent aujourd'hui au produit national brut allemand à raison d'environ 100 milliards de DM par an. Aussi bien les Allemands que les étrangers s'efforcent dans leur majorité d'entretenir de bonnes relations réciproques. Et pourtant, la coexistence, notamment dans certaines grandes villes où le taux d'étrangers atteint 20% ou plus, n'est pas toujours exempte de tensions — comme partout dans le monde. Cela se comprend: en particulier pour les ouvriers étrangers originaires d'autres milieux culturels, il est difficile de ne pas se sentir désorienté face au mode de vie inhabituel du pays d'accueil. La situation est déjà plus favorable pour la deuxième génération, celle des enfants de travailleurs immigrés nés en Allemagne. On fait des efforts tout particuliers à leur égard pour qu'ils reçoivent une bonne formation scolaire et professionnelle.

La politique à l'égard des étrangers poursuivie par le gouvernement fédéral s'inspire de la volonté d'intégrer les étrangers et les membres de leurs familles qui vivent ici depuis longtemps. Ce faisant, on veut les faire participer le plus possible à la vie économique, sociale et culturelle de la République fédérale tout en leur permettant de préserver les traditions et les liens avec leur patrie.

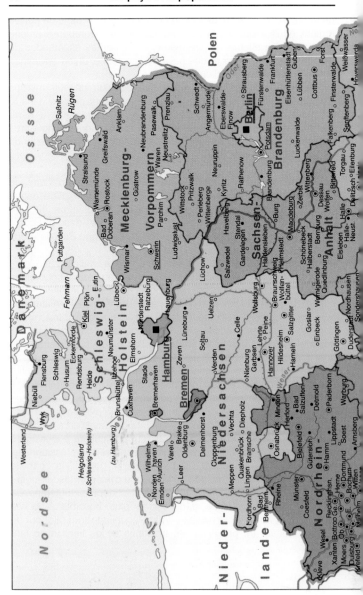

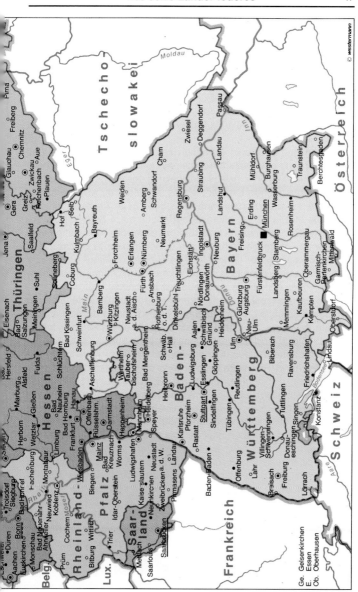

Les seize Länder fédérés

La République fédérale d'Allemagne se compose de seize Länder:
le Bade-Wurtemberg, la Bavière, Berlin, le Brandebourg, Brême,
Hambourg, la Hesse, le Mecklembourg-Poméranie occidentale, la
Basse-Saxe, la Rhénanie du Nord/Westphalie, la Rhénanie-
Palatinat, la Sarre, la Saxe, la Saxe-Anhalt, le Schleswig-Holstein et
la Thuringe.

L'Allemagne a toujours été subdivisée en Länder, mais, au fil des
siècles, la carte géographique de ce pays a fréquemment vu changer
ses contours. Les principales modifications des temps modernes ont
été dues aux guerres napoléoniennes, au début du XIXème siècle,
à la guerre austro-prussienne de 1866, à la Première Guerre
mondiale et à la défaite allemande à l'issue de la Seconde Guerre
mondiale. Cette dernière a eu pour conséquences l'occupation et la
division de l'Allemagne ainsi que la dissolution de la Prusse. Dans
leur forme actuelle, les Länder fédérés ont été constitués en majeure
partie après 1945, mais ils se sont inspirés des anciennes appartenances ethniques et du tracé historique des frontières.

Avant la réunification de l'Allemagne, la République fédérale se
composait de onze Länder, qui furent créés dans ce qui était à cette
époque les zones d'occupation occidentales et qui se sont donné,
entre 1946 et 1957, des constitutions démocratiques.

Dans la zone d'occupation soviétique, sur le territoire de ce qui
allait devenir la RDA, furent constitués cinq Länder dont certains
possédaient d'anciennes traditions d'Etat. Mais, dès 1952, les
dirigeants est-allemands supprimèrent cette structure et instaurèrent
une administration territoriale centralisée. Peu après la victoire de
la révolution allemande d'octobre 1989, une révolution pacifique et
démocratique, de plus en plus de voix s'élevèrent pour réclamer le
rétablissement de ces anciens Länder. Lors des grandes
manifestations en faveur de la liberté et d'une unité rapide de
l'Allemagne, on ne tarda pas, non plus, à voir flotter les anciens
drapeaux et armoiries de ces Länder aux côtés de calicots exigeant
la création du Brandebourg et de la Thuringe, de la Saxe et de la
Saxe-Anhalt, du Mecklembourg et de la Poméranie occidentale.
Après les premières élections libres sur le territoire de l'ex-RDA, le
18 mars 1990, les parlementaires décidèrent de reconstituer cinq
Länder fédérés. Ils remplacèrent les quatorze districts créés en 1952
par le SED et redonnèrent à ces Länder, dans leurs grandes lignes,
leur configuration d'avant 1952.

Elections régionales de 1992 :	
CDU	39,6 %
SPD	29,4 %
Républicains	10,9 %
Les Verts	9,5 %
FDP/DVP	5,9 %

Habitants	9,6 millions
Superficie	35.751 km²
Capitale régionale :	Stuttgart

Le Bade-Wurtemberg

High-tech et coucous de Forêt-Noire. La diversité des paysages du Bade-Wurtemberg est à l'image de sa structure économique. C'est l'une des régions qui possèdent les paysages les plus attrayants. En effet, on n'y trouve pas seulement la Forêt-Noire, un massif de moyenne altitude aux vastes zones forestières, ou le lac de Constance, mais c'est aussi le pays des vertes vallées du Rhin et du Danube, du Neckar et de la Tauber, avec le rude Jura souabe et le paisible Markgräflerland avec ses vignobles.

Ce Land est béni de la nature et il occupe une situation extrêmement stratégique; la sagacité et le sens des affaires de ses

La Nouvelle Galerie d'Etat à Stuttgart.

habitants sont proverbiaux, alors même que ses prestations intellectuelles et artistiques permettraient d'écrire plusieurs chapitres de l'histoire allemande de la culture et des belles lettres — il suffit de citer les noms des écrivains Friedrich Schiller (1759 — 1805) et Friedrich Hölderlin (1770 — 1843) ou des philosophes Georg Wilhelm Friedrich Hegel (1770 — 1831) et Martin Heidegger (1889 — 1976).

La région du Neckar moyen, où se trouve Stuttgart, la capitale (571.000 habitants), est le centre économique du Land. Ce sont les

Maisons à colombage à Urach, dans le Jura souabe.

vieilles traditions artisanales et l'esprit de l'entreprise moderne qui ont jeté les bases du dense paysage industriel du Bade-Wurtemberg.

Automobiles et puces électroniques. Le Bade-Wurtemberg est très industrialisé et est l'un des Länder fédérés les plus puissants sur le plan économique. La mécanique de précision, qui se concentre sur la Forêt-Noire et est née avec l'horlogerie, ainsi que la construction automobile y possèdent les plus anciennes traditions.

Stuttgart et ses environs ne sont pas seulement le siège de firmes de réputation mondiale comme Daimler-Benz AG, Bosch, IBM, SEL ou la manufacture de voitures de sport Porsche; ici, comme partout ailleurs dans le Bade-Wurtemberg, l'économie se constitue essentiellement de petites et moyennes entreprises. Beaucoup de ces PME sont des sous-traitants ultraspécialisés des grandes entreprises susmentionnées.

Non loin du pôle économique qu'est le Neckar moyen se trouvent les régions industrielles de Karlsruhe (265.000 habitants) avec ses raffineries, Mannheim (300.000) et Heidelberg (131.000) avec des firmes spécialisées dans la construction d'autobus et d'imprimeuses, ou encore Fribourg (183.000 habitants) et Ulm (106.000 habitants), centres économiques importants avec une riche offre de prestations de services.

La science et la recherche. Parmi les multiples organismes scientifiques de ce Land, on compte le Centre de Recherche nucléaire de Karlsruhe, le Centre allemand de Recherche sur le cancer, à Heidelberg, et plusieurs instituts Max-Planck ainsi que neuf universités. L'université de Heidelberg, fondée en 1386, est même la plus ancienne de l'Allemagne, alors que Karlsruhe peut se targuer de posséder la plus ancienne école supérieure technique d'Allemagne. Karlsruhe est aussi le siège de la Cour de Justice fédérale et de la Cour constitutionnelle fédérale, les tribunaux suprêmes allemands.

Elections régionales de 1990 :	
CSU	54,9 %
SPD	26 %
Les Verts	6,4 %
FDP	5,2 %

Habitants	11,2 millions
Superficie	70.554 km^2
Capitale régionale :	Munich

L'Etat libre de Bavière

Une tradition bleue et blanche en phase sur l'avenir. Le plus vaste, et de loin, des Länder fédérés par sa surface, c'est elle qui possède la plus ancienne tradition étatique : la Bavière. Dès le VIème siècle, il existait un duché bavarois. C'est à son riche legs culturel et historique, fruit d'une longue histoire, que la Bavière doit pour une bonne part sa réputation de paradis allemand du tourisme. Ses merveilleux panoramas constituent en effet des coulisses idéales : le massif des Alpes, avec le sommet culminant de l'Allemagne, la Zugspitze (2.963 m), les pittoresques lacs des collines pré-alpines, la Forêt de Bavière avec le premier parc national allemand, les vallées du Danube et du Main, ou des paysages et des villes entre lesquels serpente une «Route romantique».

La Bavière est le premier Land allemand pour la production agricole et, jadis, Munich avait d'ailleurs une réputation de capitale rurale. Après la Seconde Guerre mondiale, elle aimait à s'entendre appeler «la capitale secrète de l'Allemagne» et elle est maintenant devenue le cœur d'une région économique tournée vers l'avenir avec l'automobile et l'aéronautique, l'industrie électrique et électronique ou les compagnies d'assurances et les maisons d'édition. Avec son université et d'autres établissements de l'enseignement supérieur, l'Institut Max-Planck ou le réacteur de recherche nucléaire, la capitale bavaroise (1,2 million d'habitants) est aussi un pôle majeur de l'économie et de la recherche.

Nuremberg (486.000 habitants) est au carrefour du futur réseau d'autoroutes européennes : de Naples à Stockholm, de Lisbonne à Varsovie en passant par Prague. Avec Fürth et Erlangen, Nuremberg constitue une agglomération industrielle dont les constructions mécaniques, l'industrie électrique et la fabrication de jouets sont les principales branches. La plus célèbre foire-exposition de Nuremberg, le Salon international du jouet, est la plus importante de son genre. A Augsbourg (248.000 habitants) prédominent construction mécanique et in-

Munich avec le panorama des Alpes bavaroises.

dustrie textile. Ratisbonne (119.000 habitants) a une jeune industrie électrique et, avec BMW, l'automobile, plus récente encore. Dans l'est de la Bavière, les traditions artisanales et industrielles sont cultivées par les verreries (Zwiesel) et les manufactures de porcelaine (Rosenthal et Hutschenreuther), toutes firmes de grand prestige. De vastes régions de la Bavière, en particulier les Alpes et les Préalpes, sont caractérisées par l'agriculture et la sylviculture. Des centaines de brasseries fabriquent la célèbre bière bavaroise.

Culture de toutes les époques. Ratisbonne s'enorgueillit d'un centre-ville moyenâgeux presque totalement préservé et Nuremberg, la ville natale d'Albrecht Dürer (1471 — 1528), protège jalousement, dans ses églises et ses musées, de précieux trésors artistiques de la fin du Moyen Âge. C'est à Augsbourg que la Renaissance est présente à l'état le plus pur. Des joyaux du baroque et du rococo sont les églises de Banz, des Quatorze Saints, d'Ettal et de Steingaden, dont la «Wies-

Architekture modern: Hypobank à Munich

kirche» a été inscrite par l'UNESCO sur la liste des monuments culturels mondiaux, au même titre que l'ancienne résidence des princes-évêques de Wurtzbourg. Munich n'est pas seulement le siège de la plus grande université allemande, on y trouve aussi le Musée allemand, qui possède la plus grande collection du monde sur l'histoire des sciences naturelles et de la technique, mais aussi d'innombrables édifices historiques ainsi que de célèbres collections d'art et de théâtre. Les châteaux du fastueux roi Louis II, Herrenchiemsee, Linderhof et Neuschwanstein, construits dans le style historisant du XIXème siècle, sont aujourd'hui des pôles d'attraction pour les touristes, tout comme pour les villes de Rothenburg, Nördlingen et Dinkelsbühl avec leurs maisons à colombage de la fin du Moyen Âge.

Elections régionales de 1990 :	
CDU	40,4 %
SPD	30,4 %
PDS	9,2 %
FDP	7,1 %
Alternative Liste	5 %
Alliance 90 / Verts	4,4 %

Habitants	3,4 millions
Superficie	883 km^2
Capitale régionale :	Berlin

Berlin

Métamorphose d'une métropole. Durant des dizaines d'années, Berlin a été le symbole de la partition de l'Allemagne et du conflit Est-Ouest. Durant la guerre froide qui a fait rage entre les puissances victorieuses occidentales et l'Union soviétique, elle a été au cœur du conflit. En 1948, les Berlinois de l'Ouest ont résisté, grâce à l'inoubliable «pont aérien», à un blocus de onze mois par les Soviétiques. Par voie aérienne, des avions de

Le château de Charlottenburg.

Le centre technologique de la Société Fraunhofer.

l'armée de l'air américaine, aidés en cela par des appareils des alliés, les Britanniques et les Français, ont approvisionné la population de Berlin-Ouest en biens de nécessité vitale. Les trois secteurs occidentaux et Berlin-Est se sont de plus en plus éloignés les uns de l'autre. La partition est apparue irrévocable lorsque, le 13 août 1961, la RDA commença à ériger le Mur. En clamant «Je suis un Berlinois», le président américain John F. Kennedy se déclarait, en 1963, solidaire de la ville et de ses citoyens. En 1987, dans une allocution prononcée à proximité de la Porte de Brandebourg, le président américain Ronald Reagan exhorta l'Union soviétique à abattre le Mur. Le Mur s'est effondré le 9 novembre 1989, à l'issue de la révolution pacifique en RDA.

Capitale allemande — métropole culturelle européenne. Avant sa décadence intellectuelle et culturelle sous la dictature nazie et avant les destructions causées par la Seconde Guerre mondiale, Berlin n'était pas seulement la capitale économique de l'Allemagne, elle était aussi, durant les «années folles», «la» capitale culturelle de l'Europe.

La capitale de l'Allemagne réunifiée et le futur siège du gouvernement ne cessent de grandir et l'on estime que, en l'an 2000, sa grande agglomération aura une population d'environ huit millions d'hommes.

Aujourd'hui encore, Berlin est le plus grand site industriel d'Europe avec, notamment, des branches comme les constructions mécaniques, l'industrie des denrées alimentaires et de luxe, l'industrie textile et, surtout, l'industrie électrique. Ici sont nés, au XIXème siècle, deux entreprises de réputation mondiale: Siemens AG et AEG. Depuis Berlin, elles ont fait avec succès le saut dans l'ère de l'information.

Bien des indices incitent à croire que la ville sera de nouveau, dans les années quatre-vingt-dix aussi, la plus grande vitrine de la culture allemande. La partition de l'Allemagne une fois abolie, ce qui a été séparé durant des dizaines d'années peut de nouveau maintenant recommencer à croître de manière organique et à se compléter. Berlin s'enorgueillit de trois opéras (l'Opéra allemand, l'Opéra national allemand «Sous les Tilleuls», l'Opéra comique), de plusieurs grands orchestres et de douzaines de théâtres. Et, bien sûr, elle est et reste l'une des villes qui compte le plus grand nombre de musées du monde.

Berlin possède aujourd'hui trois grandes universités. L'université de l'ancienne Berlin-Est porte le nom de l'érudit et homme politique Wilhelm von Humboldt (1767 — 1835) et de son frère, le globe-trotter et naturaliste Alexander von Humboldt (1769 — 1859). Dans la partie occidentale se trouve l'Université Libre, fondée en 1948, et l'Université Technique. A Berlin, la science et la recherche sont aussi représentées par de nombreux autres instituts, dont l'Institut Hahn-Meitner, spécialisé dans les travaux de recherche en physique nucléaire et en physique des réacteurs, l'Institut Heinrich Hertz de technique des télécommunications et le centre de technologie de la Société Fraunhofer.

La ville réunifiée va devoir relever de rudes défis. Les hommes des deux parties de l'Allemagne doivent de nouveau s'habituer les uns aux autres et il va falloir combler le clivage économique. Des centaines de milliers de logements, notamment à l'Est, doivent être réhabilités. La réunification a valu à la ville un brutal essor

La Porte de Brandebourg est de nouveau ouverte.

économique, qui devra être accompagné de mesures sociales concomitantes. Berlin a reçu, en 1991, une impulsion supplémentaire lorsque le Bundestag a décidé de faire aussi de la capitale allemande le siège du gouvernement.

Elections régionales de 1990 :	
SPD	38,2 %
CDU	29,4 %
PDS	13,4 %
Alliance 90 / Verts	9,3 %
FDP	6,6 %

Habitants	2,6 millions
Superficie	29.060 km²
Capitale régionale :	Potsdam

Le Brandebourg

Le legs de Frédéric II. Le Land du Brandebourg enclave la capitale allemande. Sise aux portes mêmes de Berlin, Potsdam (140.000 habitants), la capitale du Land, a été le siège de la Conférence de Potsdam, à l'issue de laquelle, durant l'été 1945, les dirigeants politiques des Etats-Unis, de la Grande-Bretagne et de l'Union soviétique ont pris des décisions de grande portée sur l'Allemagne vaincue. Le choix du site de la conférence n'a pas été le fait du hasard, car Potsdam était très étroitement liée à l'histoire germano-prussienne depuis le roi Frédéric II (1712 — 1786), qui fit de Potsdam sa résidence. Les édifices construits à Potsdam par Frédéric II, en particulier dans le magnifique parc de Sanssouci, ont survécu à la fin de la Prusse comme

Un pôle d'attraction touristique: le château et le parc de Sanssouci.

Lübbenau est un village typique de la Forêt de la Spree.

Etat. C'est là que le roi de Prusse menait des entretiens philosophiques avec des amis comme Voltaire (1694 — 1778). C'est aussi là qu'il reçut d'autres invités célèbres comme Jean-Sébastien Bach (1685 — 1750).

Des Hollandais et des huguenots. Longtemps, la contrée peu peuplée du Brandebourg a été économiquement rétrograde. Pour y remédier, ses souverains firent venir chez eux un grand nombre d'étrangers, au XVIIème et au XVIIIème siècle. Immigrants hollandais ou protestants expulsés de Bohême et de France, ils ont joué un rôle déterminant dans le développement de ce pays grâce aux connaissances et facultés qu'ils possédaient. Quelques vestiges en sont, aujourd'hui encore, le «Quartier hollandais» ou l'«Eglise française» de Potsdam.

Theodor Fontane (1819 — 1898), un descendant de huguenots français, a décrit de manière édifiante le paysage des environs de Berlin dans ses récits de voyages «Pérégrinations à travers la marche de Brandebourg».

Seigle et acier. L'agriculture et la sylviculture sont les principales branches économiques du Brandebourg. On y cultive du seigle et du blé, des pommes de terre et des betteraves ainsi que, tout autour de Berlin, des fruits et légumes. Des foyers industriels sont en revanche les régions d'Eisenhüttenstadt (sidérurgie) et de Cottbus, où l'exploitation du lignite est la clef de l'industrie chimique et énergétique. A Ludwigsfelde, au sud de Berlin, le constructeur automobile Mercedes-Benz possède depuis une date récente une chaîne de montage de camions dans laquelle il a l'intention d'investir un milliard de DM.

Depuis qu'il est possible de se rendre sans visa d'Allemagne en Pologne et vice versa, Francfort-sur-l'Oder, la vieille ville universitaire, a pris une importance nouvelle.

Le Brandebourg traverse actuellement une phase de métamorphoses économiques et sociales. Mais ce Land a de bonnes chances de profiter de l'essor économique de Berlin.

On envisage actuellement de fondre le Brandebourg et Berlin en un seul et même Land fédéré, avec Potsdam comme capitale, afin de mieux planifier l'avenir de Berlin comme capitale.

Elections régionales de 1991 :	
SPD	38,8 %
CDU	30,7 %
Les Verts	11,4 %
FDP	9,5 %
DVU	6,1 %

Brême

Habitants	665.000
Superficie	404 km^2
Capitale régionale :	Brême

La ville libre hanséatique de Brême

L'Etat aux deux villes. Deux villes, un Etat: Brême et Bremerhaven, bien que séparées l'une de l'autre par 65 kilomètres, sont liées l'une à l'autre. La vieille ville du négoce et la jeune ville maritime constituent le plus petit des Länder fédérés par la superficie et la population.

La place du marché de Brême avec l'hôtel de ville et la cathédrale.

Dans le port de Bremerhaven.

Mais, avec la Bavière, cette ville libre hanséatique de Brême est la plus ancienne structure étatique historique sur le sol allemand et, avec San Marin, la deuxième plus ancienne république urbaine qui existe encore dans le monde.

Brême peut se targuer de posséder plusieurs siècles d'histoire de plus que Bremerhaven. Fondée en 787 en tant que siège épiscopal, Brême a connu une prospérité rapide grâce aux privilèges de marché; au XIème siècle, elle était surnommée la «Rome du Nord». En 1358, Brême adhéra à la ligue des villes de la Hanse, qui domina, jusqu'au XVIème siècle, le commerce dans la région du Nord et de la Baltique.

Oser et gagner. «Buten un binnen / oser et gagner», ce goût du risque, chez soi comme dans le monde (buten signifie aussi dehors), a fait de la cité une grande ville. Une ville qui allait devenir plus grande encore: la Weser étant menacée d'ensablement, le bourgmestre Smidt fonda, en 1827, un peu plus loin en aval, un nouveau port, baptisé tout simplement Bremerhaven (port de Brême), qui allait plus tard fusionner avec d'autres communes pour donner naissance à une nouvelle métropole.

Brême et Bremerhaven sont des ports de transbordement rapide. Plus rentables, les transports de colis de détail (qui se font maintenant en containers) ont pris le dessus sur les marchandises en vrac et, pour les importations de thé et de café ainsi que de tabac et de coton, Brême possède pratiquement un monopole. Pour les autres marchandises, la ville est en concurrence avec Hambourg, mais plus avec sa propre flotte, car sa compagnie Norddeutscher Lloyd a fusionné avec Hapag, de Hambourg, pour donner naissance à Hapag Lloyd.

Dans d'autres domaines, aussi, Brême n'a pas hésité à innover, abandonnant la «monoculture» maritime de la navigation et des constructions navales. Elle s'est pour cela donné un atout supplémentaire, une performante industrie aéronautique et astronautique, s'est de nouveau adonnée à la construction automobile et s'est lancée dans l'électronique. Contrairement à jadis, où toutes les initiatives émanaient des négociants, les innovations seraient maintenant impensables sans la science. Bremerhaven est le centre de la recherche polaire allemande. Et c'est aussi là que flottent encore les vieux navires et bateaux du Musée national de la Marine.

Le «salon d'apparat» de Brême. Sur le Marché se trouve la cathédrale gothique Saint-Pierre et le magnifique hôtel de ville Renaissance avec son accueillante cave à vins. Devant l'édifice se dresse la statue du Roland, symbole de la liberté de la ville et son emblème, tout comme le monument, tout proche, des Animaux musiciens de la ville de Brême, représentations d'animaux inspirées du conte des frères Grimm. Depuis le Marché, on peut s'engager directement dans la fabuleuse rue de la Böttcherstrasse, qu'a fait construire le riche négociant Roselius — un monument de briques qui se veut symbole de l'esprit civique des Brémois.

Elections régionales de 1991 :	
SPD	48 %
CDU	35,1 %
GAL	7,2 %
FDP	5,4 %

Hambourg

Habitants	1,6 million
Superficie	755 km²
Capitale régionale :	Hambourg

La ville libre et hanséatique de Hambourg

La «porte océane» de l'Allemagne. Hambourg principal port maritime de la République fédérale, en est simultanément le numéro un pour le commerce extérieur et le transit. La zone industrielle du

La séculaire ville des greniers dans le port de Hambourg.

port comporte des chantiers navals, des raffineries et des entreprises de transformation des matières premières en provenance de l'étranger. Outre ces secteurs d'activité industrielle typiquement portuaires, l'aéronautique et l'astronautique, l'électronique, la mécanique de précision ou l'optique, mais aussi l'industrie chimique ne cessent de prendre de l'importance.

Hambourg a pris son essor pour devenir ville commerciale en 1189, date à laquelle elle reçut les privilèges douaniers et économiques. Parmi l'une des premières à adhérer à la Hanse, elle

Le premier port maritime de la République fédérale.

allait bientôt en devenir le principal site de transbordement entre la mer du Nord et la mer Baltique. En 1460 et, ensuite, définitivement, en 1510, Hambourg devint ville libre d'Empire — et a préservé son autonomie jusqu'à aujourd'hui. Le dramatique incendie de 1842 et la Seconde Guerre mondiale n'ont malheureusement laissé que de rares vestiges de la substance architecturale de la métropole commerciale du Moyen Âge tardif.

Une ville industrielle dans un écrin de verdure. Hambourg est le deuxième pôle industriel de l'Allemagne et le centre d'une sphère économique de 2,8 millions d'habitants, mais ses nombreuses allées et parcs en font une ville noyée dans la verdure.

Depuis la réunification de l'Allemagne, le port, aux innombrables ramifications avec le réseau de voies navigables, a retrouvé son hinterland traditionnel. Cela augmente les chances de la ville-État de devenir la plaque tournante des échanges vers le Nord et l'Est et, ainsi, de faire revivre ses anciennes traditions; mais cela aura aussi des répercussions positives sur les fonctions de Hambourg comme centre bancaire et tertiaire pour toute l'Allemagne du Nord. Le fait qu'elle soit la deuxième ville consulaire du monde, après New York, souligne sa primauté internationale. Le leadership de Hambourg est incontesté comme métropole des médias, puisqu'on y trouve notamment les plus grandes maisons d'édition de revues allemandes, l'agence de presse Deutsche Presse-Agentur (dpa) et des émetteurs de radiodiffusion et de télévision.

Esprit civique et passion des arts. En tant que ville de la culture, aussi, Hambourg a depuis toujours connu un rayonnement particulier. C'est ici, en 1678, qu'a été créé le premier opéra permanent d'Allemagne: ici, aussi, qu'a œuvré Georg Friedrich Händel (1685 — 1759). Plus tard, un célèbre fils de la ville, le compositeur Johannes Brahms (1833 — 1897), a créé d'admirables chefs-d'œuvre dans presque toutes les catégories de la musique classique. En 1767 a été érigé le Théâtre national allemand, indissociable du nom de Lessing, qui a jadis acquis une très grande réputation, notamment, par ses créations de Shakespeare. Durant notre siècle, les directeurs généraux Rolf Liebermann, pour l'opéra, et Gustaf Gründgens, pour le théâtre, ont donné des impulsions d'avant-garde qui ont eu des répercussions internationales. L'esprit civique de ses généreux citoyens et une politique d'achat passionnée et clairvoyante ont permis à la Kunsthalle de Hambourg, au Musée des Arts décoratifs et au Musée d'Ethnologie d'acquérir des collections de grande valeur.

Hesse

Elections régionales de 1991 :	
SPD	40,8 %
CDU	40,2 %
Les Verts	8,8 %
FDP	7,4 %

Habitants	5,7 millions
Superficie	21.114 km²
Capitale régionale :	Wiesbaden

La Hesse

Plaque tournante de la circulation au carrefour Main-Rhin. La situation stratégique de la Hesse sur l'ancien territoire fédéral a été tout autant bénéfique au rôle que joue sa métropole, Francfort (635.000 habitants), comme principale place financière de l'Allemagne qu'au prestige et à l'attrait de ses salons. Dans ce Land qui est un carrefour d'autoroutes et de voies ferrées se trouve aussi le gigantesque aéroport Rhin-Main, qui voit transiter le plus grand nombre de passagers du continent européen. C'est à Francfort-sur-le-Main que la majorité des grandes banques allemandes et de nombreuses filiales de banques étrangères ont leur siège. C'est

Sur la Place du marché de Bad Hersfeld, dans le nord de la Hesse.

Francfort-sur-le-Main avec sa silhouette de gratte-ciel.

aussi là que la Bundesbank veille sur la stabilité du deutsche-mark.

Un centre économique qui est aussi un foyer de culture. Après le bassin industriel du Rhin et de la Ruhr et avec Berlin, la région Rhin-Main est la plus grande agglomération économique de l'Allemagne. On y trouve notamment des firmes comme Hoechst et Opel ou Degussa. Un autre pôle industriel, avec les constructions mécaniques, de wagons et de locomotives et l'industrie automobile, s'est constitué dans la Hesse du Nord, autour de Kassel. Parmi les amateurs d'art, cette ville jouit d'une excellente réputation grâce à ses riches collections de peinture néerlandaise et son célèbre salon de la «documenta», auquel participent des artistes contemporains du monde entier. La Hesse du Sud est spécialisée dans l'Industrie du cuir, notamment à Offenbach. Son centre économique est Darmstadt, avec son Ecole supérieure technique renommée et la colonie d'artistes de la Mathildenhöhe, qui était, au début de notre siècle, un haut-lieu de l'art déco.

Francfort, la ville natale de Johann Wolfgang von Goethe (1749 — 1832), est une ville des arts: la nouvelle Rive des musées en est la meilleure preuve. Mais c'est aussi la ville du théâtre et des maisons d'édition. Le Salon international du Livre, en marge duquel est décerné, chaque année, le Prix de la Paix des libraires allemands, est le plus important et le plus réputé salon du livre du monde. Chaque année, un pays ou une région est choisi comme pays partenaire de ce salon. En 1991, sa priorité thématique a porté sur l'Espagne.

Les villes universitaires de Marbourg et de Giessen ainsi que la ville de Wetzlar, réputée pour son industrie de l'optique, sont nichées dans de magnifiques paysages. La Bergstrasse et le Rheingau figurent parmi les régions fruitières et viticoles les plus réputées d'Allemagne. Dans l'est de la Hesse se trouve Fulda, siège épiscopal et ville du baroque, qui peut se vanter de posséder une histoire richement illustrée.

Une tradition républicaine. La Hesse sous sa forme actuelle n'existe que depuis 1945. Auparavant, le Land a presque toujours été morcelé territorialement au cours des siècles. La Hesse est devenue célèbre, au XVIème siècle, lorsque le landgrave hessois Philippe le Courageux devint l'un des leaders politiques de la Réforme. Francfort a longtemps été une ville d'empire libre et le lieu où ont été couronnés les empereurs allemands. L'église Saint-Paul de Francfort est entre-temps devenue un mémorial national. C'est en effet là qu'a siégé, en 1848 et 1849, l'Assemblée nationale, le premier parlement allemand à légitimation démocratique, mais qui allait cependant devoir céder face au pouvoir des princes régnant en Allemagne.

La capitale du Land, Wiesbaden, n'est pas seulement un centre administratif, mais aussi une station thermale élégante et huppée.

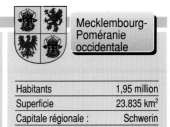

Mecklembourg-
Poméranie
occidentale

Elections régionales de 1990 :	
CDU	38,3 %
SPD	27 %
PDS	15,7 %
Alliance 90 / Verts	6,4 %
FDP	5,5 %

Habitants	1,95 million
Superficie	23.835 km²
Capitale régionale :	Schwerin

Le Mecklembourg-Poméranie occidentale

«Le pays des mille lacs». Aucun autre Land fédéré n'a une structure agricole aussi prononcée et aucun autre ne possède un littoral aussi diversifié et aussi changeant; et aucun autre n'est aussi faiblement peuplé que le Mecklembourg-Poméranie occidentale, qui fait partie des nouveaux Länder fédérés.

La tradition des villes de la Hanse est omniprésente, avec sa caractéristique architecture de briques, dans les vieilles villes de

Les falaises de craie de Rügen sont une étonnante curiosité naturelle.

L'architecture de briques du nord de l'Allemagne à Wismar.

négoce comme Stralsund, Wismar et les villes universitaires de Greifswald (fondée en 1456) et Rostock. Depuis des siècles, toutes ces villes de la Baltique cultivent des contacts avec les pays scandinaves. La ville hanséatique de Rostock est aujourd'hui la plus grande cité du pays (250.000 habitants). C'est Schwerin (130.000 habitants) qui fut choisie comme capitale du Land après la réunification.

La nature et les arts. Le Mecklembourg-Poméranie occidentale est une contrée aux douces collines ponctuées de centaines de lacs, où les champs et les forêts succèdent aux pâturages. Le plus grand plan d'eau du Mecklembourg est le lac de Müritz, qui couvre 117 km², sur la rive orientale duquel s'étend une vaste réserve naturelle. D'innombrables témoignages de la riche histoire architecturale du Land ont été préservés — mais une restauration profonde s'impose pour presque tous.

Les falaises de craie de Rügen, la plus grande île allemande (926 km^2), sont réputées comme phénomène naturel. Le peintre Caspar David Friedrich (1774 — 1840) a rendu célèbres ces falaises: le romantique de Greifswald a peint sous des traits plus mystérieux que tout autre ce fragment du littoral. Fritz Reuter (1810 — 1874) a décrit la région et ses habitants avec un réalisme inédit, élevant à cette occasion le patois allemand au rang de langue littéraire. Le sculpteur et poète Ernst Barlach (1870 — 1938) a réalisé l'œuvre de sa vie à Güstrow. Et Uwe Johnson (1934 — 1984) a érigé avec ses romans un monument littéraire en l'honneur de sa patrie et de ses habitants.

Le tourisme, industrie de l'avenir. Les principaux secteurs d'activité économique sont l'agriculture et l'élevage. La pêche en eau salée et en eau douce va devoir s'adapter aux nouveaux désirs des consommateurs.

A l'heure actuelle, le Land est peu industrialisé. Ce sont surtout des zones particulières qui connaissent un certain essor, par exemple le Neubrandebourg (agro-alimentaire, matériaux du bâtiment et pneumatiques pour l'automobile). L'industrie traditionnelle des chantiers navals, le long du littoral, va encore devoir faire ses preuves face à la libre concurrence, mais, déjà, un chantier spécialisé dans la construction de péniches n'a pas laissé passer la chance qui s'offrait à lui.

Basse-Saxe

Elections régionales de 1990 :	
SPD	44,2 %
CDU	42 %
FDP	6 %
Les Verts	5,5 %

Habitants	7,3 millions
Superficie	47.349 km²
Capitale régionale :	Hanovre

La Basse-Saxe

Une nature aux multiples facettes. Deuxième Land de la République fédérale par sa superficie, la Basse-Saxe se subdivise en trois grandes zones: le Harz, le Weserbergland et la plaine d'Allemagne du Nord, au centre de laquelle se trouve la lande de Lunebourg. Les marais du Pays d'Ems, les polders protégés de la mer du Nord par des digues et les îles de Frise orientale qui s'échelonnent sur l'estran sont des contrées au charme bien spécifique. En Basse-Saxe se croisent les grands axes Nord-Sud et Est-Ouest des autoroutes et voies ferrées et c'est là que le Mittellandkanal relie le Rhin à l'Elbe et à l'Oder, assurant ainsi la jonction entre les voies navigables de l'Europe de l'Ouest et de l'Est.

Des voitures devant l'usine Volkswagen de Wolfsbourg.

Hanovre: l'hôtel de ville baigné par le Maschsee.

Ecole de l'industrie minière, berceau de la Volkswagen. Près des deux tiers de la surface du Land sont consacrés à l'agriculture. L'exploitation des ressources naturelles s'enorgueillit d'une longue tradition: les mines ont toujours joué un rôle-clé dans le Harz — dès le Moyen Âge, la ville impériale de Goslar a dû sa richesse à l'exploitation de l'argent et, en 1775, on a créé, à Clausthal, une école où sont formés les spécialistes des mines et des hauts fourneaux. C'est elle qui a donné naissance à une académie minière de réputation mondiale. Lunebourg doit sa vieille prospérité au sel. L'industrie de la potasse est un important secteur d'activité en Basse-Saxe. A Salzgitter, on exploite le troisième gisement de minerai de fer d'Europe par la surface. Mais la production domestique de pétrole et de gaz naturel n'est pas négligeable non plus puisqu'elle couvre environ 5 % des besoins nationaux. Emden possède le troisième port allemand sur la mer du Nord. Des firmes réputées fabriquent ici des porte-conteneurs et des voitures de tourisme.

Une ville, enfin, est pratiquement devenue synonyme d'automobile: Wolfsbourg — c'est de là que la Coccinelle Volkswagen a entamé sa marche triomphale dans le monde entier. Volkswagen est la première entreprise du Land, et la Fondation VW le premier organisme allemand de promotion des sciences qui n'appartienne pas au secteur public.

Hanovre, ville de foires — Göttingen, ville universitaire. Sur les 7,3 millions d'habitants du Land, 500.000 vivent dans la capitale, Hanovre. Hanovre est l'une des plus grandes villes de foires du monde entier: sa foire de l'industrie et, tout récemment aussi, le «CeBIT», l'un des grands salons spécialisés dans l'informatique, font découvrir chaque année de quoi sera fait le monde de demain.

Ville universitaire, Göttingen a joué un rôle de tout premier plan dans l'histoire politique et dans celle des sciences naturelles. En 1837, un groupe de professeurs de Göttingen, les «Sept de Göttingen», ont protesté, par esprit libéral, contre l'abolition de la constitution du Land par le souverain. Presque tous ceux qui furent alors démis de leurs fonctions se retrouvèrent, en 1848, comme députés de l'Assemblée nationale de Francfort. A Göttingen a aussi œuvré, à cette époque, le mathématicien et astronome Carl Friedrich Gauss (1771 — 1859), un génie du siècle.

Au XXème siècle, d'importantes impulsions ont été données pour le développement de la physique nucléaire — il suffit de citer, à titre représentatif pour tous ceux qui ont donné des cours ou fait des études à Göttingen, les deux prix Nobel que sont Max Born (1882 — 1970) et Werner Heisenberg (1901 — 1976).

Elections régionales de 1990 :	
SPD	50 %
CDU	36,7 %
FDP	5,8 %
Les Verts	5 %

Habitants	17,3 millions
Superficie	34.068 km²
Capitale régionale :	Düsseldorf

La Rhénanie du Nord/Westphalie

Un moloch économique et industriel au cœur de l'Europe. La Rhénanie du Nord/Westphalie est aussi grande que la Belgique et le Luxembourg ensemble. Avec plus de 17 millions d'habitants, ce Land fédéré le plus peuplé d'Allemagne est aussi la plus grande conurbation d'Europe: plus de la moitié de ses habitants vivent dans des grandes villes dont la population dépasse 500.000 hommes.

Le bassin de la Ruhr est un seul et unique ruban de villes avec plus de 7,5 millions d'habitants et même le plus grand centre industriel d'Allemagne, voire d'Europe. Avec 31 centrales thermiques géantes, la Ruhr est aussi le centre énergétique de l'Allemagne.

Tradition et innovation. Après plusieurs dizaines d'années d'efforts infatigables, pour lesquels l'économie, le Land et le gouvernement fédéral ont dû unir leurs forces, la Rhénanie du Nord/Westphalie a pu restructurer avec succès son économie jadis assise sur le charbon et l'acier. Des centaines de milliers de nouveaux emplois ont été créés avec l'arrivée d'industries novatrices: aujourd'hui, les secteurs d'avenir prédominent. Un argument qui parle en faveur de la dynamique économique du Land est que, outre la grande industrie, il existe 450.000 petites et moyennes entreprises, dont beaucoup appliquent les technologies les plus modernes. Une branche traditionnelle, et pourtant en pleine expansion, du secteur tertiaire est l'économie des assurances. A Dortmund se trouvent les plus grandes brasseries de bière d'Allemagne.

L'intensité de la vie économique trouve son expression tangible dans le dense réseau d'autoroutes, voies ferrées et voies navigables. Vers ce réseau convergent les voies de circulation de l'Europe entière et il relie entre elles de nombreuses métropoles comme

Cologne, Essen, Dortmund, Düsseldorf, Duisbourg, Bochum, Wuppertal, Bielefeld, Gelsenkirchen, Solingen, Leverkusen et Aix-la-Chapelle. Duisbourg possède le plus grand port fluvial du monde.

Un paradis des loisirs, de la culture et de l'enseignement supérieur. L'ancien bassin minier est en pleine métamorphose. Là où jadis fumaient les cheminées de l'industrie et où tournaient inlassablement les tapis roulants, on a créé des espaces verts, et d'innombrables lacs, qui font le plaisir des baigneurs, ont remplacé les mines de lignite à ciel ouvert dans le bassin rhénan. Le Sauerland et le Pays de Berg sont des régions d'excursion appréciées tout particulièrement des gens du Rhin et de la Ruhr.

Cologne, qui est aujourd'hui la plus grande ville du Land (plus d'un million d'habitants) et dont l'importance remonte à l'époque romaine, est célèbre pour ses églises romanes et sa cathédrale gothique, mais aussi pour ses musées comme le Musée Wallraf Richartz/Musée Ludwig ou le Musée Romain-Germanique. Düsseldorf, la capitale du Land (574.000 habitants), l'une des principales places financières allemandes, a assis sa réputation de ville des arts notamment sur de prestigieuses collections de tableaux, sur l'Opéra allemand du Rhin (Düsseldorf/Duisbourg) et sur son théâtre très réputé.

Münster en Westphalie, l'une des particulièrement belles villes d'Allemagne, possède une université d'un grand renom; avec les nombreuses autres de ce Land, elle contribue à en faire le plus dense paysage universitaire d'Europe.

Duisbourg possède le plus grand port fluvial du monde.

Vue panoramique de Bonn: à l'arrière-plan, le Siebengebirge.

Au sud de Cologne se trouve Bonn, jusqu'en 1947 ville universitaire de taille moyenne et, à partir de cette date, capitale de
la République fédérale jusqu'à la réunification. Malgré le transfert du
siège du gouvernement à Berlin, Bonn est appelée à continuer de
jouer un rôle important en tant que centre administratif de la
République fédérale.

Le Land de Rhénanie du Nord/Westphalie a son origine à l'époque
de la puissance d'occupation britannique, qui le créa, en 1946, en
faisant fusionner la plus grande partie de l'ancienne province prussienne du Rhin et de la province de Westphalie avec le Land de Lippe-
Detmold. A l'instar des autres Länder fédérés nouvellement créés, la
population de la Rhénanie du Nord/Westphalie a elle aussi conçu,
au cours des années, un sentiment d'appartenance à ce Land.

Elections régionales de 1991 :	
SPD	44,8 %
CDU	38,7 %
FDP	6,9 %
Les Verts	6,5 %

Habitants	3,7 millions
Superficie	19.848 km^2
Capitale régionale :	Mayence

La Rhénanie-Palatinat

La Rhénanie-Palatinat au superlatif. C'est l'un des plus petits Länder fédérés et, pourtant, à un point de vue, le plus grand: les ceps du Palatinat, du Rhin, de l'Ahr et de la Moselle produisent les deux tiers de la récolte de vin allemande. Lui qui était au début l'une des régions défavorisées est, aujourd'hui, le Land avec le taux d'exportation le plus élevé et le siège de la plus grande usine chimique d'Europe, BASF. Six millions de touristes en quête de repos viennent en Rhénanie-Palatinat chaque année, où ils peuvent aussi se soigner grâce aux célèbres sources thermales et minérales.

Le Rhin, artère vitale. Quatre citoyens sur cinq vivent le long de l'«axe rhénan», la section longue de 290 kilomètres du fleuve qui est

L'usine-mère de la BASF, le long du Rhin, à Ludwigshafen.

Le château fort de Burg Katz domine le Rhin, près de St. Goarshausen.

l'artère économique du Land. Le Rhin baigne d'ailleurs ses trois grandes villes: Ludwigshafen (158.000 habitants), métropole de la chimie, Mayence (175.000), capitale du Land, et Coblence (107.000), centre de prestations de services. Un peu en marge d'elles et avoisinant les cent mille habitants, Kaiserslautern et Trèves, sur la Moselle, ville romaine deux fois millénaire.

La radieuse vallée du Rhin, théâtre d'innombrables légendes et chantée par de nombreux poètes et musiciens entre Bingen et les Sept Collines, aux portes de Bonn (ville de Rhénanie du Nord/Westphalie), est l'une des contrées les plus grandioses d'Allemagne. Au pied de la Forêt du Palatinat se déroule la Route allemande du Vin. Le peintre Max Slevogt (1868 — 1932) a captivé dans ses tableaux la lumière argentée qui baigne ce paysage de collines charmantes; on peut notamment admirer ses tableaux au château de la villa de Ludwigshöhe, près d'Edenkoben. Mais, comme ceux d'un autre peintre du Palatinat proscrit par les nazis, Hans Purrmann (1880 — 1966), ils décorent aussi, aujourd'hui, la Chancellerie fédérale, à Bonn.

Le présent de l'histoire — l'histoire au présent. Le long du Rhin se sont arrêtés Celtes et Romains, Bourguignons et Francs. Le long du Rhin, à Spire, Worms et Mayence, s'élèvent les grandes cathédrales impériales du Moyen Âge. Le prince-électeur de

Un témoignage de l'époque romaine: la Porta Nigra, à Trèves

Mayence était, pendant un certain temps, archevêque du «Saint Empire Romain Germanique». A Worms se trouve la plus ancienne synagogue d'Allemagne, commencée en 1034 en style roman. A Worms, le réformateur Martin Luther refusa de réfuter ses thèses devant la Diète impériale de 1521 et c'est à Coblence que, trois cent ans plus tard, le journal libéral «Rheinischer Merkur» a lutté contre la dictature napoléonienne et contre la censure de la presse, la première assemblée de masse démocratique et républicaine s'étant tenue au château de Hambach, en 1832. Le Musée mondial de l'imprimerie, le Musée Gutenberg, présente ses trésors dans la ville natale de l'inventeur de l'imprimerie à l'aide de caractères mobiles, le Mayençais Johannes Gutenberg (1400 — 1468). A Trèves est né le critique de l'économie nationale Karl Marx (1818 — 1893).

Le Land de Rhénanie-Palatinat a été créé en 1946 à partir de territoires bavarois, hessois et prussien qui n'avaient auparavant jamais appartenu les uns aux autres. Au fil des années, la Rhénanie-Palatinat a cependant développé une grande cohésion et s'est donné une identité bien spécifique.

Elections régionales de 1990 :	
SPD	54,4 %
CDU	33,4 %
FDP	5,6 %

Habitants	1,1 million
Superficie	2600 km^2
Capitale régionale :	Sarrebruck

La Sarre

Des voisins à l'esprit européen. Le développement politique du Land qui est, et de loin, le plus petit de l'Allemagne par sa superficie reflète les avatars de l'histoire allemande au XXème siècle.

En 1920, cette région riche en mines de houille et en usines sidérurgiques a été séparée du Reich allemand et placée sous la tutelle de la Société des Nations. En 1935, la population vota à une grande majorité pour la réintégration dans l'Allemagne. Il en fut de même après la Seconde Guerre mondiale: de nouveau, la Sarre fut

La place de l'hôtel de ville de Sarrebruck.

La Sarre, paradis de verdure: méandres de la Sarre près d'Orscholz.

séparée de l'Allemagne et, de nouveau, après un scrutin, elle fut réintégrée pour devenir un Land fédéré à part entière. L'accord donné auparavant par la France constitua une pierre milliaire dans la voie de la réconciliation franco-allemande. La réintégration du Land, le 1er janvier 1957, s'effectua en vertu de l'article 23 de la Loi fondamentale — une nouveauté et un antécédent pour le processus d'unification de l'Allemagne en 1990.

La capitale du Land, Sarrebruck (188.000 habitants), réunit dans ses murs la totalité des écoles supérieures du Land: université, écoles techniques supérieures, école des Beaux-Arts et Ecole supérieure de musique. Leurs activités sont, sans exception, transfrontalières.

Le nom de Sarrelouis rappelle que, en ce lieu, il y a largement trois cents ans, le roi de France Louis XIV fit ériger une citadelle pour protéger ses conquêtes de l'ouest de l'Allemagne. La ville est aujourd'hui le berceau d'une grande usine automobile.

A l'image de la science, l'économie a aussi, depuis longtemps, fait tomber les barrières frontalières. Les régions Sarre, Lorraine et Luxembourg s'interpénètrent de plus en plus et l'acronyme Sarre-Lor-Lux est maintenant le symbole d'une région typiquement européenne. Certes, la crise du charbon et de l'acier a porté un rude coup à l'économie de la Sarre, mais les mesures d'assainissement qui ont été prises en commun avec la Fédération commencent à porter des fruits. La région espère que l'entrée en vigueur du marché unique européen, en janvier 1993, donnera un coup de fouet à son économie, notamment dans les constructions mécaniques, la métallurgie et l'industrie chimique.

L'art de vivre des Sarrois. Les secteurs d'activité traditionnels d'importance suprarégionale sont les verreries et l'industrie de la céramique. Les produits d'une grande entreprise comme Villeroy & Boch se distinguent par leur grande qualité et la richesse de leurs formes et couleurs — si l'on veut, on peut y découvrir une symbiose harmonieuse entre la minutie allemande et le charme français.

Les Sarrois semblent d'ailleurs s'être approprié une bonne portion de l'art de vivre français. Ils savent apprécier les bonnes choses de la cuisine et de la cave et, quand le beau temps est de la partie, leur capitale évoque un théâtre en plein air. Un fils de la ville, le metteur en scène Max Ophüls (1902 — 1957), est entré dans l'histoire du cinéma avec des comédies charmantes comme «Liebelei».

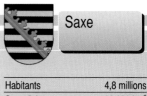

Saxe

Elections régionales de 1990 :	
CDU	53,8 %
SPD	19,1 %
PDS	10,2 %
Alliance 90 / Verts	5,6 %
FDP	5,3 %

Habitants	4,8 millions
Superficie	18.300 km²
Capitale régionale :	Dresde

La Saxe

Or blanc, Voûtes vertes et micro-électronique. Parmi les nouveaux Länder fédérés, la Saxe jouit d'un statut à part, pour une triple raison: c'est le Land le plus peuplé, le plus fortement industrialisé et il a été l'initiateur de la révolution pacifique qui a permis à l'Allemagne de recouvrer sa liberté.

Plus d'un cinquième des 4,9 millions de Saxons vit à Leipzig (530.000) et à Dresde (501.000). Leipzig, traditionnelle ville de foires, le «Petit Paris» de Goethe, a été l'un des creusets de la résistance non-violente au régime du SED; les grandes manifestations du lundi ont atteint leur apogée, le 9 octobre 1989, avec le slogan: «Nous

L'Opéra Semper de Dresde.

sommes le peuple!» Et Dresde, presque intégralement détruite dans l'enfer des bombardements aériens de 1945, est devenue la capitale de l'«Etat libre de Saxe» récemment reconstitué.

La continuité de la manufacture de porcelaine de Meissen n'a, par contre, pas connu de rupture depuis 1710; un an auparavant, Johann Friedrich Böttger (1682 — 1719), en quête de la substance philosophale permettant de transformer les métaux en or, découvrit la recette de l'«or blanc».

Chemnitz, avec son Ecole supérieure technique et ses instituts de recherche, mise sur les constructions mécaniques et, tout ré-

Leipzig: la nouvelle Gewandhaus et la tour de l'université.

A Zwickau, la tradition de la construction automobile est toujours vivace.

cemment aussi, sur la micro-électronique. Zwickau est la ville de l'automobile, mais, à la place de l'inénarrable petite voiture «Trabant» («Trabi»), on y construit entre-temps la Volkswagen «Polo».

Leipzig, jadis l'une des plus importantes places commerciales allemandes et, qui plus est, centre de l'édition, veut faire revivre sa tradition de ville de foires, avec la Foire de Leipzig comme porte ouverte sur l'Europe de l'Est.

Dresde espère pouvoir bientôt redonner vie à son ancienne réputation de métropole culturelle. Aujourd'hui encore, la ville est un éminent centre musical avec l'Opéra reconstruit selon les plans originaux, érigé par Gottfried Semper de 1870 à 1878 dans le style de la Renaissance italienne, la Chapelle d'Etat et le Chœur du cloître; les «Voûtes vertes» sont un paradis des arts plastiques avec leurs extrêmement riches collections de bijoux précieux, tout comme la «Galerie de Peinture des Maîtres primitifs» où se trouvent des chefs-d'œuvre de la peinture européenne.

Génie créateur et esprit d'entreprise. La Saxe est représentée dans de nombreux chapitres de l'histoire de la culture allemande. L'œuvre de Jean-Sébastien Bach (né à Eisenach en 1685), qui a composé à Leipzig de 1723 à sa mort (en 1750), est cultivée selon une tradition ininterrompue par le Chœur de Saint-Thomas. L'érudit universaliste Gottfried Wilhelm von Leibniz (1646 — 1716) a découvert le système numérique binaire et — indépendamment de Newton — le calcul infinitésimal. Dans son drame «Nathan le Sage», Gotthold Ephraim Lessing (1729 — 1781) a fait les éloges de l'humanité et de la tolérance. D'autres Saxons de naissance sont les compositeurs Robert Schumann (1810 — 1856) et Richard Wagner (1813 — 1883).

Même durant les longues années d'économie planifiée socialiste, les Saxons ne se sont pas départis de leur sens des arts et des affaires. L'esprit d'entreprise saxon se confirme aujourd'hui de nouveau. De tous les nouveaux Länder fédérés, c'est à la Saxe que l'on attribue les meilleures perspectives économiques.

Elections régionales de 1990 :				
CDU	39 %			
SPD	26 %			
FDP	13,5 %	Habitants	2,96 millions
PDS	12 %	Superficie	20.445 km^2
Alliance 90 / Verts	5,3 %	Capitale régionale :	Magdebourg

La Saxe-Anhalt

Une trinité urbaine. Le Land est très peu peuplé. Ceci vaut en particulier pour les régions septentrionales, à structure essentiellement agricole, de l'Altmark et des Börde de Magdebourg, sur les sols de loess desquels poussent blé, betteraves à sucre et légumes. Près d'un sur cinq des trois millions d'habitants vit dans les villes de Halle (235.000), Magdebourg (290.000) et Dessau (104.000).

Halle, Bitterfeld, Leuna, Wolfen et Merseburg, jusqu'ici consacrées à la chimie et à l'exploitation du lignite, traversent une difficile phase

Le «Bauhaus», à Dessau, a marqué de son sceau l'architecture.

La cour du château de Wernigerode, la «ville multicolore du Harz».

de restructuration — conséquence de la politique industrielle erronée menée par l'ancienne RDA. Des investissements considérables seront nécessaires durant de nombreuses années pour réparer les dommages écologiques et mettre en place une nouvelle infrastructure. Le noyau de la chimie, aux riches traditions, sera toutefois préservé.

Le choix de Magdebourg, centre de l'industrie lourde mais aussi siège d'une université technique et d'une académie de médecine,

comme capitale du Land en 1990 aura tout au moins achevé, à ce
point de vue, la rivalité traditionnelle l'opposant à Halle. Les deux villes se targuent de posséder de majestueux témoignages du Moyen
Âge: la cathédrale de la ville impériale et épiscopale de Magdebourg
est l'un des plus imposants édifices sacrés de l'Allemagne; la cathédrale, l'Eglise du marché et la Tour rouge dominent le centre ville
historique de la vieille cité du sel qu'est Halle, où est né le compositeur Georg Friedrich Händel (1685 — 1759). Le peintre ger-
mano-américain Lyonel Feininger (1871 — 1956) a brossé avec un
modernisme fascinant les vieux motifs de Halle — ses tableaux sont
exposés, conjointement avec des œuvres de ses contemporains, à
la Galerie d'Etat de Moritzburg. Grâce à son «Bauhaus», qui a notamment marqué de son sceau l'architecture, Dessau a été l'un des
foyers les plus éminents de la géographie artistique du XXème siècle.

L'Allemagne centrale classique. La Saxe-Anhalt incarne l'Allemagne centrale classique baignée par l'Elbe et la Saale: le Land
entre le Harz, avec son Brocken qui culmine à 1.142 mètres d'altitude,
le Blocksberg du «Faust» de Goethe et le Fläming, une moraine gla-
cière à l'Est; entre les marais au Nord et les coteaux de vignobles
de la Saale et de l'Unstrut. La cathédrale initialement romane d'Hal-
berstadt et le monument linguistique plus que millénaire des «Incan-
tations de Merseburg» témoignent d'une continuité historique depuis l'époque de Charlemagne. Le passé est resté vivant en de nombreux endroits. Tangermünde, avec son architecture de brique, est
surnommée la «Rothenburg du Nord». Wernigerode, qui renferme de
véritables joyaux d'architecture à colombage, est appelée la «ville
multicolore du Harz». Les statues moyenâgeuses des donateurs de
la cathédrale de Naumburg sont des exemples anciens de représentation réaliste et presque vivante. A Eisleben est né et décédé
Martin Luther (1483 — 1546), mais il a été enterré dans l'église du
château de Wittenberg, sur le portail de laquelle il passe pour avoir
apposé ses 95 thèses en 1517. A la cour princière de Köthen, Jean-
Sébastien Bach composa ses six «Concertos brandebourgeois», chacun sous une forme et avec une instrumentation différentes, mais
tous plus beaux les uns que les autres.

Elections régionales de 1992 :	
SPD	46,2 %
CDU	33,8 %
DVU	6,3 %
FDP	5,6 %
SSW	1,9 %

Schleswig-Holstein

Habitants	2,6 millions
Superficie	15.700 km^2
Capitale régionale :	Kiel

Le Schleswig-Holstein

Indivisées pour l'éternité. Le Schleswig-Holstein est le seul Land fédéré allemand à être baigné par deux mers — la mer du Nord et la Baltique. Faisant allusion aux deux parties du Land, un document ancien proclame qu'elles doivent rester «indivisées pour l'éternité». Cela n'est pas resté sans conséquence. Contrairement aux «Länder à trait d'union» allemands constitués après 1945 par les puissances d'occupation, ils ont, très tôt déjà, été cités en commun.

Avec seulement 2,6 millions d'habitants, le Schleswig-Holstein n'est pas très peuplé. La capitale du Land, Kiel (244.000 habitants), et la ville hanséatique de Lübeck (213.000) doivent leur prospérité au

La Holstentor: une partie du patrimoine culturel mondial de Lübeck.

Helgoland: l'île aux falaises rouges dans la Baie allemande.

fait qu'elles soient riveraines de la Baltique, Lübeck-Travemünde est l'un des premiers ports allemands pour les car-ferries.

Des paysans et des négociants. Jadis, le Schleswig-Holstein était une région purement agricole, caractérisée notamment par l'élevage du bétail, qui prédomine aujourd'hui dans les fertiles zones de polders du littoral occidental. La pêche côtière en mer du Nord et en Baltique est, elle aussi, fière de ses traditions.

Au Moyen Âge et au début des temps modernes, Flensburg possédait l'une des plus grandes flottes de bateaux à voile du Nord et elle dominait la navigation vers les Indes orientales, tandis que Lübeck a dû sa richesse à son commerce des céréales, et Kiel, son essor à la marine. La navigation a donné naissance à une importante industrie de chantiers navals. Lorsque celle-ci traversa une période de crise, vers la fin des années soixante, quelques entreprises se consacrèrent avec succès à la construction de bateaux ultraspécialisés. Un autre moyen pour mettre fin à ces dépendances traditionnelles a consisté à mettre en place une économie de petites et moyennes entreprises très divorcifiéo; à cotto occasion, les environs de Hambourg ont connu un essor particulièrement rapide.

Le tourisme, secteur en pleine expansion. Helgoland, île en haute mer sur laquelle Hoffmann von Fallersleben composa, en 1841, le Chaut des Allemands, et les îles de Frise du Nord, dont Sylt attirent le jet-set et Föhr les familles, ont leur clientèle fidèle, tout comme les stations balnéaires de la Baltique, la moderne Damp au même titre que la romantique Hohwacht. Les amoureux de la nature seront attirés par le parc national de l'estran, sur la mer du Nord. Avec ses innombrables lacs, la Suisse du Holstein est une destination rêvée pour les amateurs de repos à la campagne. Quelques villes méritent le détour, par exemple Mölln ou Schleswig, qui possède une célèbre cathédrale, avec l'autel post-gothique de Bordesholm créé par Hans Brüggemann de 1514 à 1521, authentique chef-d'œuvre de la culture sur bois.

Monument de la culture mondiale et littérature mondiale. Lübeck, dont la porte fortifiée de 500 ans, la Holstentor, porte fièrement la devise en latin «Harmonie à la maison, paix à l'extérieur», est l'un des monuments allemands de la culture mondiale qui ont été inscrits dans la liste des témoignages culturels mondiaux dressée par l'UNESCO. Les romans de l'écrivain Thomas Mann (1885 — 1955), originaire de Lübeck et lauréat du prix Nobel de littérature en 1929, figurent à juste titre dans la littérature mondiale. Lors de la traditionnelle «Semaine de Kiel», les amateurs et champions de voile du monde entier se donnent rendez-vous chaque année.

Thuringe

Elections régionales de 1990 :	
CDU	45,4 %
SPD	22,8 %
PDS	9,7 %
FDP	9,3 %
Alliance 90 / Verts	6,5 %

Habitants	2,6 millions
Superficie	16.251 km^2
Capitale régionale :	Erfurt

La Thuringe

Le poumon vert de l'Allemagne. Sa situation géographique et ses étendues de forêts ont valu à la Thuringe le surnom de «poumon vert de l'Allemagne».

La capitale du Land est Erfurt (217.000 habitants), fondée dès le VIIIème siècle et qui se plaît à s'appeler la «ville-jardin». Avec sa Vieille ville exceptionnellement riche en maisons patriciennes, églises et couvents, Erfurt est un véritable «écomusée architectural».

Jean-Sébastien Bach est né à Eisenach en 1685, comme fils d'une famille de musiciens très ramifiée (mort en 1750 à Leipzig). Sur la Wartburg toute proche, Martin Luther vécut dans l'anonymat en 1521/22 pour y traduire le Nouveau Testament en allemand — étape

La Wartburg attire toujours plus de touristes.

importante dans la voie de l'allemand écrit moderne. En 1817, des représentants des corporations d'étudiants réclamèrent une Allemagne unifiée au château de la Wartburg.

Morcellement d'Etats, culture et barbarie. En Thuringe, le morcellement territorial de l'Allemagne dont l'on s'est longtemps plaint a été particulièrement prononcé jadis. Mais, sur le plan culturel, ce morcellement d'Etats a aussi eu des effets positifs, car les souverains

Un bijou de la Vieille Ville d'Erfurt: le Krämerbrücke.

des petits pays aimaient aussi à jouer les mécènes. Le plus important, et de loin, mécène du Land a été le duc Charles-Auguste de Saxe-Weimar (1757 — 1828). Il fit venir dans sa résidence — qui, vers 1800, devint une véritable capitale intellectuelle rayonnant au-delà de l'Allemagne — le romancier et traducteur de Shakespeare Christoph Martin Wieland (1733 — 1813), le poète et linguiste Johann Gottfried Herder (1744 — 1803) et, surtout, Johann Wolfgang Goethe (1749 — 1832). A Weimar sont nées quelques-unes des plus célèbres œuvres de Goethe, par exemple la version définitive de son «Faust». Friedrich Schiller a aussi vécu à Weimar de 1787 à 1789 et de 1799 à 1805 et il y a notamment écrit son «Guillaume Tell». Durant la seconde moitié du siècle dernier, Franz Liszt (1811 — 1886) a composé et donné des concerts à Weimar. C'est ici qu'en 1919, a été fondé le «Bauhaus», un centre de cours qui voulait effacer les frontières entre l'art, l'artisanat et la technique. En 1925, le «Bauhaus» s'établit à Dessau et, quelques années plus tard, à Berlin, où il fut victime de la barbarie qui fit rage dès la prise du pouvoir par Hitler, en 1933. Cette année-là a aussi été une année fatidique avec la disparition de la première république allemande, la «République de Weimar», dont la Constitution avait été élaborée à Weimar en 1919.

Industrie et artisanat. Au Moyen Âge, plusieurs villes de Thuringe, en particulier Erfurt, sont devenues prospères grâce au négoce d'une plante permettant de teindre en bleu (le «pastel»). Plus tard, d'autres branches importantes se sont aussi développées, par exemple la production de machines-outils ainsi que d'appareils de mécanique et d'optique de précision qui ont rendu célèbres dans le monde entier les noms de la ville d'Iéna et du mécanicien Carl Zeiss. Des voitures sont fabriquées depuis longtemps à Eisenach, par exemple, à l'époque de la RDA, la «Wartburg». Depuis la réunification de l'Allemagne, la firme Opel y possède une usine. Mais l'artisanat s'enorgueillit lui aussi d'une longue tradition.

Les grandes étapes de l'histoire allemande jusqu'en 1945

Au siècle passé, encore, on pensait pouvoir dater exactement les origines de l'histoire allemande: en l'an 9 après Jésus Christ, Arminius, un prince de la tribu germanique des Chérusques, anéantit trois légions romaines au Teutoburgerwald. Ce chef, au sujet duquel on ne sait guère plus, passe pour être le premier héros national allemand. Un immense monument a été érigé en son honneur dans les années 1838-1875, près de Detmold. En fait, les choses ne sont pas aussi simples. La constitution du peuple allemand résulte d'un processus qui a duré des siècles. Le terme «deutsch» (allemand) n'apparaît sans doute pour la première fois qu'au VIIIe siècle et ne désigne tout d'abord que la langue de la partie orientale du royaume des Francs. Cet empire, qui est à l'apogée de sa puissance sous Charlemagne, englobe des peuplades parlant les unes des dialectes germaniques, les autres des dialectes romans. Après la mort de Charlemagne (814), l'unité impériale est brisée. A la faveur de plusieurs partages successoraux, un empire occidental et un empire oriental, dont la délimitation politique correspond approximativement à l'aire linguistique de l'allemand et du français, se constituent. Le sentiment d'appartenir à une communauté nationale ne se développe que progressivement chez les habitants de la Germanie. Finalement, l'expression «allemand» est étendue d'abord à ceux qui parlent la langue ainsi désignée, puis au territoire qu'ils habitent (Allemagne).

La frontière occidentale de l'Allemagne est fixée relativement tôt et connaît une grande stabilité. En revanche, la limite orientale reste mouvante pendant des siècles. Aux alentours de 900, son tracé suit à peu près l'Elbe et la Saale. Durant les siècles qui succèdent, l'expansion allemande dans les territoires de l'Est s'opère soit pacifiquement, soit par la force. Cette poussée ne s'arrête qu'au milieu du XIVe siècle. La ligne séparant depuis cette époque Allemands et Slaves ne bouge plus jusqu'à la Seconde Guerre mondiale.

Le haut Moyen Age. On situe généralement en l'an 911, date à laquelle Conrad Ier, duc de Franconie, est élu roi de Germanie après l'extinction des Carolingiens, le passage du royaume de Franconie au royaume allemand. Ce souverain est considéré comme le premier roi allemand. (Il s'intitule officiellement «roi franconien», puis «roi romain». Quant à l'Allemagne, elle est désignée sous le nom d' «Empire romain» à partir du XIᵉ siècle, et de «Saint Empire romain» depuis le XIIIᵉ siècle; au XVᵉ siècle on y adjoint l'appellation «de nation allemande»). Le Saint Empire romain est une monarchie élective puisque l'empereur est choisi par les grands seigneurs. On applique par ailleurs le «principe héréditaire»: le nouveau souverain doit être uni à son prédécesseur par les liens du sang. Cette règle est violée à plusieurs reprises; de même que la dignité impériale est attribuée parfois à deux titulaires simultanément. L'Empire étant dépourvu de capitale, le souverain gouverne au gré de ses pérégrinations. Aucun impôt impérial n'est levé, de sorte que l'empereur tire essentiellement sa subsistance des «fiefs impériaux» qu'il gère en tant que fidéicommis. Son autorité n'est pas reconnue automatiquement; les puissants duchés allemands ne le respectent que s'il allie à son titre force militaire et habileté dans la conclusion des alliances. Ce n'est que le successeur de Conrad, Henri Iᵉʳ de la dynastie saxonne (919-936) et encore plus son fils Othon Iᵉʳ (936-973) qui réussissent à s'imposer. En se faisant couronner empereur à Rome en 962, Othon exprime symboliquement le caractère absolu de son pouvoir.

Depuis lors, le roi allemand peut prétendre à la dignité impériale. Théoriquement, l'Empire est de natura universelle et confère au monarque la souveraineté sur l'ensemble de l'Occident. Ces idées n'ont jamais pu être complètement concrétisées. Le roi doit se rendre à Rome pour être sacré empereur par le pape. Ce fait est à l'origine de la politique italienne des souverains allemands. Durant 300 années, ils parviennent à dominer le nord et le centre de l'Italie, mais en se désintéressant dans une large mesure des affaires allemandes. Déjà les successeurs d'Othon éprouvent des déboires.

Un nouvel essor de l'Empire coïncide avec l'arrivée de la dynastie des Saliens. Sous Henri III (1039-1056), le royaume de Germanie et l'Empire sont à l'apogée de leur grandeur; l'Empire impose sa primauté à la papauté. Cependant Henri IV (1056-1106) ne peut maintenir le césaropapisme. En apparence, il a certes le dernier mot dans la querelle des investitures face à Grégoire VII; toutefois, en allant solliciter son pardon à Canossa (1077), Henri IV cause un dommage irréparable à la dignité impériale. A partir de là, l'Empire et la papauté se posent comme deux pouvoirs absolument égaux.

En 1138 débute l'ère des Hohenstaufen. Frédéric Iᵉʳ Barberousse (1152-1190) rétablit l'autorité impériale en luttant contre la puissance de la papauté, l'autonomie des villes de l'Italie du Nord et l'émancipation des seigneurs féodaux, notamment Henri le Lion, duc de Saxe. Néanmoins, c'est sous son règne que commence le morcellement territorial, qui finit par affaiblir le pouvoir centralisé. Cette dégradation se poursuit sous les successeurs de Frédéric

Barberousse, Henri VI (1190-1197) et Fréderic II (1212-1250), en dépit de la domination impériale. Les seigneurs ecclésiastiques et laïques obtiennent la semi-souveraineté territoriale. L'effondrement des Hohenstaufen (1268) met pratiquement un terme aux tentatives visant à constituer un Empire occidental universel. Les forces centrifuges internes empêchent l'Allemagne de devenir un Etat national — précisément au moment où ce processus est engagé dans d'autres pays d'Europe occidentale. C'est une des raisons pour lesquelles l'Allemagne est devenue une «nation retardataire».

Le Moyen Age tardif et les débuts de la Renaissance. Rodolphe Ier (1273-1291) inaugure la montée sur le trône de la famille des Habsbourg. Désormais l'assise matérielle de l'Empire ne sera plus constituée par les possessions impériales de plus en plus réduites, mais par le «domaine personnel» de chaque dynastie; la puissance de leur propre maison devient le premier mobile des Empereurs. La Bulle d'or instituée par Charles IV en 1356, sorte de loi fondamentale impériale, attribue à un collège de sept princes électeurs le droit exclusif de désigner le nouvel Empereur et leur accorde certains privilèges par rapport aux autres Grands. Parallèlement, les villes, qui mobilisent les ressources économiques, gagnent en importance, tandis que l'influence des moindres ducs, des seigneurs et des chevaliers recule progressivement. La création de ligues urbaines renforce encore leur rôle. La principale de ces associations marchandes, la Hanse teutonique, s'est assurée au XIVer siècle le monopole économique de la Baltique.

Bien que l'Empire demeure en principe une monarchie élective, la famille des Habsbourgs, qui est devenue entre temps la première puissance territoriale d'Allemagne, se transmettra en fait héréditairement la couronne impériale à partir de 1438. Au XVe siècle, une réorganisation de l'Empire est réclamée avec de plus en plus d'insistance. Maximilien Ier (1493-1519), qui, le premier, prend le titre d'Empereur sans être sacré par le pape, cherche à opérer des réformes mais sans grand succès. Les institutions qu'il crée ou réorganise — Reichstag (diète impériale), Reichskreise (cercles impériaux), Reichskammergericht (Cour suprême de l'Empire) — ont certes survécu jusqu'à la fin de l'Empire (1806), mais ne réussissent pas à freiner le morcellement de l'Allemagne. Un système dualiste faisant coexister d'un côté l'Empereur et de l'autre l'Empire se développe: la souveraineté est alors partagée entre l'Empereur et les ordres impériaux (princes électeurs, princes et villes). L'autorité impériale se trouve réduite et de plus en plus largement amputée par suite des accords concessifs signés par les Empereurs lors de leur

*L'empereur Charles IV et les sept princes électeurs
(armorial datant d'environ 1370, Bibliothèque Royale Albert Iᵉʳ, Bruxelles).*

désignation par les princes électeurs. Les princes, notamment ceux qui ont une large autorité, empiètent largement sur les pouvoirs impériaux. Ce qui n'empêche pas l'Empire de conserver sa cohésion: la couronne impériale n'a pas encore perdu son éclat, l'idée de l'Empire est restée vivante et le gouvernement offre aux petits et moyens territoires une protection contre toute ingérence extérieure.

Les cités deviennent les centres de la puissance économique; elles tirent surtout parti de l'essor du négoce. Avec l'industrie textile naissante et les exploitations minières apparaissent de nouveaux modes d'organisation économique qui sortent du cadre traditionnel des corporations et qui, à l'instar du commerce international, portent déjà les traits du précapitalisme. Simultanément s'opèrent des bouleversements intellectuels, caractérisés par les doctrines humanistes et le mouvement de la Renaissance. Le réveil de l'esprit critique s'exerce essentiellement aux dépens de l'Eglise en proie aux erreurs et aux abus.

La Réforme et le schisme. Le mécontentement croissant suscité par les institutions religieuses trouve un exutoire dans la Réforme. Martin Luther affiche, en 1517, 95 thèses qui sont à l'origine du protestantisme. Les conséquences de ce mouvement débordent largement le domaine spirituel. L'ensemble des structures sociales en est ébranlé. En 1522/23 éclate le soulèvement des chevaliers impériaux puis, deux années plus tard, la guerre des paysans, le

Paysans insurgés (gravure sur bois de Hans Burgkmair, 1525).

premier grand mouvement révolutionnaire de l'histoire allemande au sein duquel s'unissent diverses tendances politiques et sociales. Ces deux séditions avortent ou sont noyées dans le sang. La Réforme profite surtout au territorialisme des princes. Au terme de luttes fertiles en péripéties, la paix d'Augsbourg de 1555 leur accorde le droit de déterminer la religion de leurs sujets. Le protestantisme est mis sur un pied d'égalité avec le catholicisme. Ainsi la division religieuse de l'Allemagne est scellée. Le trône impérial est alors occupé par Charles-Quint (1519-1556), qui détient par voie d'héritage le plus formidable empire depuis Charlemagne. Il est trop accaparé par ses ambitions mondiales pour pouvoir s'imposer en Allemagne. Après son abdication, son empire est démembré; les Etats territoriaux allemands et les Etats nationaux ouest-européens forment à cette époque le nouveau système étatique européen.

A la paix d'Augsbourg, l'Allemagne est au quatre-cinquième protestante. Les luttes religieuses ne sont pas encore terminées. Par la suite, l'Eglise catholique parvient à reconquérir (Contre-Réforme) de nombreuses régions. Les antagonismes confessionnels s'aggravent; des partis religieux s'organisent: l'Union évangélique (1608) et la Ligue catholique (1609). Un conflit local déclenche la guerre de Trente ans qui se transforme au fil des ans en un conflit européen, un affrontement à la fois politique et religieux. Entre 1618 et 1648, de vastes régions d'Allemagne sont dévastées et dépeuplées. Les Traités de Westphalie donnent à la France et à la Suède de nouveaux territoires et confirment la séparation de la Suisse et des Pays-Bas de l'Empire. Ils confèrent aux ordres impériaux de larges pouvoirs temporels et spirituels et les autorisent à contracter des alliances avec d'autres partenaires étrangers.

La période de l'absolutisme. Quasiment souverains, les Etats germaniques adoptent le système politique de l'absolutisme à l'image de la France. Ce mode de gouvernement attribue la totalité des pouvoirs au souverain sans limitation aucune; mais, d'un autre côté, il permet l'instauration d'une administration fortement structurée, l'assainissement des finances ainsi que la constitution d'armées permanentes. Beaucoup de princes se piquent de faire de leur résidence un centre de rayonnement culturel. Nombre d'entre eux — partisans du despotisme éclairé — encouragent le développement des sciences et l'éveil de l'esprit critique, dans la mesure évidemment où leurs intérêts ne sont pas lésés. La doctrine économique du mercantilisme consolide par ailleurs la prospérité matérielle des

Feu d'artifice à la cour de Dresde
(gravure de Johann August Corvinus, 1719).

monarchies absolues. Des pays comme la Bavière, le Brandebourg (la future Prusse), la Saxe et Hanovre deviennent des puissances autonomes. L'Autriche, qui repousse les Turcs et annexe la Hongrie ainsi que certaines dépendances turques dans les Balkans, se hisse au rang de grande puissance. Au XVIIe siècle, la Prusse qui, sous l'impulsion de Frédéric le Grand (1740-1786), se dote d'une force militaire de premier ordre, commence à lui disputer la prééminence. Les deux Etats comportent des fractions de territoires étrangers à l'Empire et mènent une politique de grande puissance en Europe.

La Révolution française. Le choc qui provoquera l'effondrement de l'Empire germanique viendra de l'Ouest. En 1789 éclate la Révolution française. Les forces bourgeoises éliminent la société féodale en place depuis le début du moyen âge. La séparation des pouvoirs et les droits de l'homme deviennent les garants de la liberté et de l'égalité de tous les citoyens. La Prusse et l'Autriche échouent lamentablement dans leur tentative visant à s'ingérer par la force dans les affaires du pays voisin et déclenchent la riposte des armées révolutionnaires. L'Empire germanique s'écroule finalement sous les assauts des armées de Napoléon, qui a recueilli l'héritage de la Révolution. La France annexe la rive gauche du Rhin. Les princes des Etats disparus se dédommagent sur d'autres parties de l'Allemagne; un gigantesque «remembrement» s'effectue au détriment des petites seigneuries et surtout des possessions ecclésiastiques. Un Reichstag aboutit au Recès de 1803: 4 millions de sujets changent de souverain. Les principaux bénéficiaires de ces bouleversements territoriaux sont les Etats de moyenne importance. La plupart d'entre eux constituent en 1806 la Confédération du Rhin (Rheinbund) placée sous protectorat français. La même année, l'empereur François II abdique. Ainsi prend fin le Saint Empire romain germanique.

La Révolution française ne s'étend pas à l'Allemagne. Si des mouvements sporadiques visant à réduire le fossé qui sépare la noblesse de la bourgeoisie s'y sont également développés, si de grands esprits de l'époque voient dans la Révolution française l'aube d'une ère nouvelle, il manque l'étincelle permettant de mettre le feu aux poudres. Alors que le centralisme français se prête au renversement de la monarchie, les structures fédéralistes de l'Empire germanique gênent le développement des idées révolutionnaires. Sans compter que la France, terre natale de la Révolution, fait figure d'adversaire en tant que puissance occupante. De la lutte menée contre Napoléon naît finalement un nouveau mouvement national qui atteindra son apogée avec les guerres d'indépendance. Mais l'Allemagne n'est pas épargnée pour autant par les mutations sociales. Dans les pays de la Confédération du Rhin, puis en Prusse (sous l'impulsion de Stein, Hardenberg, Scharnhorst, W. von Humboldt), des réformes sont appliquées qui font tomber les barrières du régime féodal et préludent à l'instauration d'une société bourgeoise libérale apte à assumer ses responsabilités: le servage est aboli, le libre accès à la profession est garanti, l'autogestion communale est instituée, l'égalité devant la loi est érigée en principe et le service militaire devient une obligation. Cependant, beaucoup de projets ne sont pas réalisés. La plupart des citoyens ne participent pas encore au pouvoir législatif; et ce n'est qu'avec hésitation que certains princes, en particulier dans le sud de l'Allemagne, dotent leurs Etats d'une constitution.

La Confédération germanique. Après la victoire sur Napoléon, le Congrès de Vienne 1814/15 donne une structure nouvelle à l'Europe. Les espoirs de nombreux Allemands de voir s'instaurer un

L'Assemblée nationale de Francfort en 1848 (lithographie).

Etat national unitaire et libéral sont déçus. La Confédération germanique, qui remplace l'ancien Saint-Empire, n'est qu'un rassemblement assez inconsistant d'Etats souverains. Elle ne comporte qu'un seul organe, la Diète de Francfort. Il ne s'agit pas d'une assemblée élue, mais d'un congrès de plénipotentiaires. La Confédération n'est en mesure d'agir que si la Prusse et l'Autriche, puissances dominantes, sont d'accord. Sa mission principale, pendant les décennies suivantes, consiste à réprimer le libéralisme et les idées unitaires. La presse et les publications sont soumises à une censure sévère, et toute activité politique est pratiquement prohibée.

Dans le même temps, les débuts de l'économie moderne vont à contre-courant de ces tendances réactionnaires. En 1834 est institué le Zollverein (union douanière) qui établit un marché interne homogène. L'entrée en exploitation de la première voie ferrée remonte à 1835. C'est le commencement de l'industrialisation. L'apparition des usines donne naissance à la classe ouvrière. Le gagne-pain des ouvriers est alors revalorisé, mais la rapide croissance démographique a tôt fait de se traduire par une offre excessive de main-d'œuvre. En l'absence de toute législation sociale, les ouvriers d'usine se retrouvent dans la misère. Les tensions sociales donnent lieu alors à des actes de violence, comme le soulèvement des tisserands silésiens en 1844, une insurrection qui sera écrasée par l'armée prussienne. Le mouvement ouvrier ne s'ébauche qu'à pas lents et hésitants.

La Révolution de 1848. Contrairement aux événements de 1789, l'insurrection parisienne de 1848 trouve aussitôt un écho en Allemagne. En mars, des soulèvements éclatent dans tous les Etats de la Confédération et maintes concessions peuvent être arrachées aux gouvernants terrorisés. L'Assemblée nationale allemande se réunit pour la première fois au mois de mai à l'Eglise Saint-Paul de Francfort. Elle élit l'archiduc Jean, vicaire impérial (Reichsverweser), et crée un ministère impérial (Reichsministerium), à vrai dire dépourvu de moyens d'action et qui n'acquiert nulle autorité. Le Centre libéral, qui vise une monarchie constitutionelle avec un suffrage restreint, est prépondérant. Le démembrement de l'Assemblée nationale, de l'aile gauche à l'aile droite, où se profilent déjà les futurs partis politiques, rend difficile la création d'un ordre constitutionnel. Le Centre libéral, lui non plus, ne parvient pas à surmonter les antagonismes existant sur l'ensemble de l'échiquier politique entre les partisans d'une «Grande Allemagne» et ceux qui réclament une «Petite Allemagne» sans l'Autriche. C'est finalement

Empire romain-germanique (vers 950)

Saint Empire romain-germanique après le traité de Westphalie (1648)

Possession suédoise

Empire allemand de 1871 à 1918

Frontière de la Confédération germanique (1815–1866)

L'Allemagne dans ses frontières de 1937

1 : 15 000 000

au prix de très gros efforts qu'est élaborée une constitution démocratique qui tente d'opérer une symbiose entre l'ancienne et la nouvelle charte et qui prévoit la mise en place d'un gouvernement responsable vis-à-vis du parlement. Mais lorsque l'Autriche demande que l'ensemble de son territoire, où vit une bonne douzaine de peuples, soit intégré dans le futur Empire, ce sont les tenants de la «Petite Allemagne» qui l'emportent. L'Assemblée nationale propose alors la couronne impériale héréditaire au roi de Prusse Frédéric Guillaume IV qui la refuse, ne voulant pas être redevable à un mouvement révolutionnaire de la dignité impériale. Au mois de mai, des insurrections populaires cherchent à obtenir «par la base» l'établissement d'une Constitution en Saxe, au Palatinat et au pays de Bade, mais elles échouent, marquant ainsi la défaite de la Révolution. Les cours annulent alors la plupart des concessions faites au peuple, les constitutions sont révisées dans un sens restrictif. La Confédération germanique est finalement rétablie en 1850.

L'ascension de la Prusse. Pendant les années cinquante, l'essor économique est remarquable. L'Allemagne se transforme en une puissance industrielle. Certes, elle est encore largement distancée par l'Angleterre en ce qui concerne le niveau de la production, mais d'ores et déjà son rythme de croissance est plus rapide. L'industrie lourde et les constructions mécaniques sont les secteurs les plus dynamiques. Sur le plan économique également, la Prusse se hisse au premier rang en Allemagne. Le renforcement du potentiel économique enhardit la bourgeoisie libérale à s'affirmer politiquement. Le Parti allemand du Progrès (Deutsche Fortschrittspartei), fondé en 1861, devient la principale formation politique du Parlement et refuse de voter le budget lorsque le gouvernement veut pratiquer une politique militaire réactionnaire. Appelé au pouvoir, Otto von Bismarck (1826) ne se dérobe pas à l'épreuve de force et gouverne plusieurs années sans obtenir l'autorisation budgétaire exigée par la Constitution. Le Parti du Progrès n'ose pas pratiquer une opposition débordant le cadre parlementaire.

Des succès à l'extérieur permettent à Bismarck de consolider sa position intérieure assez précaire. Après la guerre des Duchés (1864), les Prussiens et les Autrichiens contraignent les Danois à céder le Schleswig-Holstein, qui est d'abord administré collectivement par les deux puissances. Mais, dès l'origine, Bismarck poursuit l'annexion des deux duchés et s'oriente vers un conflit ouvert avec l'Autriche. La guerre allemande de 1866 s'achève par la défaite de l'Autriche qui est évincée de la scène allemande. La Confédération germanique est dissoute et remplacée par la

Guillaume Ier proclamé empereur d'Allemagne en 1871
dans la galerie des glaces à Versailles (tableau d'Anton von Werner).

Confédération de l'Allemagne du Nord, qui regroupe tous les Etats allemands au nord du Main; Bismarck est nommé chancelier fédéral de la nouvelle Confédération.

L'Empire bismarckien. Bismarck s'attache à présent à réaliser l'unité allemande selon la formule petite-allemande. Il brise les résistances françaises lors de la guerre de 1870, suscitée par une querelle diplomatique à propos de l'affaire du trône d'Espagne. Vaincue, la France perd l'Alsace-Lorraine et est assujettie à de lourdes obligations financières. L'élan de patriotisme provoqué par les hostilités est tel que les Etats du Sud se joignent à la Confédération de l'Allemagne du Nord pour fonder l'Empire allemand. Le 18 janvier 1871, le roi de Prusse, Guillaume Ier, est proclamé Empereur d'Allemagne, à Versailles, sur territoire ennemi.

Finalement, l'unité allemande ne résulte pas d'une décision populaire émanant «de la base», mais d'un accord princier conclu «au sommet». La prépondérance de la Prusse est écrasante; beaucoup considérent le nouvel Empire comme une «grande Prusse». La Diète impériale (Reichstag) est élue au suffrage universel et égalitaire. Si elle n'a aucune influence sur la formation du gouvernement, elle peut cependant influer sur l'exercice des pouvoirs gouvernementaux en participant à l'élaboration des lois impériales et en faisant usage de son pouvoir budgétaire. Bien que le chancelier du Reich ne soit responsable que vis-à-vis de l'Empereur, il doit s'efforcer néanmoins de rallier à sa politique la majorité des députés du Reichstag. Le droit de vote reconnu aux citoyens des différents Länder n'est pas encore homogène. Onze des Etats confédérés allemands sont encore soumis à un régime électoral des classes où le nombre des suffrages consentis est fonction du montant des impôts. Pour quatre autres Etats, c'est l'ancien système de répartition corporative des mandats qui prévaut. Les Etats de l'Allemagne du Sud, qui ont une plus grande tradition parlementaire, réforment au début du siècle leur régime électoral, et le Bade, le Wurtemberg et la Bavière l'ajustent sur le système appliqué au niveau de la Diète impériale. La bourgeoisie, qui a consolidé ses assises économiques, profite alors du développement industriel de l'Allemagne pour étendre son influence. L'aristocratie, et surtout le corps des officiers, composé essentiellement de nobles, continuent cependant à dominer la société. Bismarck demeure chancelier fédéral durant dix-neuf années. En menant systématiquement une politique de paix et d'alliances, il cherche à assurer au Reich une position solide dans le nouvel équilibre des forces européennes. Sa perspicacité et sa pénétration dans les affaires étrangères contrastent avec ses vues courtes en politique intérieure. Ainsi son incompréhension des mouvements démocratiques. A ses yeux, «opposant politique» et «ennemi de l'Empire» sont synonymes. Il lutte avec acharnement et, en définitive, vainement contre l'aile gauche de la bourgeoisie libérale, les catholiques engagés politiquement et surtout les organisations ouvrières, soumises pratiquement pendant douze ans (1878-1890) à un régime d'exception. C'est pourquoi il s'aliène les masses ouvrières, dont les effectifs grossissent considérablement, et cela malgré l'adoption d'une législation sociale très avancée pour l'époque. A la fin, Bismarck est victime de son propre système, lorsque Guillaume II le congédie en 1890.

Le jeune Empereur est impatient de régner, mais il manque de connaissances et de persévérance. Plus en paroles qu'en actes, il fait figure de despote belliqueux. C'est sous son égide que l'Allemagne commence à intervenir dans les affaires mondiales. Cherchant à rattraper les grandes puissances impérialistes, qui avaient pris de l'avance, l'Empire s'isole de plus en plus. En politique intérieure,

Guillaume II durcit rapidement ses positions à l'égard des ouvriers en voyant que ses tentatives pour gagner le prolétariat restent sans effet. Ses chanceliers s'appuient sur des coalitions changeantes, de tendance conservatrice et bourgeoise. La social-démocratie, bien qu'elle soit une des principales formations soutenue par plusieurs millions d'électeurs et, à partir de 1912, le premier parti du Reichstag, demeure exclue du pouvoir.

La Première Guerre mondiale. L'assassinat de l'archiduc héritier d'Autriche-Hongrie, le 28 juin 1914, déclenche la Première Guerre mondiale. Mais les ultimes responsabilités restent un sujet très controversé. Si l'Allemagne et l'Autriche d'un côté, la France, la Russie et l'Angleterre de l'autre, ne veulent pas consciemment ce conflit, elles sont du moins disposées à courir un tel risque. Les uns commes les autres poursuivent des objectifs bellicistes bien précis et un conflit militaire, vu sous cet angle, ne leur paraît pas inopportun. L'Allemagne ne parvient pas, comme le prévoyait son plan d'invasion, à porter immédiatement un coup mortel à la France. Après la défaite allemande dans la bataille de la Marne, le conflit se paralyse à l'Ouest avant de se transformer en une guerre de position qui atteint son paroxysme dans des combats très meurtriers pour les deux puissances belligérantes. Depuis le début des hostilités, l'Empereur joue un rôle totalement effacé. Durant la guerre, les chanceliers, qui sont faibles, s'inclinent devant le commandement suprême des armées dont le cerveau est le général Erich Ludendorff, alors que le maréchal Paul von Hindenburg, qui porte le titre de chef des armées, y joue un rôle secondaire. L'entrée en guerre des Etats-Unis, en 1917, vient sceller un dénouement qui depuis longtemps déjà se précisait. Une issue à laquelle rien ne pourra plus changer, pas même la Révolution d'octobre et la paix avec l'Est. Bien que le pays soit saigné à blanc, Ludendorff, méconnaissant la situation, s'obstine jusqu'à septembre 1918 à réclamer une «paix victorieuse». Mais il fait brusquement volte-face et exige un armistice immédiat.

L'écroulement militaire va de pair avec le renversement du régime politique. Sans la moindre résistance, l'Empereur et les princes abdiquent en novembre 1918; nul ne s'interpose pour défendre une monarchie qui s'est discréditée. L'Allemagne devient une République.

La République de Weimar. Le pouvoir échoit aux sociaux-démocrates. La majorité d'entre eux s'est depuis longtemps distancée des conceptions révolutionnaires des origines et se donne pour mission première de ménager les transitions des anciennes aux

Gustav Stresemann devant la Société des Nations à Genève en 1926.

nouvelles institutions. Il n'est pas porté atteinte à la propriété privée industrielle et agricole. Point d'épuration dans l'administration et la magistrature, pourtant généralement hostiles à la république. Le commandement militaire n'est pas destitué. Les tentatives des éléments d'extrême gauche de pousser la révolution plus avant sur la voie du socialisme sont réprimées par l'armée. Les trois partis absolument républicains — sociaux-démocrates, membres du Parti centriste (catholique) et du Parti démocratique allemand — disposent de la majorité à l'Assemblée Nationale élue en janvier 1919, qui siège à Weimar et vote une nouvelle constitution. Mais, dans le courant des années 20, des formations politiques plus ou moins réservées à l'égard des principes démocratiques gagnent du terrain auprès de l'électorat comme au parlement. Le régime de Weimar est une «république sans Républicains», sévèrement combattu par ses adversaires et défendu sans grande conviction par ses partisans. Le marasme économique de l'après-guerre et les obligations imposées à l'Allemagne en 1919 par le Traité de Versailles engendrent un profond scepticisme à l'égard de la République. Il en résulte sur le plan intérieur une instabilité politique qui prend de plus en plus d'ampleur.

En 1923, la confusion de l'entre-deux guerres atteint son paroxysme (inflation, occupation de la Ruhr, tentative de putsch d'Hitler, insurrections communistes). Ensuite, le rétablissement de l'économie entraîne une certaine stabilisation politique. L'action diplomatique de Gustav Stresemann, notamment le traité de Locarno (1925) et l'entrée de l'Allemagne à la Société des Nations (1926), vaut à son pays de retrouver l'égalité de droits sur le plan international. Après la mort du premier président du Reich, le social-démocrate Friedrich Ebert, l'ancien maréchal Hindenburg, candidat des nationalistes, est élu à la présidence (1925). S'il respecte strictement la constitution, il n'éprouvera jamais une réelle sympathie envers les institutions républicaines. Le régime de Weimar commence à décliner lorsque éclate la crise mondiale de 1929. Les extrémistes de gauche et de droite exploitent la montée du chômage et la misère générale à des fins partisanes. Le parti hitlérien, jusque là insignifiant, qui allie des tendances extrêmement anti-démocratiques et un antisémitisme furieux à une propagande faussement révolutionnaire, fait des progrès foudroyants à partir de 1930 et dépasse les autres formations dès 1932. Le 30 janvier 1933, Hitler est appelé à la chancellerie. Outre des membres de son parti, plusieurs hommes de droite et des ministres sans étiquette font partie de son cabinet, ce qui permet alors d'espérer qu'il sera possible de serrer le licol des nationaux-socialistes.

La dictature hitlérienne. Hitler se débarrasse rapidement de ses alliés et obtient pratiquement les pleins pouvoirs par un vote unanime des partis bourgeois. Il en profite pour interdire toutes les formations politiques, hormis la sienne; les syndicats sont démantelés, les droits fondamentaux et la liberté de la presse suspendus. Le régime fait peser une terreur implacable sur tous ceux qui sont considérés comme indésirables. Des milliers de personnes disparaissent dans des camps de concentration, installés en toute hâte, sans même passer en jugement. A tous les niveaux, les organes parlementaires sont supprimés ou privés de pouvoir. Quand Hindenburg meurt en 1934, Hitler est à la fois président du Reich et chancelier. En sa qualité de commandant suprême, il prend le contrôle de la Wehrmacht. Durant les quelques années d'existence de la république de Weimar, l'idée de la démocratie et du libéralisme ne parvient pas à plonger ses racines dans les esprits de la majorité des Allemands. Le désordre endémique dans les affaires intérieures du pays, les nombreux affrontements entre adversaires politiques, qui prennent parfois la forme de violents combats de rue, et le chômage causé par la crise économique mondiale ébranlent la confiance placée par le peuple dans l'autorité de l'Etat. Hitler, par contre, parvient à relancer l'activité économique grâce à des programmes d'emploi et d'armement, réduisant du même coup le chômage. Sa position est consolidée par une politique extérieure placée sous le signe de la réussite: en 1935, la Sarre, administrée jusqu'alors par la Société des Nations, est rattachée à l'Allemagne et la souveraineté militaire de l'Empire est rétablie cette même année; en 1936, les troupes allemandes occupent la Rhénanie, zone démilitarisée depuis 1919; en 1938, l'Autriche est intégrée dans le Reich allemand et les puissances occidentales autorisent Hitler à annexer la région des Sudètes. Un ensemble de succès qui fournit à Hitler les moyens de réaliser rapidement ses objectifs politiques, ce en dépit de la résistance vigoureuse menée contre la dictature, dans toutes les couches de la société. Immédiatement après la prise du pouvoir, le régime se met à réaliser son programme antisémite. Peu à peu, les juifs sont privés de tous les droits de l'homme et droits civiques. Ceux qui le peuvent tentent de mettre fin à leurs tourments en se rendant à l'étranger. Les atteintes à la liberté d'opinion chassent également des milliers de personnes hors du pays. Beaucoup d'écrivains, d'artistes et de sa-

Berlin en 1945.

vants de renom émigrent: une perte irréparable pour la vie culturelle allemande.

La Seconde Guerre mondiale et ses conséquences. Hitler se livre, dès le début, à la préparation d'une guerre qu'il est prêt à mener pour étendre son autorité sur toute l'Europe. Le 1er septembre 1939, en lançant son offensive contre la Pologne, il déclenche la Seconde Guerre mondiale qui a duré cinq ans et demi, qui a ravagé de vastes parties de l'Europe et a coûté la vie à 55 millions d'hommes. Par une série de guerres-éclair, les armées allemandes mettent successivement hors de combat la Pologne, le Danemark, la Norvège, les Pays-Bas, la Belgique, la France, la Yougoslavie et la Grèce. Envahissant l'Union soviétique, la Wehrmacht avance presque jusqu'aux portes de Moscou et, en Afrique du Nord, menace le canal de Suez. Les pays conquis sont assujettis à un régime d'occupation draconien, ce qui entraîne l'apparition de mouvements de résistance. En 1942, le régime hitlérien met en œuvre la «solution finale de la question juive». Tous les juifs que l'on pouvait arrêter étaient déportés dans les camps de concentration en Pologne occupée et assassinés. On estime que le nombre total des victimes s'élève à 6 millions. Les commencements de ce forfait inconcevable coïncident avec un retournement de la situation militaire. Désormais, l'Allemagne et ses alliés italiens et japonais essuient des revers sur tous les fronts.

La terreur du régime et les défaites militaires renforcent la résistance intérieure contre Hitler. Un soulèvement, organisé essentiellement par des officiers, échoue le 20 juillet 1944. Hitler survécut à un attentat à la bombe et sa revanche fut effroyable. A titre représentatif pour toutes les victimes, nous pouvons citer, parmi les principales personnalités de la résistance, le général Ludwig Beck, le comte et colonel von Stauffenberg et l'ancien Premier bourgmestre de Leipzig, Carl Goerdeler.

La guerre se prolonge. Hitler poursuit la lutte au prix d'énormes sacrifices, jusqu'à ce que l'ensemble du territoire du Reich soit occupé par l'ennemi; il se suicide finalement le 30 avril 1945. L'amiral Dönitz, son successeur testamentaire, capitule sans conditions huit jours plus tard. Peu après, les puissances victorieuses procèdent à son arrestation et à celle de ses ministres.

L'Allemagne subit la plus grande défaite de son histoire. La plupart des villes sont en ruines, un quart des habitations sont détruites ou gravement endommagées. L'industrie et les transports sont totalement désarticulés. La population manque des moyens minimums d'existence. Des millions d'Allemands sont en captivité, sans abri ou sur le chemin de l'exode. L'Allemagne semble ne plus avoir aucun avenir.

De la partition à l'unité

La pose des premiers jalons après 1945. Après la capitulation sans condition des troupes allemandes, les 8 et 9 mai 1945, le dernier gouvernement du Reich sous le grand-amiral Dönitz est encore resté vingt-trois jours en fonctions avant que ses membres ne soient arrêtés. Avec d'autres grands dignitaires de la dictature nazie, lors du procès de Nuremberg, ils furent, plus tard, mis en accusation pour crime contre la paix et contre l'humanité.

Le 5 juin, sur le territoire du Reich, les puissances victorieuses — les Etats-Unis, la Grande-Bretagne, l'Union soviétique et la France — reprirent le pouvoir suprême. Conformément au protocole de Londres (12 septembre 1944) et aux accords consécutifs en résultant, leur objectif primaire était l'exercice total de la souveraineté sur l'Allemagne. La base de cette politique fut le partage du pays en trois zones d'occupation avec une capitale, Berlin, divisée en trois secteurs, et un Conseil de contrôle allié commun aux trois commandants en chef. Le but de la division en zones d'occupation avait pour objectif d'empêcher définitivement l'Allemagne d'aspirer une nouvelle fois, après 1914 et 1939, à dominer le monde. On voulait réprimer à l'avenir l'esprit de conquête teuton, anéantir la Prusse comme foyer du militarisme, punir les Allemands pour le génocide et le crime de guerre et les rééduquer dans un esprit démocratique.

Lors de la conférence de Yalta, en Crimée, en 1945, la France fut admise en leur sein par les trois grands comme quatrième puissance de contrôle et se vit accorder une propre zone d'occupation. Les protagonistes de Yalta n'avaient que l'intention de mettre un terme à l'existence intrinsèque de l'Allemagne en tant qu'Etat, mais non de morceler le territoire du Reich. Staline, en particulier, était intéressé par la sauvegarde de l'Allemagne comme entité économique. Mais, pour compenser les indicibles souffrances que l'URSS avait subies par suite de l'invasion allemande, il exigea des prestations de réparations si énormes que celles-ci ne pouvaient être fournies par une zone à elle seule. Outre une somme de 20 milliards de dollars, Moscou exigea que 80 % des entreprises industrielles allemandes soient remises à l'Union soviétique.

Après avoir eu initialement des intentions différentes, les Britanniques et les Américains estimèrent eux aussi nécessaire de sauvegarder une Allemagne-tronc viable. Non pas pour se faire verser des réparations, mais parce que — vers l'automne 1944 — le président américain Roosevelt aspirait également, dans le cadre

L'Allemagne 1945

—— L'Allemagne dans ses frontières de 1937

Zones d'occupation occidentales et secteurs occidentaux de Berlin (République fédérale d'Allemagne à partir de 1949)

Zone d'occupation soviétique et secteur oriental de Berlin (République démocratique allemande à partir de 1949)

Territoires allemands de l'Est sous tutelle administrative de la Pologne et de l'Union soviétique

d'un système d'équilibre global, à une Europe centrale stable. Or un facteur incontournable en était la stabilité économique en Allemagne. Il n'hésita donc pas longtemps avant de rejeter le radical plan Morgenthau (de septembre 1944), qui prévoyait que la nation allemande ne devait vivre à l'avenir que de l'agriculture.

Le 12 mai 1945, Churchill envoya au président américain Truman un télégramme dans lequel il déclarait que, devant le front des troupes soviétiques, un «rideau de fer» s'était abattu. «Nous ignorons ce qui se passe derrière lui.» Préoccupé, l'Ouest examina dorénavant les conséquences possibles qu'aurait la décision de laisser Staline déterminer en partie la politique de réparations dans la région Rhin-Ruhr.

La conséquence en fut que, lors de la Conférence de Potsdam (du 17 juillet au 2 août 1945), dont l'objectif initial était d'instaurer un ordre européen pour l'après-guerre, on passa des accords qui eurent plutôt

La conférence de Potsdam en 1945: Attlee, Truman et Staline.

pour effet de conforter les tensions apparues que de les résoudre: l'unanimité se fit sur les questions de la dénazification, de la démilitarisation, de la décentralisation économique ainsi que de l'éducation des Allemands à la démocratie. En outre, l'Ouest donna son assentiment, lourd de conséquences, à l'expulsion d'Allemands de Pologne, de Hongrie et de Tchécoslovaquie. En contradiction totale avec les réserves occidentales exigeant une «exécution humaine» de cette expulsion, environ 6,75 millions d'Allemands furent expulsés brutalement au cours des années qui suivirent. Ils payèrent en partie le prix de la faute allemande, mais furent aussi victimes du déplacement de la frontière occidentale de la Pologne par suite de l'occupation de Königsberg et de la Pologne orientale par l'Union soviétique. Un consensus minimaliste ne fut obtenu que sur la préservation des quatre zones d'occupation en tant qu'entités économiques et politiques.

Entre-temps, les alliés avaient commencé à mettre en place des partis et organes administratifs allemands dans les différentes zones d'occupation. Dans la zone soviétique, cela s'effectua très vite et avec beaucoup de fermeté; c'est ainsi que, dès 1945, des partis furent autorisés à l'échelle de la zone et que plusieurs administrations centralisées furent constituées.

Dans les trois zones occidentales, le développement de la vie politique s'effectua de bas en haut. Au début, on ne trouva des partis politiques qu'au niveau local, partis qui furent autorisés au niveau du Land après la création des Länder; des regroupements à l'échelle de la zone ne se produisirent que plus tard. Au niveau de la zone, on ne trouvait des organes administratifs qu'à l'état de moignons. Mais la détresse matérielle d'un pays en ruines ne pouvait être supprimée que par une planification généreuse dépassant les frontières des Länder et des zones. De plus, comme l'administration quadripartite avait cessé de fonctionner, les Etats-Unis et la Grande-Bretagne décidèrent en 1947 de fondre économiquement leurs deux zones pour donner naissance à la Bizone.

Le duel des systèmes hégémoniques à l'Est et à l'Ouest ainsi que les grandes disparités dans l'application de la politique de réparations pour les diverses zones ont fini par paralyser la politique panallemande sur le plan financier et fiscal ainsi que sur celui des matières premières et de la production. La conséquence en fut que les régions se sont développées dans des directions profondément différentes. En un premier temps, la France ne se montra pas intéressée par une administration économique supérieure (Bizone/Trizone). Staline revendiqua un droit de contrôle de la Ruhr, mais tout en fermant hermétiquement sa zone. Ainsi interdit-il toute ingérence occidentale dans sa politique d'attribution des fonctions, favorable aux communistes dans la zone d'occupation soviétique (SBZ). Le côté occidental était complètement impuissant face aux mesures arbitraires soviétiques comme la fusion forcée du parti communiste allemand, le KPD, et du SPD, le parti socialiste, qui donna naissance au SED en avril 1946.

Des deux côtés, les fronts se durcirent, faisant éclater la guerre froide. Les accusations réciproques de responsabilité de la partition de l'Allemagne parvenaient mal à faire oublier que les deux blocs s'étaient attachés à consolider leurs bastions.

Du statut d'ennemi au partenariat. En Allemagne de l'Ouest, le ministre américain des Affaires étrangères Byrnes avait illustré ce changement d'état d'esprit par son discours de Stuttgart du 6 septembre 1946. Il y qualifia de seulement provisoires l'occupation stalinienne et le tracé de la frontière en Pologne. En Allemagne de l'Ouest, la présence militaire des alliés occidentaux se modifia, selon son concept, passant de statut d'occupation à un statut de contrôle et, enfin, de protection. Une politique de réparations «douce» avait pour objectif de détourner les Allemands du revanchisme nationaliste et de les inviter à coopérer. A l'initiative de la Grande-Bretagne et des Etats-Unis et les résistances de la France ayant enfin été vaincues, la Trizone fut finalement constituée en tant que territoire économique occidental d'un seul tenant. Le danger d'une nouvelle avance soviétique vers l'Ouest, à l'issue du coup d'Etat de Prague, le 25 février 1948, fut l'un des principaux arguments qui incitèrent la France à se rendre elle aussi à la raison de l'alliance occidentale. Les conceptions de Byrnes trouvèrent leur écho tangible dans la constitution du Pacte de Bruxelles (17 mars 1948) et, enfin, dans le Traité de l'Atlantique Nord (4 avril 1949).

Une organisation politiquement et économiquement homogène de l'Allemagne de l'Ouest était la condition sine qua non à la viabilité d'une telle communauté contractuelle. Logiquement, lors de la Conférence des Six Puissances, tenue à Londres du 23 février au 3 mars et du 20 avril au 1er juin 1948 (pour la première fois avec la participation des Etats du Benelux), la France, la Grande-Bretagne et les Etats-Unis se mirent d'accord sur un ordre étatique commun de leurs puissances d'occupation occidentales.

Le 20 mars 1948, lors de la 82ème séance du Conseil de contrôle, le représentant soviétique, le maréchal Sokolovski, exigea des renseignements sur les négociations de Londres. Lorsque ses collègues occidentaux lui répondirent de façon évasive, Sokolovski claqua la porte du Conseil de contrôle pour ne plus jamais y revenir.

Tandis que les puissances occidentales étaient encore occupées à élaborer leurs recommandations pour les ministres-présidents ouest-allemands en vue de la convocation d'une assemblée constituante, Staline prit pour prétexte l'instauration du DM à l'Ouest (réforme monétaire du 20 juin 1948) pour instituer un blocus de Berlin-Ouest et, ainsi, obtenir par la force son intégration dans la zone d'occupation soviétique. Dans la nuit du 23 au 24 juin 1948, toute liaison terrestre entre les zones occidentales et Berlin-Ouest fut coupée. L'approvisionnement de la ville en énergie depuis le secteur oriental et en denrées alimentaires depuis la SBZ fut immédiatement suspendu.

Le 3 août 1948, Staline exigea la reconnaissance de Berlin comme capitale de la RDA, qui reçut également, le 7 octobre 1949, son propre gouvernement. Mais le président américain Truman demeura inflexible — conformément à sa devise du 20 juillet selon laquelle il n'était pas question de renoncer ni à Berlin-Ouest («Pas de Munich de 1948 !») ni à la fondation de l'Etat occidental. Jusqu'au 12 mai 1949, Berlin-Ouest fut approvisionnée par un pont aérien allié. Cette solidarité visible avec Berlin comme tête de pont de la politique et de la civilisation occidentales, en même temps démonstration de force de l'Amérique, favorisa, en Allemagne de l'Ouest, la volonté de coopérer avec les puissances d'occupation, lesquelles se muèrent de plus en plus d'ennemis en partenaires.

La fondation de la République fédérale d'Allemagne. Dès 1946, l'Allemagne de l'Ouest avait profité des secours américains à l'étranger dans le cadre du programme GARIOA. Mais ce n'est qu'avec le plan Marshall, le programme de lutte contre «la famine, la pauvreté, le désespoir et le chaos» conçu par le général Marshall, que l'Allemagne de l'Ouest reçut l'aide initiale déterminante (1,4 milliards de dollars de 1948 à 1952) pour sa reconstruction. Alors que la socialisation de l'industrie progressait à grands pas dans la zone d'occupation soviétique, en Allemagne de l'Ouest, avec la réforme monétaire, ce fut de plus en plus le modèle de l'«économie de marché sociale» (Alfred Müller-Armack, 1947) qui s'imposa. Ce nouvel ordre économique devait, d'un côté, faire obstacle à une «corruption du capitalisme» (Walter Eucken) et, d'un autre côté, à un centralisme de type d'économie planifiée, véritable entrave à la créativité et à l'initiative. Cet objectif économique a été complété, dans la Loi fondamentale de Bonn, par les principes de l'Etat de droit et de l'Etat social ainsi que par la structure fédérative de la République fédérale. C'est sciemment que l'on a seulement qualifié de «Loi fondamentale» la constitution afin de bien souligner le caractère provisoire de celle-ci. Il était prévu d'adopter une constitution définitive seulement après le rétablissement de l'unité de l'Allemagne.

Il est évident que cette Loi fondamentale reflétait nombre de conceptions des puissances d'occupation occidentales, qui, le 1er juillet 1948, par les Documents de Francfort, chargèrent les ministres-présidents allemands d'élaborer une constitution. Son texte s'inspirait simultanément des expériences faites par les Allemands avec la République de Weimar et l'instauration «légale» de la dictature nazie. Dans la Loi fondamentale promulguée le 8 mai 1949, l'assemblée constituante de Herrenchiemsee (réunie du 10 au 23 août 1948) ainsi que le Conseil parlementaire de Bonn (65 membres délégués par les diètes régionales qui se réunirent le 1er septembre 1948) lièrent les futurs gouvernements, partis et autres forces politiques aux principes d'une protection du droit l'emportant sur tout le reste. Toute mesure visant à porter atteinte à l'ordre fondamental libre et démocratique, toute tentative de le supplanter par une dictature de droite ou de gauche sont, depuis, considérées comme devant être interdites et faire l'objet de poursuites pénales. La Cour constitutionnelle fédérale, qui est la gardienne de la constitution, statue sur la légalité des partis.

La sécurité par l'intégration dans l'Ouest et la compréhension européenne. Pour le chancelier fédéral Adenauer, qui, jusqu'en 1963, marqua très profondément de son sceau la politique intérieure et extérieure de l'Allemagne («démocratie cancellariale»), la réunification de l'Allemagne dans la paix et la liberté était l'objectif politique suprême. La condition incontournable en était l'ancrage de l'Allemagne de l'Ouest dans la communauté de sécurité atlantique. Logiquement, au moment même où elle recouvrit sa souveraineté, la République fédérale adhéra donc, le 5 mai 1955, à l'O.T.A.N.. L'Alliance se voulait le principal bouclier de protection dès lors que le projet de Communauté de défense européenne (CDE) avait achoppé sur les résistances de la France. Parallèlement à cela, on œuvra cependant en commun à étendre les Communautés européennes (Traité de Rome en 1957) pour en faire un rempart contre le communisme. La méfiance nourrie par Adenauer à l'égard de Moscou avait des racines si profondes que, en 1952, conjointement avec l'Ouest, il rejeta l'offre faite par Staline de réunifier l'Allemagne jusqu'à la frontière Oder-Neisse en lui donnant un statut de neutralité. Pour le chancelier, la protection offerte par

Signature du Traité de Paris de 1954.
De gauche à droite: Mendès-France, Adenauer, Eden, Dulles.

les troupes américaines sur le territoire de l'Allemagne était indispensable. Sa méfiance se vit plus que justifiée lorsque, le 17 juin 1953, le soulèvement populaire en R.D.A. contre l'esclavagisme et le «joug des normes» (Hans Mayer) fut écrasé par les blindés soviétiques. Une fois de plus, il apparaissait clairement que, sans l'aval de Moscou, aucun progrès substantiel ne pourrait être fait sur la question allemande.

La raison d'Etat dans toute son objectivité recommandait donc de nouer des relations diplomatiques avec l'URSS en sa qualité de plus grande puissance en Europe. Outre cet objectif, lors de sa visite à Moscou, en septembre 1965, Konrad Adenauer obtint que soient libérés les 10.000 derniers prisonniers de guerre allemands ainsi qu'environ 20.000 civils.

La répression du soulèvement populaire en Hongrie par les troupes soviétiques, en novembre 1956, ainsi que le «choc de Spoutnik», le 4 octobre 1957, concrétisèrent une considérable montée en puissance de l'URSS. Montée en puissance qui se traduisit par d'autres mesures de rétorsion dans le cadre de la mise en place d'une société socialiste en R.D.A., mais aussi et surtout dans l'ultimatum de Berlin lancé par le successeur de Staline, Nikita Khrouchtchev, qui exigea le retrait des alliés occidentaux de Berlin-Ouest dans un délai de six mois.

Leur fin de non-recevoir résolue adressée à Khrouchtchev incita celui-ci à adopter un ton plus enjôleur pour faire progresser la question de Berlin. Et, de fait, la visite de Khrouchtchev aux Etats-Unis, en 1959, se traduisit par de sensibles améliorations des relations («esprit de Camp David»). Quoi qu'il en soit, le président américain Eisenhower déclara, au grand dam du gouvernement de Bonn, que les violations du droit par les Soviétiques, à Berlin, n'étaient pas graves au point de constituer, en dehors de l'Allemagne, un casus belli.

L'inquiétude de Bonn au sujet de la sécurité de Berlin augmenta d'autant plus que la présidence de John F. Kennedy symbolisait l'arrivée au pinacle de la politique américaine d'une génération qui réduisit considérablement l'influence d'Adenauer sur la politique américaine à l'égard de l'Europe. Certes, dans ses trois «essentials» (25 juillet 1961), Kennedy garantit le libre accès à Berlin-Ouest, la présence des puissances occidentales et la sécurité de la ville. Mais, en dernier ressort, la réaction des alliés à la construction du Mur de Berlin, le 13 août 1961, ne dépassa jamais le stade des protestations diplomatiques et de symboliques propos menaçants. Une fois de plus, Moscou put sauvegarder son protectorat. Le «vote avec les pieds» contre le régime est-allemand fut réprimé par un système de mines et de barbelés avec «no man's land» mortel le long de la ligne

John F. Kennedy à Berlin en 1963.

de démarcation et à grand renfort de pressions. Rien qu'en juillet, en effet, plus de 30.000 personnes avaient quitté la R.D.A. avant la construction du Mur.

Avec le «Mur», les deux superpuissances avaient démarqué leur territoire respectif. La question allemande n'avait toujours pas trouvé de réponse, mais semblait réglée. Même après la crise de Cuba, en 1962, se poursuivit le processus d'entente entre les deux superpuissances imposé par la situation d'équilibre du nucléaire.

Ceci contraignit donc Bonn à rechercher plus intensivement une voie personnelle et cette volonté de prendre pour un temps ses distances à l'égard de Washington fut, de fait, compensée, sur le plan international, par l'«été de l'amitié française». Avec la signature du Traité de l'Elysée, en janvier 1963, Adenauer et De Gaulle donnèrent à l'amitié franco-allemande une dimension toute particulière. Pour souligner la nouvelle qualité des relations bilatérales, lors de sa visite triomphale à Bonn en 1962, quelques mois avant la signature du traité, De Gaulle avait pris la parole devant «le grand peuple allemand». Il faut, avait dit le général, moins voir la Seconde Guerre mondiale en termes de culpabilité qu'en termes de tragique.

La politique de compréhension vers l'Ouest trouva un parallèle avec une détente de l'atmosphère dans les rapports avec l'Europe de l'Est. En décembre 1963, à Athènes, l'OTAN avait donné un signal correspondant avec sa nouvelle stratégie de riposte graduée

Le Mur de Berlin à la Potsdamer Platz.

(«flexible response») mettant fin aux représailles massives («massive retaliation»).

Pour redonner du mouvement à des fronts durcis, la République fédérale chercha à améliorer au moins ses relations avec les Etats constituant le glacis de l'URSS. Sans renier officiellement la doctrine Hallstein qui faisait obstacle à la reconnaissance diplomatique de la RDA, les successeurs d'Adenauer, Ludwig Erhard et Georg Kiesinger, axèrent leur politique sur les dures réalités en Europe centrale. Ceci s'effectua, pour une bonne part, aussi en réponse à la nouvelle ligne de la politique extérieure prônée par un SPD dans l'opposition, ligne pour laquelle Egon Bahr créa, le 15 juillet 1963, la formule du «changement par le rapprochement».

La création de missions commerciales allemandes à Bucarest et Budapest fut considérée par beaucoup comme un début prometteur. A l'Ouest s'intensifia la coopération devant donner naissance à la Communauté européenne (CE) à partir de la Communauté européenne du Charbon et de l'Acier (CECA), de la Communauté européenne de l'Energie atomique (EURATOM) et de la Communauté économique européenne (CEE), le 8 avril 1965. L'ouverture de relations diplomatiques avec Israël, malgré les protestations de tout le monde arabe, a été une étape importante dans la politique allemande d'entente. Début 1967, Bonn noua des relations diplomatiques avec la Roumanie. En juin 1967 eut lieu l'ouverture de missions commerciales à Bonn et Prague.

Le rapport Harmel de décembre 1967 a tout au moins ouvert la voie à d'autres étapes de détente dans ce sens que, comme double objectif de l'alliance occidentale, il préconisait la puissance militaire simultanément à la volonté de dialoguer avec le bloc oriental. En 1967, Bonn et Belgrade reprirent leurs relations diplomatiques rompues quelques années plus tôt lorsque Belgrade avait reconnu la RDA. La Pologne soumit des propositions pour un accord de renoncement à la violence dans les débats diplomatiques.

L'amitié franco-allemande: Adenauer et de Gaulle en 1963.

Le château de Bellevue, la résidence du président fédéral à Berlin.

Outre la réconciliation avec les voisins européens et l'intégration dans la communauté internationale occidentale, Adenauer avait déjà accordé une importance toute particulière aux réparations en faveur du peuple juif. Six millions de Juifs avaient été victimes de la campagne d'extermination systématique par les nazis. Ce sont surtout les profondes relations personnelles cultivées par le premier chancelier fédéral et le ministre-président israélien Ben Gurion qui ont exercé une influence décisive sur le début de la réconciliation entre les Juifs et les Allemands. On n'oubliera jamais la rencontre des deux hommes d'Etat, le 14 mars 1960, à l'hôtel Waldorf-Astoria de New York. En 1961, devant le Parlement, Adenauer souligna que la République fédérale ne pourrait témoigner de la rupture complète des Allemands avec le passé national-socialiste que s'ils fournissaient aussi des réparations matérielles. Dès 1952, à Luxembourg, fut signé un premier accord prévoyant le paiement d'une aide à la réinsertion des réfugiés juifs en Israël. Sur une somme totale d'environ 90 milliards de marks au titre des réparations, un tiers environ fut versé à Israël et à des organisations juives, en particulier à la Jewish Claims Conference, un fonds de secours pour les persécutés juifs du monde entier. L'instauration de relations diplomatiques entre les deux pays n'eut toutefois lieu qu'en 1965.

Dialogue germano-allemand malgré l'auto-isolation de la RDA.
Malgré d'autres mesures d'auto-isolation de la part de la RDA (par
ex. passeports et visa obligatoires pour la circulation en transit entre
la République fédérale et Berlin-Ouest) et malgré le coup porté par
le Pacte de Varsovie à la politique de réformes de Prague
(«Printemps de Prague» de 1968), la «doctrine de Brejnev» prônant
l'indivisibilité des territoires socialistes ne causa pas de revers
particuliers au processus de détente instauré. En avril 1969, Bonn
se déclara prête à conclure des accords contractuels avec la RDA
se situant en deçà du stade de la reconnaissance internationale.

Il est évident que les arrangements germano-allemands ne
pouvaient que difficilement être obtenus sans l'aval préalable de
Moscou. Lorsque la proposition, faite par Moscou, d'un accord de
renoncement à la force arriva à Bonn, la «nouvelle Ostpolitik» du
gouvernement constitué le 21 octobre 1969, une coalition sociale-
libérale, prit rapidement une forme concrète.

Quelques mois auparavant, le 5 mars 1969, Gustav Heinemann,
dès l'époque d'Adenauer un partisan résolu de la compréhension
Est-Ouest, avait été élu président fédéral. En outre, avec Willy Brandt,
un homme incarnant la résistance active à la dictature hitlérienne se
trouvait à la tête d'un gouvernement fédéral qui axa son énergie sur
la mise en place d'un ordre de paix paneuropéen. Les paramètres
géopolitiques étaient favorables. Moscou et Washington menaient
des entretiens sur la limitation des armements stratégique (SALT)
et l'OTAN proposa des négociations sur des réductions mutuelles
et équilibrées des forces (MBFR). Le 28 novembre 1969, la
République fédérale adhéra au traité de non-prolifération des armes
nucléaires. Globalement, après les turbulences de politique
intérieure ayant caractérisé la Grande coalition (guerre du Vietnam,
législation sur l'état d'urgence, procès d'Auschwitz, opposition
extraparlementaire [APO], révoltes culturelles de la jeunesse
universitaire), le nouveau gouvernement avait placé la barre très haut
en voulant obtenir des succès dès l'instauration de sa politique de
compréhension.

Tandis que débutaient les entretiens sur le renoncement à la force
à Moscou et à Varsovie, Bonn et Berlin-Est sondèrent également les
possibilités d'améliorer les relations. Le 19 mars 1970, les chefs de
gouvernement des deux Etats allemands, Brandt et Stoph, se
rencontrèrent pour la première fois à Erfurt. Cette rencontre se
poursuivit le 21 mai 1970 à Kassel. En août 1970, le traité relatif au
renoncement à la force et à la reconnaissance du statu quo était
signé à Moscou. Les deux signataires assurèrent n'avoir pas les
moindres revendications territoriales contre «qui que ce soit». Dans

une «Lettre relative à l'unité allemande» remise à Moscou, la République fédérale précisait bien que le traité n'était pas en contradiction avec l'objectif d'œuvrer en faveur d'un état de paix en Europe «dans lequel le peuple allemand recouvre son unité par libre autodétermination».

Le 7 décembre de la même année eut ensuite lieu la signature du traité de Varsovie, qui confortait l'inviolabilité de la frontière existante (ligne Oder/Neisse). Varsovie et Bonn assurèrent ne pas avoir l'une envers l'autre les moindres revendications territoriales et annoncèrent leur intention d'approfondir la coopération entre les deux pays. Dans une «information» sur les mesures humanitaires, Moscou donna son accord au rapatriement d'Allemands de Pologne et au regroupement de leurs familles par la Croix-Rouge.

Pour permettre une ratification contractuelle de ces accords, la France, la Grande-Bretagne, les Etats-Unis et l'URSS signèrent un accord sur Berlin en vertu duquel Berlin ne faisait pas partie intégrante de la République fédérale, mais qui reconnaissait simultanément à Bonn des prérogatives de représentation pour Berlin-Ouest. Il était prévu d'améliorer les «liens» entre Berlin-Ouest et la République fédérale et d'approfondir les relations entre Berlin-Est/RDA et Berlin-Ouest (signature de l'accord de transit, le 17 décembre). La remise du prix Nobel de la paix à Willy Brandt, en 1971, incarna la reconnaissance, à l'échelle du monde entier, des efforts consentis par l'Allemagne en faveur de la paix et de la détente.

Et pourtant, pour une CDU/CSU figurant pour la première fois sur les bancs de l'opposition, la «récolte» des négociations parut trop modeste. Mais un vote de défiance constructif contre Brandt se solda par un échec, avec 249 contre 247 voix. Le 17 mai 1972, le Bundestag approuva les traités passés avec l'Union soviétique et la Pologne. La majorité des députés de la CDU/CSU firent abstention. Dans une «résolution interprétatrice» relative aux traités, le Bundestag confirma que ceux-ci n'étaient pas en contradiction avec le rétablissement de l'unité allemande par des voies pacifiques.

Les traités avec l'Est, enfin, furent complétés et couronnés par le traité germano-allemand sur les bases des relations, qui couronnait des entretiens et pourparlers menés depuis juin 1972. La réélection de Willy Brandt comme chancelier fédéral, le 14 décembre 1972, ouvrait la voie à la signature du traité, en décembre de la même année. Dans ce traité, les partenaires convinrent de renoncer mutuellement à recourir à la menace ou à l'emploi de la force et reconnurent l'inviolabilité de la frontière germano-allemande ainsi que le respect de l'indépendance et de l'autonomie de chacun des deux Etats. En outre, ils se déclarèrent prêts à régler les questions pratiques et humanitaires. En raison de la qualité particulière de leurs relations, ils convinrent de créer des «représentations» en lieu et place des ambassades traditionnelles. A cette occasion aussi, lors de la signature du traité, le gouvernement fédéral remit une lettre dans laquelle il réitérait sa volonté de parvenir à l'unité allemande. Le gouvernement d'Etat bavarois se fit confirmer par la Cour constitutionnelle fédérale que le traité n'était pas en contradiction avec cet objectif. La Cour établit en outre que le Reich allemand continuait d'exister sur le plan du droit international et était en partie identique à la République fédérale. La RDA ne pouvait donc pas être considérée comme pays étranger, mais seulement comme territoire intérieur. En 1973 fut signé le traité de Prague entre la Tchécoslovaquie et la République fédérale. Dans ce traité, l'accord de Munich de 1938 était considéré comme nul et non avenu «conformément au présent traité». L'inviolabilité des frontières et le renoncement à la force figuraient également au nombre des arrangements.

Tandis que se déroulaient, à Vienne, les négociations sur les réductions mutuelles et équilibrées des forces (MBFR), qu'un accord américano-soviétique était signé sur l'empêchement de toute guerre nucléaire et que, à Helsinki, 35 Etats étaient réunis au sein de la Conférence sur la Sécurité et la Coopération en Europe (CSCE), les rapports de la RDA avec la République fédérale ne changèrent pratiquement pas. L'une des raisons était que Berlin-Est profitait, sur le plan matériel et financier, des accords ponctuels inhérents au traité sur les bases des relations, une autre étant qu'elle tenait absolument à se démarquer sur le plan idéologique. L'amendement de la constitution est-allemande vit la disparition du terme «Etat socialiste de nation allemande», remplacé par «Etat socialiste des ouvriers et des paysans». Autre passage supprimé: «animé par la responsabilité de montrer à toute la nation allemande la voie menant à l'avenir de la paix et du socialisme».

Néanmoins, Helmut Schmidt, lui aussi, s'efforça de poursuivre une politique de péréquation. Le 16 mai 1974, il avait remplacé, aux fonctions de chancelier fédéral, Willy Brandt qui avait dû démissionner par suite d'une affaire d'espionnage, l'affaire Guillaume. L'accord swing, accord permettant à la RDA de dépasser régulièrement jusqu'à concurrence de 850 millions de DM la ligne de crédit que lui avait accordée la République fédérale, fut prorogé jusqu'en 1981.

Par la suite, également, la RDA tira grand profit des différents accords de transit financés par l'Ouest, mais sans faire, de son côté, la moindre concession politique. L'Acte final de la CSCE d'Helsinki

(1975), qui promettait la libre circulation dans les échanges transfrontaliers ainsi qu'un plus grand respect des droits de l'homme et du citoyen, n'a pas été seulement une déception pour les citoyens de la RDA. Les tracasseries dans la circulation transfrontalière, les interdictions arbitraires de pénétrer sur le territoire, les renvois de visiteurs se rendant à la Foire de Leipzig furent incessants. Les reportages critiques sur la RDA furent sanctionnés par l'expulsion de journalistes occidentaux. En déclarant déchu de sa nationalité le chanteur Wolf Biermann, le régime est-allemand subit une grande perte de prestige à l'échelle mondiale. Nonobstant, la République fédérale resta attachée à sa politique de compréhension et de coexistence pour le bien des habitants de la RDA. C'est ainsi qu'elle convint avec Berlin-Est, en 1978, de construire l'autoroute Berlin-Hambourg et de remettre en état les voies fluviales de transit vers Berlin-Ouest avec une participation considérable aux coûts de la République fédérale. En outre, la libération contre rémunération de prisonniers politiques de la RDA se poursuivit. Bonn aura finalement payé plus de 3,5 milliards de DM pour obtenir la libération de 33.755 personnes et pour le regroupement de 250.000 membres de leurs familles.

La «querelle des fusées», obstacle à la politique de détente.
Tandis que, en Europe de l'Ouest, l'unification continuait de faire des progrès, de nouveaux conflits autour de l'Europe de l'Est vinrent porter ombrage à la fin d'une décennie de détente et au début des années quatre-vingt. L'invasion de l'Afghanistan par les troupes soviétiques et la promulgation de l'état d'exception en Pologne se traduisirent par une dégradation des relations Est-Ouest au même titre que le stationnement de nouvelles fusées à portée intermédiaire (SS 20) en RDA et Tchécoslovaquie.

L'OTAN répondit à cette dangereuse déstabilisation de l'équilibre de sécurité en décidant, de son côté, de moderniser ses fusées à partir de 1983. Mais elle proposa simultanément à l'URSS des négociations sur le contrôle des armements (double décision de l'OTAN). Pour protester contre l'invasion de l'Afghanistan, les Etats-Unis, la Grande-Bretagne, le Canada, la Norvège et la République fédérale ne participèrent pas aux Jeux olympiques de Moscou, en 1980.

Les choses recommencèrent à bouger avec l'initiative américaine de la dite solution «zéro», qui prévoyait la diminution du nombre de fusées soviétiques à portée intermédiaire parallèlement à un renoncement de l'OTAN à déployer des fusées Pershing II ainsi que de nouveaux missiles de croisière.

Alors même qu'il exigeait inlassablement une alternative au

réarmement pour éviter toute lacune en matière de sécurité, le chancelier fédéral Schmidt s'efforça simultanément de circonscrire le plus possible les dégâts dans les rapports germano-allemands. Malgré l'exigence formulée par Erich Honecker, chef de l'Etat et du parti, d'une citoyenneté est-allemande spécifique et malgré l'augmentation draconienne des taux de change minima pour les visiteurs occidentaux se rendant en RDA, le chancelier fédéral Helmut Schmidt se rendit dans ce pays sans pouvoir obtenir pour autant des concessions substantielles de la part de Honecker. Le durcissement idéologique croissant du régime a été en première ligne une réaction face aux mouvements de protestations toujours plus bruyantes de couches de plus en plus larges de la population chez son voisin, la Pologne, où l'on réclamait réformes économiques, liberté et désarmement.

Mais l'Est ne fut pas le seul à subir des pertes d'autorité dans le débat sur les fusées. Tandis que, à Bonn, le FDP avait décidé de changer son fusil d'épaule sur le plan de la politique économique et prenait ses distances à l'égard de la coalition, la base du SPD, aussi et surtout sous la pression du Mouvement pour la paix et de certains pans des syndicats, refusa de donner son adhésion au chancelier fédéral Schmidt auquel elle reprochait de rester attaché inflexiblement à la double décision de l'OTAN. Le 1er octobre 1982, Helmut Kohl devint ainsi le nouveau chef de gouvernement d'une coalition CDU/CSU/FDP. Ce faisant, il assura la continuité en matière de politique de sécurité dans le gouvernement de Bonn et poursuivit l'étroite coopération avec Paris et Washington, dans la volonté d'approfondir et de préserver une Europe unie. Malgré les protestations massives du Mouvement pour la paix, de certains pans du SPD et des «Verts», qui entraient pour la première fois au Parlement lors des élections législatives de 1983, le Bundestag approuva, en novembre 1983, le stationnement des fusées à portée intermédiaire, «car l'on s'estimait menacé par la supériorité conventionnelle du Pacte de Varsovie» (chancelier fédéral Kohl).

Tandis que, en Allemagne de l'Ouest, le Mouvement pour la paix en plein essor avait été l'un des responsables de la chute du gouvernement, les groupes de protestation sous l'égide de l'Eglise («Transformez les glaives en socs de charrues»), qui apparuront à partir du début de 1982 en RDA, allaient finalement déclencher l'effondrement de tout le système socialiste.

De l'effondrement de la RDA à l'unité allemande. La RDA fondée le 7 octobre 1949 était un produit de Moscou. Bien sûr, après les expériences faites avec la dictature nazie, de nombreux Allemands coopérèrent tout d'abord volontiers à la mise en place d'un Etat-modèle antifasciste. L'économie planifiée, la police secrète, la toute puissance du SED et une censure brutale creusèrent finalement un fossé de plus en plus profond entre la population et les élites au pouvoir. La grande modicité de l'approvisionnement de base matériel et social donnait cependant à ce système fermé cette élasticité qui a permis à l'individu de diversifier à volonté sa vie en se créant des créneaux personnels. Les grands succès sportifs remportés à l'échelle internationale par la RDA ont fait office de compensation, tout comme la satisfaction des «travailleurs» d'avoir très vite atteint, au sein du bloc oriental, le meilleur taux de production industrielle et le plus haut niveau de vie malgré des prestations de réparations extrêmement élevées en faveur de l'Union soviétique. Mais les hommes réagirent au contrôle intellectuel et culturel et à la tutelle en se concentrant sur leur vie privée.

Malgré une propagande faisant état de plans annuels dépassés et de batailles de production gagnées, chacun se rendit compte de plus en plus clairement, derrière une façade d'éducation à la haine anti-impérialiste à l'école, dans l'entreprise et à l'armée, que le dépassement économique de l'Ouest, que l'on s'était initialement donné comme objectif, demeurerait une fiction. L'épuisement des ressources, la destruction agressive de l'environnement par l'industrie et la chute de productivité par suite du centralisme et de l'économie planifiée contraignirent le régime est-allemand à reporter à une date ultérieure l'exécution de ses promesses. De plus en plus souvent, il dut contracter de lourds emprunts auprès de l'Ouest. Dans le secteur des biens de consommation, le principe de l'innovation était de règle. La qualité de la vie régressa tandis que l'infrastructure (logements, transports, protection de l'environnement) se dégradait. Toutes les prophéties de victoire finale du socialisme prenaient de plus en plus les traits d'une caricature. L'image de l'ennemi imposée d'en haut, l'ennemi de classe occidental avide de profit, cessa de faire florès, au plus tard, au début des années quatre-vingt. Un système sans lacune de dénonciation à tous les niveaux de la population, l'ondoctrinement et les appels hystériques à la solidarité donnèrent, surtout pour la jeune génération, un caractère de rhétorique creuse et consolatrice à la prétention au leadership formulée par «la classe ouvrière et son parti marxiste-léniniste» (article 1er de la constitution est-allemande). Pendant ce temps, la population réclamait plus de droits à l'autonomie et à l'autodétermination, plus de liberté individuelle ainsi qu'un plus grand nombre de biens de consommation de meilleure qualité. Il est possible que ces voeux aient souvent été sous-tendus par l'espoir en une capacité de

Le 3.10.1990, devant le vieux Reichstag à Berlin, vers minuit:

la population célèbre la réunification.

réforme endogène de la part d'un socialisme englué dans la bureaucratie et la démarcation vis-à-vis de l'Ouest.

Divers avatars — le stationnement des fusées, les plans du gouvernement américain de mettre en place un système de défense installé dans l'espace (programme du SDI) et une politique répétée de coups d'épingle de la part de la RDA (par exemple construction d'un second mur à la Porte de Brandebourg, tracasseries dans le corridor aérien menant à Berlin) — refroidirent le climat diplomatique international alors même que les citoyens est-allemands commençaient à remettre en question leurs propres dirigeants. Un exemple en a été donné par les citoyens est-allemands désirant émigrer qui refusèrent de quitter la représentation permanente de la République fédérale à Berlin-Est tant que le départ à l'Ouest ne leur était pas promis formellement. Pour obtenir des allégements en faveur des hommes, le gouvernement fédéral fit accorder à plusieurs reprises d'importants crédits bancaires à la RDA. En 1984, dans la «Neues Deutschland», le journal officiel du SED, Erich Honecker dissipa les craintes de Moscou selon lesquelles cela pourrait saper le socialisme: «L'association du socialisme et du capitalisme est tout aussi impossible que celle du feu et de l'eau.» L'assurance officielle ne parvenait pourtant plus guère à dissimuler le fait que les mouvements de réformes dans les pays d'Europe de l'Est poussaient de plus en plus à la défensive l'ensemble du bloc socialiste. L'assertion d'Erich Honecker, répondant aux reproches qui lui avaient été faits lors de la Conférence de la CSCE à Ottawa en 1985, selon lesquels le bloc oriental refusait aux hommes le droit à la liberté d'expression et de voyage, était un pur mensonge de propagande.

A partir de début 1985, de plus en plus de gens se rendirent dans la représentation permanente de la République fédérale à Berlin-Est ainsi qu'à l'ambassade d'Allemagne à Prague. Le nouveau premier secrétaire du PCUS, Mikhail Gorbatchev, successeur de Konstantin Tchernenko disparu en mars, devint bientôt le principal symbole d'espoir pour les citoyens est-allemands assoiffés de liberté, mais aussi pour une nouvelle coopération novatrice dans la politique internationale de sécurité.

En 1986, M. Gorbatchev déclara que l'élimination des armes nucléaires d'ici à la fin du siècle était sa tâche politique suprême. Des rencontres personnelles entre le premier secrétaire et le président américain Reagan, à Genève et Heykjavlk, la Conférence sur les mesures de confiance et de sécurité et sur le désarmement en Europe (CDE), à Stockholm, ainsi que les préparatifs des pourparlers relatifs à la réduction des forces conventionnelles en Europe (VKSE) matérialisaient une nouvelle volonté de dialoguer. Celle-ci fut favorable à des accords germano-allemands dans les domaines de la culture, des arts, de l'éducation et des sciences. Un accord-cadre sur la coopération dans le domaine de la protection de l'environnement fut également signé. En 1986, Sarrelouis et Eisenhüttenstadt convenaient du premier jumelage de ville entre les deux Allemagnes, Est et Ouest.

Mais les dirigeants est-allemands se montrèrent insensibles au nouvel élan émanant des devises gorbatchéviennes de la «perestroïka» et de la «glasnost». Ils refusèrent de laisser la transformation démocratique de la société en URSS faire tache d'huile en RDA. Buté, Kurt Hager, membre du Bureau politique et idéologue suprême du SED, déclara que l'on ne devait pas nécessairement retapisser son appartement sous prétexte que son voisin en faisait autant.

Des manifestations de protestation organisées à Berlin-Est le 13 août, anniversaire de la construction du Mur, témoignèrent combien les dirigeants est-allemands traitaient par le mépris les espoirs nourris par leur propre population. Helmut Kohl exprima clairement son intention de ne pas tolérer la pérennité de la partition allemande en s'adressant en ces termes à Erich Honecker, lors de sa visite de travail à Bonn: «Nous respectons les frontières existantes, mais nous voulons éradiquer la partition par des voies pacifiques à l'issue d'un

La population est-allemande se défend:
manifestation sur l'Alexanderplatz à Berlin-Est en 1989.

processus de compréhension.» ... «Nous avons une responsabilité commune envers la sauvegarde des bases de la vie de notre peuple.»

Un progrès dans la voie de la sauvegarde de ces bases de la vie a été la signature du traité FNI entre Reagan et Gorbatchev. Aux termes de ce traité, toutes les fusées américaines et soviétiques stationnées en Europe et ayant une portée comprise entre 500 et 5.000 km devaient être retirées et détruites dans un délai de trois ans. En contrepartie, la République fédérale se déclarait prête à détruire ses 72 fusées Pershing IA.

La détente générale apporta de l'eau au moulin de ceux qui, en RDA, exigeaient plus de liberté et des réformes. Début 1988, lors de manifestations à Berlin-Est, 120 adeptes du Mouvement pour la paix, «l'Eglise de la base», furent arrêtés. Un service d'intercession fut organisé à l'église de Gethsémani en faveur des manifestants arrêtés. On y compta plus de 2.000 participants, nombre qui passa même à 4.000 quinze jours plus tard. A Dresde, la police dispersa une manifestation en faveur des droits de l'homme ainsi que de la liberté d'expression et de presse. En mai, Honecker profita de la visite du ministre soviétique de la Défense, Jasov, pour mettre en garde contre les dangers émanant de l'impérialisme. Il exigea le renforcement du Pacte de Varsovie.

Bien que le chancelier fédéral Kohl se soit félicité de l'obtention de certaines facilités pour les voyages, il ne put faire autrement, dans son rapport sur l'état de la nation, qu'il lut devant le Bundestag en décembre 1988, que de fustiger la répression des forces réformatrices en RDA. Pour le chef de l'Etat et du parti, Erich Honecker, en revanche, les nouveaux mouvements de citoyens n'étaient que des «excès extrémistes». En réponse à l'exigence de détruire le Mur, il rétorqua, en janvier 1989, que «le mur de protection antifasciste demeurerait debout tant que les conditions à l'origine de son érection ne se seraient pas modifiées. Il existera encore dans cinquante ans et même dans cent ans.»

La rigidité butée des dirigeants est-allemands dans une phase durant laquelle Gorbatchev parlait des contours d'une «maison européenne commune» et où Helmut Kohl constatait, plein d'espoir, «l'effritement d'encroûtements vieux de plusieurs dizaines d'années en Europe» accrut l'exaspération au sein de la population de la RDA. Il a parfois fallu fermer la représentation permanente de la République fédérale à Berlin-Est, assaillie par les citoyens désireux de quitter leur pays. En septembre 1989, la Hongrie ouvrit ses frontières aux citoyens est-allemands souhaitant émigrer, ce qui permit à des milliers d'entre eux de partir à l'Ouest via l'Autriche.

Cette brèche dans la discipline du Pacte de Varsovie encouragea de plus en plus de gens à protester et à manifester en RDA, de plus en plus souvent aussi en dehors de la sphère religieuse. Lorsque les dirigeants est-allemands célébrèrent en grande pompe le 40ème anniversaire de la fondation de l'Etat, début octobre 1989, il se produisit, notamment à Leipzig, des protestations de masse («Nous sommes le peuple !»).

Honecker estima finalement que le seul moyen d'empêcher le régime est-allemand de s'effondrer était de démissionner. Son successeur comme secrétaire général du SED et chef de l'Etat est-allemand fut Egon Krenz, dont la promesse de «tournant» fut étouffée par la méfiance nourrie envers lui. Sous la pression des événements, le Conseil des ministres et le Bureau politique du SED démissionnèrent en bloc. La «révolution douce» non violente entraîna une véritable paralysie des organes de l'Etat. C'est ce qui explique que l'annonce, mal interprétée, d'une nouvelle loi plus libérale sur les voyages, par le secrétaire de district berlinois du SED, Schabowski, déclencha, le soir du 9 novembre 1989, à Berlin, le passage de la frontière par des milliers de gens. Les autorités y assistèrent sans oser intervenir. Le Mur était tombé. Il fut bientôt abattu et vendu en petits fragments de béton comme souvenirs dans le monde entier.

La nouvelle de l'ouverture du Mur atteignit le chancelier fédéral Kohl à Varsovie. Il interrompit sa visite dans cette ville pour une journée et se rendit en toute hâte à Berlin pour s'adresser à 20.000 personnes, depuis le balcon de l'hôtel de ville de Schöneberg. En cette heure de bonheur, il invita à garder le calme et remercia Gorbatchev ainsi que les amis occidentaux pour leur appui. L'esprit de la liberté embrase toute l'Europe, proclama le chancelier. Il signa à Varsovie une déclaration sur l'extension et l'approfondissement de la coopération germano-polonaise pour la paix, la sécurité et la stabilité en Europe.

Le renversement du gouvernement en RDA offrit la chance de réunification de l'Allemagne à laquelle l'on aspirait depuis des dizaines d'années. Mais la prudence semblait recommandée. Pour Paris et Londres, cet objectif n'était «pas d'actualité» et, lors de sa rencontre avec le président américain, sur un navire au large de Malte, en décembre 1989, Gorbatchev mit en garde contre la volonté d'imposer une solution artificielle de la question allemande et, en RDA elle-même, le nouveau gouvernement dirigé par Hans Modrow alliait au vœu de réformes rapides l'exigence de préserver l'autonomie de l'Etat. C'est pourquoi le chancelier fédéral Kohl s'efforça de se rapprocher de l'objectif de l'unité par le biais d'un programme en dix points qui, à l'aide de structures confédératives, était censé permettre la création d'une communauté contractuelle et avait pour préalables des mutations fondamentales du système économique et politique en RDA. La préoccupation du chancelier fédéral Helmut Kohl était d'inscrire les pourparlers directs avec la RDA dans la ligne des événements paneuropéens définis par la CE et la CSCE. Ce faisant, il évita de nommer un échéancier concret pour les pourparlers, pour ne pas alimenter cette méfiance qui se manifesta à l'échelle internationale dès le début du processus d'unification et qui faisait allusion à un éventuel rôle de grande puissance joué par l'Allemagne. La voie séparant les deux Etats de l'unification semblait d'autant plus longue que, devant le Comité central du PCUS, Gorbatchev avait encore assuré, en décembre 1989, que Moscou «n'abandonnerait pas» la RDA. Une RDA qui était pour lui son allié stratégique au sein du Pacte de Varsovie. On devait, dit-il, continuer de partir du principe de deux Etats allemands, entre lesquels une coopération pacifique serait toutefois parfaitement possible.

Saisissant la balle au bond, le chancelier fédéral Kohl déclara que c'était en première ligne aux habitants de la RDA eux-mêmes de décider du rythme et de la teneur de cette coopération. Mais le facteur temps échappa de plus en plus au contrôle des hommes

Feu vert pour l'unification de l'Allemagne: le chancelier fédéral Kohl dans le Caucase, lors de son entretien avec MM. Gorbatchev et Genscher.

Après la signature du Traité d'unification de l'Allemagne par les ministres de l'Intérieur, Schäuble (Ouest) et Krause (Est).

politiques. Les habitants de la RDA étaient méfiants à l'égard de leur nouveau gouvernement et l'«appel d'air» de l'Ouest s'accentuant, la déstabilisation générale augmenta rapidement. Mais Gorbatchev refusait d'abandonner ses réserves, d'autant plus que la Pologne et la Hongrie s'éloignaient de plus en plus des dirigeants moscovites,

Signature, en 1990, du Traité Deux-plus-quatre à Moscou.

Première séance du Bundestag panallemand dans le bâtiment du Reichstag, à Berlin en 1990.

que la chute de Ceausescu en Roumanie était prévisible et que l'équilibre en matière de politique de sécurité risquait de s'évanouir dès que la RDA sortirait du Pacte de Varsovie. Du côté occidental, aussi, des voix s'élevèrent pour inviter «à tenir compte des soucis légitimes des pays voisins de l'Allemagne» (le ministre américain des Affaires étrangères Baker, à Berlin) lors de l'instauration de l'unité.

Le processus d'unification ne put finalement suivre son cours que parce que Bonn promit de ne pas lier à la question de l'unité un déplacement des frontières existantes, de ne pas étendre les structures de l'OTAN au territoire de l'ex-RDA en cas d'unification et, pour compenser le gain d'atouts stratégiques, de proposer une diminution numérique des forces armées allemandes. Le président américain Bush donna son accord à l'unité à la condition que la République fédérale reste membre de l'OTAN.

Pour obtenir que les partenaires des pourparlers soient légitimés démocratiquement du côté est-allemand, des élections libres furent organisées en RDA — pour la première fois depuis quarante ans — le 18 mars 1990. Lothar de Maizière prit la tête d'une coalition CDU/CSU/FDP. C'est avec lui que Bonn établit le calendrier d'une union économique, monétaire et sociale pour le 1er juillet 1990 puisqu'il était devenu manifeste qu'il n'existait plus aucune base économique à la poursuite d'une existence étatique spécifique de la RDA et que la majorité des citoyens est-allemands s'étaient montrés favorables à l'adhésion à la République fédérale. En août 1990, la Chambre du Peuple se déclara favorable à l'adhésion la plus rapide possible de la RDA à la République fédérale. Le 31 août de la même année, le «traité d'unification» ad hoc put être signé par le secrétaire d'Etat est-allemand Krause et le ministre fédéral de l'Intérieur Schäuble. L'adhésion de la RDA à la République fédérale, conformément à l'article 23 de la Loi fondamentale, s'effectua le 3 octobre 1990. Les Länder est-allemands — Brandebourg, Mecklembourg- Poméranie occidentale, Saxe, Saxe-Anhalt et Thuringe — devinrent des Länder de la République fédérale d'Allemagne. Berlin fut élue comme capitale et la Loi fondamentale entra en vigueur sur le territoire d'adhésion à quelques modifications près.

L'unité était devenue possible, Gorbatchev ayant donné le feu vert à l'unification des deux Etats allemands, en juillet 1990, à l'issue de ses entretiens avec le chancelier fédéral Kohl à Moscou et Stavropol (Caucase). Les conditions sine qua non en étaient le renoncement, par la République fédérale, aux armes NBC, la réduction de ses effectifs à 370.000 hommes ainsi que le renoncement à étendre les structures militaires de l'OTAN au territoire de la RDA tant que des troupes soviétiques y seraient stationnées. On convint du retrait de ces troupes d'ici à fin 1994, le chancelier fédéral Kohl ayant promis à l'occasion des aides financières à la réinsertion. L'aval de Gorbatchev aplanit aussi la voie à la signature du Traité deux + quatre. Dans ce traité, l'URSS, les Etats-Unis, la France et la Grande-Bretagne ainsi que les représentants des deux Etats allemands confirmèrent la création de l'Allemagne unifiée, se composant des territoires de la RDA, de la République fédérale et de Berlin. Les frontières extérieures de l'Allemagne furent reconnues comme définitives. Tenant compte du besoin de sécurité de la Pologne, besoin particulier aux origines historiques, Bonn et Varsovie s'assurèrent mutuellement, dans un traité complémentaire, de respecter réciproquement leur intégrité territoriale et leur souveraineté.

La ratification du Traité d'unification et du Traité deux + quatre mettait fin aux droits des quatre puissances victorieuses «en ce qui concerne Berlin et l'Allemagne dans son ensemble». L'Allemagne recouvrit la souveraineté pleine et entière sur ses questions intérieures et extérieures, qu'elle avait perdue, quarante-cinq ans auparavant, avec l'effondrement de la dictature nazie.

La Loi fondamentale

La Loi fondamentale de la République fédérale d'Allemagne remonte à l'année 1949. Lors de sa rédaction, ses auteurs se sont laissé guider par l'idée de donner à la vie politique une base nouvelle, libérale et démocratique «pour une période transitoire». La Loi fondamentale n'était pas conçue comme une constitution définitive, mais comme un instrument provisoire, le peuple allemand restant convié, par la Loi fondamentale, «à parachever l'unité et la liberté de l'Allemagne dans la libre autodétermination». Par la suite, la Loi fondamentale s'est avérée à l'usage comme une assise solide pour les institutions démocratiques. L'impératif de réunification énoncé par la Loi fondamentale est devenu réalité en 1990. Sur la base du Traité d'unification qui régit l'adhésion de la RDA à la République fédérale, le préambule et l'article final de la Loi fondamentale ont reçu une nouvelle rédaction. Le texte de la constitution atteste que, avec l'adhésion de la RDA, le peuple allemand a désormais recouvré son unité. Depuis le 3 octobre 1990, la Loi fondamentale est en vigueur pour l'ensemble du peuple allemand.

Mais l'unification a posé une question: la Loi fondamentale doit-elle être remplacée par une nouvelle constitution. Il ne fait aucun doute qu'il sera nécessaire d'introduire à tout le moins des amendements constitutionnels. Une commission constitutionnelle commune au Bundestag et au Bundesrat se consacre aux amendements possibles de la Loi fondamentale. L'un de ses objectifs est par exemple de renforcer le fédéralisme; de même, elle discute également de la définition des objectifs que doit se fixer l'Etat, notamment dans le domaine de la protection de l'environnement.

Lors du 40ème anniversaire de la République fédérale, en 1989, la Loi fondamentale a été célébrée comme la constitution la meilleure et la plus libérale qui ait jamais existé sur le sol allemand. Ses exigences sont presque toutes devenues réalité dans la société. Plus que toute autre constitution allemande précédente, la Loi fondamentale a pénétré la conscience du citoyen, qui l'a acceptée. La Loi fondamentale a donné naissance à un Etat qui a, jusqu'à aujourd'hui, été épargné par les crises constitutionnelles sérieuses.

Sur le fond, la Loi fondamentale est pénétrée de l'expérience directe que les auteurs de la constitution ont faite de l'Etat totalitaire pendant la dictature nazie. La volonté d'éviter la répétition des fautes qui ont contribué à l'effondrement de la République démocratique de Weimar transparaît dans maints passages de la Loi fondamentale. Mais qui furent les pères de la constitution? Ce furent, en 1948, les

Signature de la Loi fondamentale, en 1949, au Conseil parlementaire.

ministres-présidents des Länder constituant les zones d'occupation occidentales et le Conseil parlementaire, élu par les diètes régionales. Ce Conseil adopta la Loi fondamentale, qui fut promulguée le 23 mai 1949.

Les droits fondamentaux. Tout au début de la constitution figure le catalogue des droits fondamentaux, avec l'obligation incombant à l'Etat de respecter et de protéger la dignité de l'homme. Cette garantie est complétée par le droit général au libre épanouissement de la personnalité. Ce droit assure une protection étendue contre les interventions illicites de l'Etat. Les Allemands et les non-Allemands peuvent se réclamer au même titre du respect de la dignité humaine et de la liberté de la personnalité. Parmi les libertés classiques qu'énumère la Loi fondamentale figurent la liberté de croyance, la liberté d'exprimer son opinion (dont fait aussi partie la liberté de la presse) et la garantie de la propriété. A cela s'ajoutent la liberté de l'art et de la science, la liberté d'association, le secret de la correspondance, de la poste et des télécommunications, la protection contre l'obligation de travailler et le travail forcé, l'inviolabilité du domicile ainsi que le droit de refuser d'accomplir le service militaire pour des raisons de conscience.

Les droits du citoyen, qui ne valent que pour les ressortissants allemands, concernent essentiellement les droits de participation à la vie politique proprement dits et le libre exercice de la profession. La liberté de réunion, le droit de former des associations et des sociétés, la liberté de circulation sur tout le territoire fédéral (y compris l'entrée sur celui-ci), la liberté du choix de la profession et de l'exercice de la profession, l'interdiction d'extradition ainsi que le droit de vote constituent l'essentiel de ces droits civiques.

Les libertés vont de pair avec les droits garantissant l'égalité. La Loi fondamentale concrétise le principe général selon lequel tous les hommes sont égaux devant la loi en disposant que nul ne doit être ni désavantagé ni favorisé en raison de son sexe, de son ascendance, de sa race, de sa langue, de sa patrie ou de son origine, de sa croyance et de ses conceptions religieuses ou politiques. L'égalité de l'homme et de la femme est expressément prescrite. La constitution garantit enfin à tous les Allemands la même liberté d'accès aux fonctions publiques.

Les droits fondamentaux dans le domaine social ont trait aux relations de chaque citoyen avec les institutions sociales comme le couple, la famille, l'Eglise, l'école, mais aussi l'Etat, en particulier en sa qualité d'Etat social. Ils garantissent au citoyen des droits parfois directs à des prestations fournies par l'Etat telles que, à titre d'exemple, la protection sociale.

Un droit fondamental qui, par sa nature, ne peut être revendiqué que par les étrangers est le droit d'asile, garanti pour la première fois dans une constitution allemande et qui accorde aux étrangers victimes de persécutions politiques le droit de se réfugier sur le territoire fédéral. Certains droits fondamentaux peuvent faire l'objet de restrictions dans d'étroites limites en vertu de lois. Mais, en aucun cas, il ne

Le blason fédéral.

Le drapeau fédéral.

peut être porté atteinte à la substance d'un droit fondamental. Les droits fondamentaux constituent un droit directement applicable. C'est l'une des principales innovations de la Loi fondamentale par rapport aux précédentes constitutions, où l'énumération des droits fondamentaux avait plutôt le caractère d'une déclaration d'intention. Aujourd'hui, en leur qualité d'organe législatif, les parlements sont tenus de respecter les droits fondamentaux tout aussi strictement que les gouvernements, les tribunaux, l'administration, la police et les forces armées. Ainsi chaque citoyen a-t-il le droit de saisir la Cour constitutionnelle fédérale s'il estime avoir été lésé dans ses droits fondamentaux par des actes de l'Etat.

En vertu de son adhésion à la Convention européenne sur la Protection des Droits de l'Homme et des Libertés fondamentales, en 1952, la République fédérale d'Allemagne s'est soumise à un contrôle international des droits de l'homme. L'article 25 de cette convention donne aux citoyens des Etats signataires le droit de recourir à la voie judiciaire contre leur propre Etat devant la Commission européenne et la Cour de Justice européenne. En 1973, la République fédérale a aussi ratifié le Pacte international des Droits de l'Homme de l'ONU.

Les fondements du régime politique. Cinq principes caractérisent le régime politique selon la Loi fondamentale: l'Allemagne est une république et une démocratie, un Etat fédéral, un Etat de droit et un Etat social.

La forme d'Etat républicain trouve en premier lieu son expression constitutionnelle dans la dénomination «République fédérale». Extérieurement, elle se matérialise par le fait que le président fédéral issu d'une élection est le chef de l'Etat. La base de la forme d'Etat démocratique est le principe de la souveraineté du peuple. La constitution prévoit que toute l'autorité publique émane du peuple. Ceci étant, la Loi fondamentale a opté pour la démocratie indirecte, la démocratie représentative. Cela signifie que l'autorité publique doit être reconnue et approuvée par le peuple, mais qu'elle n'est pas exercée directement par des décisions du peuple. L'exercice du pouvoir est confié à des «organes particuliers» du pouvoir législatif, du pouvoir exécutif et du pouvoir judiciaire. Le peuple exerce essentiellement l'autorité publique qui lui revient à l'occasion des élections, organisées périodiquement, du Parlement. Au contraire de certaines Constitutions de Land, la Loi fondamentale ne prévoit qu'à titre exceptionnel des procédures de démocratie directe comme le référendum (Volksentscheid) et le plébiscite (Volksbegehren), à savoir en cas de réorganisation du territoire fédéral.

Ce choix opéré par la constitution en faveur de l'Etat fédéral signifie que non seulement la Fédération, mais aussi les seize Länder fédérés possèdent la qualité d'Etat. Ils ont leur propre souveraineté étatique limitée à certains domaines, qu'ils exercent par leurs propres pouvoirs législatif, exécutif et judiciaire. En vertu du partage des tâches et compétences étatiques entre la Fédération et les Länder, la majorité du pouvoir législatif est assumée par l'Etat central, la Fédération, tandis que les Länder sont surtout compétents pour l'administration. Ce partage des tâches constitue un élément essentiel dans le système de séparation des pouvoirs et d'équilibre du pouvoir prévu par la Loi fondamentale; il contribue à empêcher l'émergence d'une seule autorité publique surpuissante.

La clef de voûte du principe de l'Etat de droit, tel qu'il est concrétisé dans la Loi fondamentale, est la séparation des pouvoirs. Les fonctions de l'autorité publique sont confiées aux organes du pouvoir

Ei · nig · keit und Recht und Frei · heit
Da · nach laßt uns al · le stre · ben

für das deut · sche Va · ter · land!
brü · der · lich mit Herz und Hand!

Ei · nig · keit und Recht und Frei · heit

sind des Glük · kes Un · ter · pfand.

Blüh im Glan · ze die · ses Glük · kes,

blü · he, deut · sches Va · ter · land!

L'hymne national de la République fédérale d'Allemagne est le «Chant des Allemands». L'auteur de ce chant de trois strophes est August Heinrich Hoffmann von Fallersleben (1798–1874); la mélodie est celle de l'«Hymne impérial» de Joseph Haydn (1732–1809). Cette strophe est chantée lors des cérémonies officielles.

législatif, du pouvoir exécutif et du pouvoir judiciaire, qui sont indépendants les uns des autres. Ce qui est important dans le principe de la séparation des pouvoirs, c'est que l'autorité de l'Etat trouve un contrepoids dans des contrôles et une restriction mutuels. Cela a pour objectif de protéger la liberté de l'individu. L'autre élément essentiel du principe de l'Etat de droit est la validité inviolable du droit pour toute action de l'Etat. Cela implique en particulier que le législateur est strictement tenu de respecter la constitution, et l'administration (par exemple la police) de respecter la loi. Tous les actes de l'autorité publique peuvent être soumis à un examen de leur légalité par des juges indépendants dès lors qu'une personne intéressée introduit une action dans ce sens.

Le principe de l'Etat social est un complément moderne à la notion traditionnelle d'Etat de droit. Il astreint l'Etat à protéger ceux qui sont les plus défavorisés socialement et à chercher à réaliser sans relâche la justice sociale. De nombreuses lois fédérales et des jugements de tribunaux attestent que l'on ne s'est pas borné à émettre des vœux pieux. L'Etat social se manifeste dans le système de la sécurité sociale avec ses prestations pour la vieillesse, l'invalidité, la maladie et le chômage, dans l'assistance sociale fournie aux personnes dans le besoin, par les allocations de logement, les prestations familiales comme les allocations familiales, le droit de la protection du travail et du temps de travail, pour ne citer que quelques exemples. La Loi fondamentale n'impose pas un type particulier d'organisation économique : sur le plan de la politique économique, le texte de la Loi fondamentale reste, dans une large mesure, neutre.

Modifications de la Loi fondamentale. La Loi fondamentale ne peut être modifiée que par un vote des deux tiers des membres du Bundestag (le Parlement) et des deux tiers des voix du Bundesrat (la Chambre des Länder). Comme il est très rare qu'un parti ou une coalition de partis dispose d'une majorité aussi importante, tant au Bundestag qu'au Bundesrat, un très large consensus est nécessaire pour obtenir une modification de la Loi fondamentale. Une telle modification n'est possible que si une partie de l'opposition y donne elle aussi son accord.

Certaines dispositions de la Loi fondamentale ne peuvent absolument pas faire l'objet de modifications, même à la majorité des deux tiers. Parmi ces principes intangibles de la constitution figurent l'organisation fédérale, la séparation des pouvoirs, les principes de la démocratie, de l'Etat de droit et de l'Etat social. Sont également intangibles la proclamation de la dignité de la personne humaine ainsi que l'essentiel des droits fondamentaux d'égalité et de liberté.

Les organes constitutionnels

«La souveraineté émane du peuple» — ce principe de base de la démocratie est ancré dans la constitution. Le peuple exerce l'autorité publique directement, à travers les élections et les scrutins, et, indirectement, à travers les organes particuliers du pouvoir législatif, du pouvoir exécutif et du pouvoir judiciaire. Les organes constitutionnels possédant des pouvoirs essentiellement législatifs sont le Bundestag et le Bundesrat. Les tâches exécutives, autrement dit l'action de l'Etat, sont assumées en premier lieu par le gouvernement fédéral avec le chancelier fédéral et le président fédéral. Au niveau constitutionnel, la fonction du pouvoir judiciaire est assumée par la Cour constitutionnelle fédérale.

Le président fédéral. Le président fédéral est le chef d'Etat de la République fédérale d'Allemagne. Il est élu par l'Assemblée fédérale, un organe constitutionnel qui ne se réunit qu'à cette fin. Celle-ci se compose des députés du Bundestag ainsi que d'un nombre égal de délégués, élus par les parlements des Länder. Des personnalités éminentes et méritantes sont parfois aussi nommées à l'Assemblée fédérale bien qu'elles ne soient pas membres d'un parlement de Land. Le président fédéral est élu pour cinq ans, à la majorité des voix de l'Assemblée fédérale. Il n'est rééligible qu'une seule fois.

Le président fédéral représente la République fédérale d'Allemagne à l'extérieur. Au nom de la Fédération, il conclut les traités avec les Etats étrangers; il accrédite et reçoit les ambassadeurs. La politique étrangère elle-même est la prérogative du gouvernement fédéral. Le président fédéral nomme et révoque les juges fédéraux, les fonctionnaires fédéraux, les officiers et les sous-officiers. Il peut gracier des délinquants. Il examine si les conditions d'élaboration des lois sont conformes à la constitution, puis les publie au Bulletin des lois fédérales.

Il propose au Bundestag (en tenant compte des rapports de majorité) un candidat pour la fonction de chancelier fédéral et, sur proposition du chancelier, il nomme et révoque les ministres fédéraux. Si le chancelier demande au Bundestag de lui exprimer sa confiance et que celui-ci la refuse, le président fédéral peut dissoudre le Bundestag sur proposition du chancelier. En 1972 et 1983, des élections anticipées ont été provoquées de cette façon.

Le président fédéral incarne à un titre tout particulier l'unité de la collectivité politique. Par-delà toutes les frontières des partis, il est

Theodor Heuss   Heinrich Lübke   Gustav Heinemann

Walter Scheel   Karl Carstens   Richard von Weizsäcker

Les présidents fédéraux

Theodor Heuss (FDP)	1er	mandat	1949-1954
	2ème	mandat	1954-1959
Heinrich Lübke (CDU)	1er	mandat	1959-1964
	2ème	mandat	1964-1969
Gustav Heinemann (SPD)			1969-1974
Walter Scheel (FDP)			1974-1979
Karl Carstens (CDU)			1979-1984
Richard von Weizsäcker (CDU)	1er	mandat	1984-1989
	2ème	mandat	1989

Konrad Adenauer   *Ludwig Erhard*   *Kurt Georg Kiesinger*

Willy Brandt   *Helmut Schmidt*   *Helmut Kohl*

Les chanceliers fédéraux

Konrad Adenauer (CDU)	1er gouvernement	1949-1953
	2ème gouvernement	1953-1957
	3ème gouvernement	1957-1961
	4ème gouvernement	1961-1963
Ludwig Erhard (CDU)	1er gouvernement	1963-1965
	2ème gouvernement	1965-1966
Kurt Georg Kiesinger (CDU)		1966-1969
Willy Brandt (SPD)	1er gouvernement	1969-1972
	2ème gouvernement	1972-1974
Helmut Schmidt (SPD)	1er gouvernement	1974-1976
	2ème gouvernement	1976-1980
	3ème gouvernement	1980-1982
Helmut Kohl (CDU)	1er gouvernement	1982-1983
	2ème gouvernement	1983-1987
	3ème gouvernement	1987-1990
	4ème gouvernement	1990

l'emblème de la cohésion au sein de l'Etat et du régime constitutionnel.

Malgré ses tâches essentiellement représentatives, le président fédéral peut exercer une grande autorité personnelle en tant que force conciliatrice et neutre, au-delà de la vie politique quotidienne. Par ses prises de position fondamentales sur les problèmes de notre temps, il est en mesure — du fait qu'il se situe au-dessus des affaires politiques quotidiennes — de donner des points de repère pour l'orientation politique et morale des citoyens.

Le Bundestag. Le Bundestag est l'assemblée nationale de la République fédérale d'Allemagne. Il est élu par le peuple pour quatre ans. Sa dissolution (prématurée) n'est possible qu'à titre exceptionnel, décision qui est aux mains du président fédéral. Ses principales tâches consistent à voter les lois, à élire le chancelier fédéral et à contrôler le gouvernement.

L'assemblée plénière du Bundestag est le forum des grandes discussions parlementaires, surtout lorsqu'il s'agit de questions décisives de la politique extérieure et intérieure. Lors de séances qui ont lieu la plupart du temps à huis clos, les commissions parlementaires accomplissent les travaux préliminaires à toute loi, d'une importance décisive, car c'est à ce stade qu'il faut faire coïncider la volonté politique avec la compétence technique des experts. C'est aussi au sein des commissions que le Parlement a les meilleures possibilités de contrôler les activités du gouvernement. Sinon, il ne serait pas possible de résoudre la multitude de questions techniques. Le Bundestag a institué ces commissions en s'inspirant de l'organisation ministérielle du gouvernement fédéral. Elles vont de la commission des affaires étrangères, en passant par la commission des affaires sociales, à la commission budgétaire, qui possède une importance particulière, car c'est elle qui incarne la souveraineté budgétaire du Parlement. Il existe aussi une commission des pétitions, à laquelle chaque citoyen peut adresser ses doléances et ses requêtes.

De 1949 à la fin de la dernière législature, en 1990, environ 6.700 projets de loi ont été soumis au Parlement, dont 4.400 ont été adoptés. La majorité des projets de loi émanait du gouvernement, le reste étant présenté par le Parlement, mais aussi par le Bundesrat. Les projets de loi font l'objet de trois lectures au Bundestag et sont, en règle générale, transmis une seule fois à la commission compétente. A la troisième lecture, le vote est définitif. Une loi est adoptée (dans la mesure où elle ne modifie pas la constitution) lorsqu'elle recueille la majorité des voix exprimées. Certaines lois doivent en outre être soumises à l'approbation du Bundesrat.

Structures étatiques de la République fédérale d'Allemagne

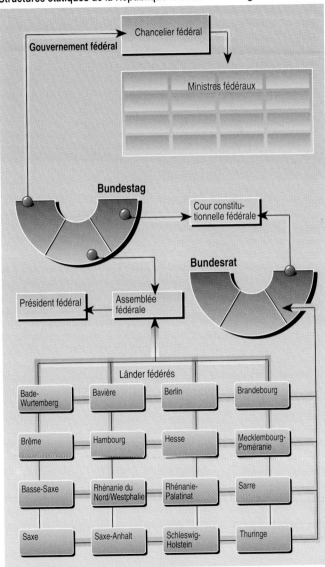

Les députés du Bundestag sont élus au suffrage universel, direct, libre, égal et secret. Ils représentent l'ensemble du peuple, ne sont tenus ni par des mandats ni par des instructions et ne sont soumis qu'à leur conscience. Leur mandat est donc libre. Ils se constituent en groupes parlementaires en fonction de leur étiquette politique. La liberté de conscience peut parfois entrer en conflit avec le devoir de solidarité vis-à-vis des collègues du même parti. Mais, même lorsqu'un député quitte son parti, il n'en conserve pas moins son mandat parlementaire. Ce fait illustre mieux que tout autre l'indépendance des députés.

La répartition des sièges dans les commissions est déterminée par l'importance respective des groupes parlementaires. Selon une ancienne coutume constitutionnelle, le président du Bundestag est élu dans les rangs du groupe le plus fort.

L'indépendance financière des députés est garantie par une indemnité (la «diète») dont le montant correspond à l'importance de la fonction de député. Les députés qui ont été membres du Parlement pendant au moins six ans ont droit à une pension lorsqu'ils ont atteint l'âge de la retraite.

Le Bundesrat. Le Bundesrat, la représentation des seize Länder fédérés, apporte son concours à la législation et à l'administration de la Fédération. Contrairement au système de sénat d'Etats fédéraux comme les Etats-Unis ou la Suisse, le Bundesrat ne se compose pas de représentants élus par le peuple. Le Bundesrat regroupe des membres des gouvernements de Land ou de leurs plénipotentiaires. En fonction de leur population, les Länder disposent de trois, quatre, cinq ou six voix; ils ne peuvent exprimer leurs suffrages que globalement.

Plus de la moitié des lois requièrent l'approbation du Bundesrat, c.-à-d. qu'elles ne peuvent être adoptées sans ou contre la volonté du Bundesrat. Les lois requièrent l'approbation formelle du Bundesrat en particulier lorsque des intérêts essentiels des Länder sont concernés, par exemple lorsqu'elles ont une incidence sur les finances ou sur la souveraineté administrative des Länder. Quoi qu'il en soit, les modifications de la constitution requièrent l'approbation du Bundesrat. Dans les autres cas, le Bundesrat n'a qu'un droit de veto, auquel le Bundestag peut passer outre. Si le Bundestag et le Bundesrat ne peuvent se mettre d'accord, on doit avoir recours à la commission d'arbitrage, formée de membres des deux Chambres, laquelle parvient habituellement à un compromis.

Au Bundesrat, les intérêts du Land priment toujours sur les intérêts du parti; les votes peuvent donc donner lieu à des résultats différents

Le bâtiment du Reichstag à Berlin.

de ce que l'on serait en droit d'attendre en vertu des rapports de majorité des partis politiques. Ceci est un signe de vitalité du fédéralisme. Le gouvernement fédéral ne peut pas toujours s'attendre à ce qu'un gouvernement de Land détenu par le même parti le suive sur tous les points. Chaque Land y représente, en effet, avant tout ses intérêts particuliers et peut chercher à conclure une alliance avec d'autres Länder qui ont le même objectif que lui, indépendamment du parti qui est au gouvernement. Cela entraîne des majorités changeantes. Il faut trouver un compromis chaque fois que les partis qui figurent au gouvernement fédéral n'obtiennent pas de majorité au Bundesrat.

Selon un système d'alternance préétabli, le Bundesrat élit chaque année son président parmi les ministres-présidents des Länder. Le président du Bundesrat assume les fonctions du président fédéral lorsque celui-ci ne peut assurer sa tâche.

Le gouvernement fédéral. Le gouvernement fédéral, également appelé «cabinet», se compose du chancelier fédéral et des ministres fédéraux. Au sein du gouvernement fédéral et vis-à-vis des ministres fédéraux, le chancelier fédéral possède un statut autonome et supérieur. C'est lui qui détient la présidence au sein du cabinet fédéral. Lui seul a le droit de constituer le cabinet: c'est lui qui choisit les ministres et qui fait, à l'intention du président fédéral, la proposition nécessaire pour leur nomination ou leur révocation. Le chancelier décide en outre du nombre de ministres et définit leur domaine de compétence.

Séance du Bundestag à Bonn.

Les larges pouvoirs dont est investi le chancelier fédéral reposent en particulier sur sa compétence à fixer des directives: c'est lui qui établit les lignes directrices de la politique gouvernementale. Dans le cadre de ces lignes directrices, chaque ministre fédéral dirige son ministère de façon indépendante et sous sa responsabilité personnelle. Dans la pratique politique, le chancelier doit aussi tenir compte, au sein des coalitions gouvernementales, des accords passés avec le partenaire de la coalition.

C'est à juste titre que le système gouvernemental allemand est aussi qualifié de «démocratie cancellariale». Le chancelier fédéral est le seul membre du cabinet élu par le Parlement et lui seul est responsable vis-à-vis de celui-ci. Cette responsabilité peut s'exprimer par le biais du «vote de défiance constructif». Celui-ci a été institué par la Loi fondamentale pour éviter résolument les défauts de la constitution de Weimar. Ceci a pour but d'empêcher que des groupes de l'opposition puissent renverser le gouvernement alors même qu'ils ne se sont pas mis d'accord sur un programme alternatif. Si le Bundestag veut exprimer sa défiance au chancelier, il doit donc simultanément lui élire un successeur à la majorité de ses voix. Jusqu'à présent, une telle tentative de renversement du chancelier au moyen du vote de défiance constructif a été faite à deux reprises, mais n'a été couronnée de succès qu'une seule fois: la motion de censure déposée en 1982 contre le chancelier fédéral de cette époque, Helmut Schmidt, a permis l'élection de Helmut Kohl comme chancelier fédéral. La Loi fondamentale ne prévoit pas de votes de défiance contre un ministre fédéral isolé.

La Cour constitutionnelle fédérale. La Cour constitutionnelle fédérale, qui a son siège à Karlsruhe, veille au respect de la Loi fondamentale. Elle statue, par exemple, sur les litiges entre la Fédération et les Länder ou entre différents organes fédéraux. Seule la Cour constitutionnelle fédérale est habilitée à constater qu'un parti vise à renverser l'ordre constitutionnel libéral et démocratique et qu'il est donc anticonstitutionnel; dans un tel cas, elle ordonne la dissolution du parti. La Cour vérifie également la compatibilité des lois fédérales et des lois des Länder avec la Loi fondamentale; si elle déclare une loi anticonstitutionnelle, l'application de celle-ci est interdite. Dans les cas de ce genre, la Cour constitutionnelle n'intervient que si elle est saisie par des organes déterminés comme le gouvernement fédéral, les gouvernements de Land, le Parlement ou des tribunaux.

De surcroît, un recours pour anticonstitutionnalité devant la Cour constitutionnelle fédérale est ouvert à quiconque se trouve lésé dans ses droits fondamentaux par l'autorité publique. Normalement, il faut cependant qu'il ait auparavant vainement fait appel aux tribunaux compétents.

Jusqu'à présent, la Cour constitutionnelle fédérale a jugé plus de 80.000 affaires. Environ 76.000 concernaient des recours constitutionnels, sur lesquelles 2.000 à peine ont été couronnées de succès. Elle a régulièrement statué sur des cas d'une grande portée en

Le conseil des ministres.

matière de politique intérieure ou extérieure, qui ont suscité un vif intérêt dans l'opinion publique. Ces derniers temps, la Cour s'est par exemple consacrée au droit de vote pour les premières élections panallemandes de 1990 ou au traité d'unification allemande. Les gouvernements fédéraux de tous les courants politiques ont eu à se plier aux sentences des juges de Karlsruhe. Simultanément, la Cour n'a jamais cessé de souligner qu'elle ne considère pas comme de son devoir de prescrire une action politique déterminée aux organes de l'Etat.

La Cour constitutionnelle fédérale a contribué au plus haut point à donner vie à la lettre de la Loi fondamentale. C'est en particulier à elle que revient le mérite d'avoir développé la partie consacrée aux droits fondamentaux. A titre d'exemple, après une plainte, la Cour a imposé que l'article 6 de la Loi fondamentale, qui régit l'égalité en droits des enfants naturels et des enfants légitimes, fasse l'objet d'une loi et devienne ainsi une pratique juridique.

La Cour constitutionnelle fédérale se compose de deux Sénats qui comprennent chacun huit juges. Les juges sont élus moitié par le Bundestag et moitié par le Bundesrat. La durée de leur mandat est de douze ans et une réélection n'est pas autorisée.

Fédéralisme et autonomie régionale

Le nom de l'Etat, déjà, «République fédérale d'Allemagne», traduit sans ambiguïté sa structure fédérative. La République fédérale d'Allemagne se compose de seize Länder fédérés. Les onze Länder de l'ancienne République fédérale ont été fondés à nouveau ou créés de toutes pièces après 1945. A la suite de la révolution pacifique survenue en RDA, les Länder ont, là aussi, été reconstitués et, depuis le 3 octobre 1990, ils font partie de la République fédérale. Les Länder fédérés sont bien plus que de simples provinces, ce sont des Etats possédant leur propre souveraineté. Ils ont leur propre constitution de Land, qui doit reprendre, dans l'esprit de la Loi fondamentale, les principes de l'Etat de droit républicain, démocratique et social. Pour le reste, les Länder ont carte blanche pour l'élaboration de leur constitution respective.

Le principe de l'Etat fédéral est l'une des bases intangibles de la constitution. Mais la forme des Länder actuels n'est pas immuable. La Loi fondamentale comporte des dispositions pertinentes en vue d'une réorganisation du territoire fédéral. Le nombre actuel des Länder étant de seize, une réorganisation fondamentale du territoire fédéral fait l'objet de discussions, ce qui permettrait de créer des Länder de plus grande taille et plus performants sur le plan économique.

Le régime d'Etat fédéral s'inscrit dans la ligne d'une longue tradition constitutionnelle, qui n'a été rompue que par l'Etat unitaire des nationaux-socialistes, de 1933 à 1945. L'Allemagne est l'un des pays classiques de la forme d'Etat fédéraliste. Le fédéralisme a fait ses preuves: il permet de bien mieux tenir compte des particularismes et problèmes régionaux que ne pourrait jamais le faire un gouvernement centralisé.

Les avantages du fédéralisme. A l'instar, par exemple, des Etats-Unis ou de la Suisse, le fédéralisme allemand allie l'unité sur le plan extérieur à la diversité sur le plan intérieur. Préserver la diversité régionale est la tâche traditionnelle du fédéralisme. Cette attribution reçoit aujourd'hui une substance nouvelle par suite des exigences régionales spécifiques posées au Land, par exemple la conservation des sites, la protection de la nature, la protection des monuments, la sauvegarde des traditions d'urbanisme et la promotion des cultures régionales.

L'Etat fédéral a pour mission primaire de garantir la liberté. La répartition des tâches entre la Fédération et les Länder est un élément essentiel dans le système de séparation des pouvoirs et l'équilibre des pouvoirs que prévoit la Loi fondamentale. Cela implique aussi que les Länder participent à l'émergence de la volonté politique au niveau fédéral, où ils apportent leur concours par l'intermédiaire du Bundesrat. L'Etat fédéral renforce aussi le principe de la démocratie. Il permet à ses citoyens de s'engager politiquement dans leur environnement immédiat. La démocratie devient d'autant plus vivante que les citoyens, en particulier au niveau qui leur est familier, leur Land fédéré, peuvent participer au processus politique par le canal des élections et des votes.

Mais le système fédératif offre d'autres avantages, par exemple la chance de pouvoir faire des expériences à petite échelle et d'instaurer une saine émulation entre les Länder. Ainsi un Land fédéré particulier peut-il, dans un domaine déterminé, par exemple dans l'enseignement, essayer des innovations et servir d'exemple pour des réformes à l'échelle de la Fédération.

Le système de l'Etat fédéral permet en outre de mieux tenir compte des rapports de majorité qui divergent au niveau régional. Là où ils possèdent la majorité dans les Länder, les partis constituant l'opposition au niveau de l'Etat fédéral peuvent assumer des responsabilités gouvernementales et, ainsi, administrer la preuve qu'ils sont, eux aussi, capables de gouverner.

Les prérogatives des Länder. La Loi fondamentale a fixé les prérogatives de la Fédération en fonction de deux critères: les dispositions doivent-elles être uniformes pour tous les Länder ou une marge de conception spécifique est-elle souhaitable pour les Länder? Ceci ressort clairement de la subdivision des prérogatives de la Fédération en une législation exclusive, une législation concurrente et une législation-cadre.

Des secteurs qui font par exemple partie de la législation incombant exclusivement à la Fédération sont les questions de politique étrangère, la défense, la politique monétaire, le crédit et la monnaie, les chemins de fer, le trafic aérien et une partie du droit fiscal.

En ce qui concerne la législation concurrente, les Länder ont le droit de légiférer uniquement dans la mesure où la Fédération ne régit pas les mêmes objets par une loi. La Fédération n'est habilitée à le faire que lorsqu'il existe un besoin particulier de réglementation uniforme à l'échelle de l'Etat fédéral. La législation concurrente s'étend par exemple au droit économique, au droit nucléaire, au droit du travail et au droit des sols; elle s'étend, en outre, au logement, à la navigation et à la circulation routière, à la gestion des déchets, à la salubrité de l'air et à la lutte contre les nuisances acoustiques. La réalité constitutionnelle a montré que ces thèmes doivent faire l'objet d'une réglementation uniforme. C'est pourquoi il n'y a pratiquement plus de prérogatives des Länder dans ce domaine.

Certains domaines de la législation sont transférés aux Länder dans le cadre des prescriptions-cadre de la Fédération. Il s'agit notamment de l'enseignement supérieur, de la protection de la nature et de la conservation des sites naturels, de l'aménagement du territoire et du régime des eaux. Une série d'autres tâches suprarégionales et à caractère prospectif, qui ne sont pas énumérées dans la Loi fondamentale, est aussi planifiée, régie légalement et financée en commun par la Fédération et les Länder. Elles ont été ajoutées en 1969 à la Loi fondamentale en tant que «tâches communes». Elles concernent la construction et la modernisation des écoles supérieures, l'amélioration de la structure économique régionale ainsi que l'amélioration de la structure agricole et de la protection du littoral.

Il n'existe, pratiquement, une administration propre à la Fédération que pour les Affaires étrangères, les Chemins de fer fédéraux, les Postes, les services de placement, les douanes, la protection fédérale des frontières et l'Armée fédérale. La majeure partie du travail administratif est assumée en toute autonomie par les Länder.

La compétence juridictionnelle de la Fédération se limite à la Cour constitutionnelle fédérale et aux cours suprêmes. Ces tribunaux garantissent une interprétation uniforme du droit. Tous les autres tribunaux sont des tribunaux de Land.

Les Länder sont compétents pour tous les domaines de la législation que la Fédération ne prend pas en charge ou qui ne sont pas énumérés dans la Loi fondamentale. C'est pourquoi les Länder continuent de détenir aujourd'hui, comme prérogatives législatives, la grande majorité de l'enseignement et de la politique culturelle, qui sont l'expression de leur «souveraineté culturelle». A cela s'ajoutent le droit communal et les services de la police.

Ce qui fait la force proprement dite des Länder, c'est l'administration et le concours qu'ils apportent à la législation de la Fédération par le canal du Bundesrat. Les Länder sont compétents pour l'ensemble de l'administration intérieure. Parallèlement, leurs fonctionnaires sont responsables de la mise en œuvre de la majorité des lois et décrets fédéraux. Les tâches de l'administration de Land se subdivisent en trois catégories: elle assume les tâches pour lequel le Land est compétent en exclusivité (par exemple les écoles, la police, la planification du Land); elle met ensuite en œuvre le droit

L'hôtel de ville de Mayence.

fédéral en tant que question la concernant directement et sous sa propre responsabilité (par exemple le droit de la planification du bâtiment, le droit industriel et commercial, la protection de l'environnement) ; et, enfin, elle met en œuvre le droit fédéral au nom de la Fédération (par exemple la construction d'autoroutes, la promotion de la formation).

Le développement dont a bénéficié la République fédérale s'est ainsi traduit, dans la réalité constitutionnelle, par un Etat législatif, essentiellement central, et par un Etat administratif, essentiellement fédératif.

L'autonomie de gestion des communes. L'autonomie de gestion des communes est une tradition profondément ancrée en Allemagne en tant qu'expression de la liberté civique. Elle a son origine dans les privilèges accordés aux villes libres au Moyen Âge, lorsque le droit de cité libérait les habitants des villes du servage («L'air de la ville rend libre», dit un vieux dicton allemand). A l'époque moderne,

L'hôtel de ville de Stolberg (Saxe-Anhalt).

l'autonomie de gestion des communes est en premier lieu le résultat
des réformes prises par le baron vom Stein, en particulier du code
urbain prussien de 1808. La Loi fondamentale s'inspire de cette
tradition et garantit expressément l'autonomie de gestion
communale des villes, des communes et des arrondissements. En
vertu de cela, les villes, communes et arrondissements ont le droit
de régir sous leur propre responsabilité toutes les questions de la
communauté locale, dans le cadre des lois en vigueur. Toutes les
villes, communes et arrondissements doivent être organisés
démocratiquement. Le droit communal est l'affaire des Länder; pour

des motifs historiques, les régimes communaux divergent fortement d'un Land à l'autre. La pratique de l'administration communale est cependant identique dans tous les Länder fédérés.

Le droit de l'autonomie de gestion concerne surtout les transports collectifs à l'échelon de la commune, les constructions routières locales, l'approvisionnement en électricité, en eau et en gaz ainsi que la planification urbaine. A cela s'ajoutent la construction et l'entretien des écoles, théâtres et musées, hôpitaux, centres sportifs et piscines. Les communes sont également compétentes pour la formation des adultes et la protection de la jeunesse. C'est à la commune elle-même qu'il incombe de déterminer l'adéquation et la rentabilité de ses actions. Beaucoup des tâches à accomplir à l'échelle locale excèdent les capacités des communes et des petites villes; ces tâches peuvent alors être reprises par l'arrondissement, qui est la collectivité territoriale à l'échelon immédiatement supérieur. L'arrondissement, avec ses organes élus démocratiquement, bénéficie lui aussi de l'autonomie de gestion communale. Les villes de plus grande importance ne font partie d'aucun arrondissement.

L'autonomie de gestion et l'indépendance des communes sont condamnées à dépérir si l'argent dont celles-ci ont besoin pour accomplir leurs tâches fait défaut. La question de la dotation financière appropriée des communes fait donc l'objet de discussions incessantes. Les communes ont le droit de prélever leurs propres impôts et taxes. Au nombre de ceux-ci figurent l'impôt foncier et la taxe professionnelle. Les communes ont droit, en outre, aux recettes fiscales locales provenant des accises et des impôts sur les dépenses. Mais cela ne suffit pas pour couvrir leurs besoins financiers. C'est pourquoi les communes perçoivent, de la Fédération et des Länder, un certain pourcentage de l'impôt sur le salaire et sur les revenus. A cela s'ajoutent des sommes provenant d'un fonds de péréquation, qui est géré au sein même de chaque Land fédéré.

L'autonomie de gestion des communes donne au citoyen la possibilité et la chance de fournir son concours et d'exercer son contrôle. Il peut parler aux édiles de sa commune lors des assemblées communales, il peut consulter les avant-projets de budget ou s'entretenir sur les nouveaux projets de construction. Les villes et les communes sont les plus petites cellules politiques de l'Etat. En tant que telles, elles doivent pouvoir continuer de se développer et de se renouveler de façon vivante pour assurer la pérennité de la liberté et de la démocratie dans l'Etat et la société.

Les partis et les élections

Dans toute démocratie moderne, des partis politiques qui se font mutuellement concurrence ont une grande signification constitutive. Elus pour une période déterminée, ils assument des tâches de direction et des fonctions de contrôle politiques. Les partis jouent un rôle déterminant en donnant forme à la politique.

La Loi fondamentale en tient compte en consacrant un article spécifique aux partis, l'article 21, qui a la teneur suivante: «Les partis coopèrent à la formation de la volonté politique du peuple. Leur fondation est libre. Leur organisation interne doit répondre aux principes démocratiques. Ils doivent rendre compte publiquement de la provenance de leurs ressources.»

Les partis représentés au Bundestag. Depuis les premières élections panallemandes de 1990, six partis sont représentés au Bundestag. Ce sont: l'Union chrétienne-démocrate d'Allemagne (CDU), le Parti social-démocrate d'Allemagne (SPD), le Parti libéral-démocrate (FDP), l'Union chrétienne-sociale (CSU), le Parti du Socialisme démocratique (PDS) et la liste conjointe Alliance 90/Verts. La CDU ne possède pas de fédération de Land en Bavière, tandis que la CSU ne se présente qu'en Bavière. Au Bundestag, cependant, la CDU et la CSU constituent un groupe parlementaire commun.

Helmut Kohl, le président de la CDU, et son adjointe, Angela Merkel.

Theodor Waigel, président de la CSU.

Le SPD, la CDU, la CSU et le FDP ont été fondés entre 1945 et 1947 dans les Länder fédérés occidentaux. Pour le SPD, il s'agissait de la résurrection du parti du même nom, parti qui était élu essentiellement par les ouvriers et a été interdit en 1933 par le régime hitlérien. Pour les trois autres partis, il s'agissait de formations politiques inédites. A la différence du vieux parti catholique du centre,

Le président du FDP, le comte Otto von Lambsdorff (2ème à partir de la gauche), entouré de ses adjoints.

Le président du SPD, Björn Engholm (au centre),
entouré de ses adjoints.

de l'époque de la République de Weimar, les partis chrétiens que
sont la CDU et la CSU recrutent leurs électeurs dans les deux
communautés chrétiennes. Par son programme, le FDP se réclamait
de l'héritage du libéralisme allemand.

Depuis leur fondation, il y a plus de quarante ans, ces quatre partis
ont subi d'importantes mutations. A l'échelle fédérale, au cours de
ces années, ils ont tous contracté une fois une coalition ou ont servi
dans l'opposition. Aujourd'hui, ils se conçoivent comme des partis
populaires qui représentent toute les couches de la population. Ils
ont des ailes droite et gauche caractérisées, qui reflètent la diversité
des positions dans un parti populaire.

De 1983 à 1990, le parti des «Verts» a été représenté au
Bundestag. Fondé en 1979 à l'échelle fédérale, il a aussi fait son
entrée dans plusieurs parlements de Land au fil du temps. Ce parti,
qui réunit les opposants au nucléaire et les groupes de protestation
de la mouvance pacifiste, est l'émanation d'un mouvement radical
de protection de l'environnement. Lors des élections législatives de
1990, les Verts ont achoppé sur la clause des 5 %. Mais l'Alliance 90,
qui s'est associée avec eux sur une liste, a réussi à faire son entrée
au Bundestag. Ce groupuscule remonte au mouvement de droits des
citoyens qui fut, parmi d'autres, à l'origine du bouleversement
pacifique dans l'ex-RDA en 1989/90.

Le PDS est le successeur de l'ancien parti d'Etat, le Parti socialiste
unifié d'Allemagne (SED). Dans l'Allemagne unifiée, il n'est pas

parvenu à s'établir comme force politique d'importance. Le PDS n'est entré au Bundestag qu'en vertu d'une réglementation exceptionnelle pour les partis des nouveaux Länder fédérés — application séparée de la clause des cinq pour cent dans les nouveaux et les anciens Länder. Ceci vaut également pour la liste conjointe Alliance 90/Verts.

La clause des cinq pour cent. Des 36 partis qui ont brigué les suffrages des électeurs lors des premières élections législatives de 1949, quatre seulement étaient encore présents dans le Parlement élu en 1990. Cette concentration est due en première ligne à la clause restrictive instaurée en 1953 et aggravée en 1957. Celle-ci stipule que seuls les partis qui réunissent au moins cinq pour cent des voix émises valides ou trois mandats directs peuvent entrer au Parlement. La Cour constitutionnelle fédérale a approuvé expressément cette clause.

L'objectif de cette réglementation était que l'on voulait éviter un morcellement du paysage politique après les expériences faites sous la République de Weimar et que l'on voulait permettre l'émergence, au Bundestag, de majorités capables de gouverner.

Il a été décidé de ne pas appliquer la clause restrictive pour la représentation des minorités nationales. C'est ainsi que la Südschleswigsche Wählerverband (l'Union des électeurs du Schleswig du Sud), qui représente la minorité danoise, a un député à la Diète régionale du Schleswig-Holstein bien qu'elle ait réuni moins de cinq pour cent des voix.

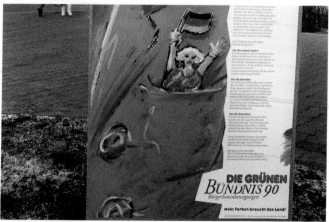

Affiche électorale de l'Alliance 90/Verts pour les élections de 1990.

Les élections communales à l'échelon des arrondissements et des communes diffèrent parfois profondément des scrutins législatifs et régionaux. Dans ce contexte, les groupes appelés les „partis de clocher", c'est-à-dire les associations d'électeurs indépendants formées en dehors des partis établis, jouent souvent un rôle important.

Le système électoral. Les élections à toutes les assemblées populaires sont générales, directes, libres, égales et secrètes. Tout Allemand âgé de 18 ans révolus a le droit de vote et est éligible. Il n'existe pas d'élections primaires. Les candidats aux élections sont choisis par les partis. Le système électoral pour les élections au Bundestag est un „droit de suffrage proportionnel personnalisé". Chaque électeur possède deux voix. Avec la première voix, il élit le candidat de sa circonscription électorale, et ce, selon le droit de vote à la majorité relative: quiconque obtient le plus grand nombre de voix est élu (premières voix). Avec sa seconde voix, l'électeur décide quel député il veut faire entrer au Bundestag par le canal des listes de Land des partis (secondes voix). Les voix des différentes circonscriptions électorales et celles allant aux listes de Land sont

Répartition des voix lors des élections au Bundestag

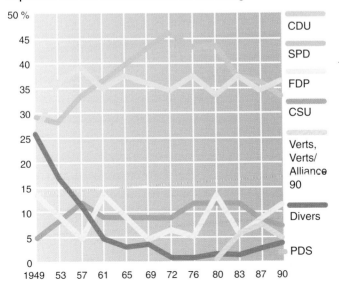

Les élections au Bundestag de 1990

Parti	Deuxièmes suffrages valables	%	Nombre de députés
CDU	17055116	36,7	268
SPD	15545366	33,5	239
F.D.P.	5123233	11,0	79
CSU	3302980	7,1	51
Verts	1788200	3,8	--
PDS	1129578	2,4	17
Alliance90/Verts	559207	1,2	8
Divers	1952062	4,3	--
Total	46455772	100	662

*(La participation électorale était de 77,8%, importance numérique des groupes parlementaires, y compris mandats excédentaires, état: 1990)

Répartition des sièges au Bundestag *

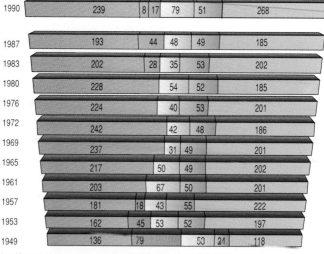

1990	239	8	17	79	51	268
1987	193	44	48	49	185
1983	202	28	35	53	202
1980	228	54	52	185
1976	224	40	53	201
1972	242	42	48	186
1969	237	31	49	201
1965	217	50	49	202
1961	203	67	50	201
1957	181	18	43	55	222
1953	162	45	53	52	197
1949	136	79	53	21	118

* au début de la législature respective ; jusqu'en 1987, y compris les députés de Berlin (Ouest)

CDU   SPD   Alliance 90 / Verts
CSU   FDP   PDS   Divers

calculées de telle manière que le Bundestag se compose pratiquement au prorata des voix obtenues par les différents partis. Si un parti a obtenu, dans les circonscriptions électorales, plus de mandats directs qu'il ne lui en revient en fonction de son pourcentage de voix, il peut conserver ses „mandats excédentaires". Dans de tels cas, le Bundestag compte plus que ses 662 députés d'aujourd'hui. Avec les listes de Land, le droit électoral s'est donné pour objectif de faire représenter au Parlement tous les partis en fonction de leur nombre de voix. En contrepartie, le scrutin direct dans la circonscription électorale donne au citoyen la chance d'opter pour un homme politique déterminé.

En règle générale, la population porte un vif intérêt aux élections. Lors des élections législatives de 1990, la participation électorale a été de 77,8 %. Pour les élections au Landtag et les élections communales, la participation électorale varie, mais elle est le plus souvent d'environ 70 %.

Adhérents et finances. En 1991, les partis représentés au Bundestag avaient le nombre d'adhérents suivant: SPD 935.000; CDU 790.000; CSU 180.000; FDP 162.000; PDS 180.000. Tous les partis perçoivent des cotisations de leurs adhérents, mais celles-ci ne peuvent permettre de couvrir leurs frais que dans une faible proportion. De même, les dons que les partis reçoivent de leurs sympathisants politiques ne suffisent pas non plus. Ils présentent en outre le risque que les donateurs essaient d'influencer l'émanation de la volonté du parti. C'est pourquoi la loi sur les partis stipule que les dons supérieurs à 20.000 DM doivent être rendus publics. En dehors de leurs ressources propres, les partis reçoivent de l'Etat des subventions pour financer leurs coûts de campagne électorale. C'est ainsi que l'Etat accorde à tous les partis qui ont obtenu au moins 0,5 % des voix dans une élection une somme de 5 DM par voix obtenue sur la base des secondes voix obtenues dans la circonscription électorale. La Cour constitutionnelle fédérale a interdit un financement des partis par l'Etat allant au-delà du remboursement des coûts de campagne électorale.

Le système juridique

Le droit de la République fédérale d'Allemagne est presque exclusivement à base de droit écrit. La majeure partie consiste en droit fédéral; celui-ci comporte plus de 4.000 lois et décrets. Outre la police et le droit communal, le droit des Länder concerne surtout les secteurs des écoles et des universités ainsi que de la presse et de la radiodiffusion. Le traité d'unification du 31 août 1990 stipule qu'à partir du 3 octobre 1990, tout le droit fédéral entre, par principe, aussi en vigueur sur le territoire de l'ancienne RDA.

Durant les quarante années de la partition, les systèmes juridiques de la République fédérale et de la RDA se sont développés dans deux directions totalement différentes. Le „droit socialiste" de la RDA était un instrument politique permettant d'imposer l'idéologie marxiste-léniniste. En 1990, une action décisive faisant suite à l'adhésion de la RDA à la République fédérale d'Allemagne a consisté à réaliser, le plus vite possible, une harmonisation juridique presque totale sur tout le territoire fédéral et, ainsi, à instaurer l'unité juridique. Cette action était aussi d'une importance fondamentale dans la perspective du redressement économique des nouveaux Länder fédérés. Pour tenir compte du développement particulier de la RDA et des structures qui s'étaient entre-temps établies dans cette région, il a fallu prévoir d'importantes réglementations d'adaptation dans presque tous les secteurs du droit.

L'Etat de droit. Du point de vue historique, le droit de la République fédérale est issu en partie du droit romain, ainsi que des nombreuses sources juridiques des différents territoires allemands. C'est au XIXème siècle qu'a été institué pour la première fois un droit privé uniforme pour l'ensemble du Reich allemand. Le Code civil et le Code de commerce garantissent jusqu'à ce jour l'esprit libéral qui présida à leur élaboration. Ils sont régis par le principe de la liberté contractuelle.

Les garanties offertes par l'Etat de droit sont surtout perfectibles dans le droit matériel et dans le droit procédural. Pour le droit pénal, le principe appliqué, qui a reçu valeur constitutionnelle dans la Loi fondamentale, est qu'un acte ne doit être sanctionné que si son caractère répréhensible a été fixé par la loi avant que l'acte ait été commis (nulla poena sine lege). C'est pourquoi il est interdit au juge pénal de pallier une absence de caractère répréhensible en appliquant des prescriptions juridiques relatives à des cas analogues ou d'appliquer des lois pénales à titre rétroactif. Un autre principe qui a également valeur constitutionnelle est que nul ne peut être condamné plusieurs fois pour le même acte en vertu du droit pénal commun.

La liberté de l'individu ne peut être restreinte en vertu d'une loi formelle. Seul le juge statue sur l'admissibilité et la durée d'une privation de liberté. Pour toute privation de liberté non ordonnée par le juge, une décision judiciaire doit être immédiatement provoquée. La police est, certes, habilitée à procéder à une arrestation provisoire, mais elle n'est pas autorisée à maintenir de son propre chef quelqu'un en détention au-delà de la fin du jour suivant l'arrestation. Chacun a le droit d'être entendu devant les tribunaux — ceci, aussi, est un élément essentiel, et ancré dans la constitution, du principe de l'Etat de droit.

L'exercice de la justice est confié à des juges indépendants et qui ne sont responsables que devant la loi. Ceux-ci ne doivent, par principe, pas être démis de leurs fonctions et ne peuvent pas faire l'objet de mutations contre leur gré. Les tribunaux d'exception sont interdits.

En Allemagne, les fondements des garanties juridiques ont été instaurés dans leur quasi-intégralité par la législation du XIXème siècle. Il s'agit surtout de la loi sur l'organisation de la justice (qui régit les structures, l'organisation et les compétences des tribunaux), du Code de procédure civile et du Code de procédure pénale. Le Code civil, entré en vigueur en 1900, ainsi que les codes de procédure civile et de procédure pénale ont été arrachés au gouvernement impérial par les forces libérales et démocratiques, au cours du dernier tiers du siècle précédent, au terme de luttes parlementaires extrêmement acharnées. Un certain nombre de codifications allemandes a servi d'exemple à des systèmes juridiques étrangers: ainsi le Code civil allemand a-t-il parrainé l'élaboration des codes civils au Japon et en Grèce.

Les citoyens et l'administration publique. Après une évolution permanente de la politique juridique qui a couvert plus d'un siècle, la Loi fondamentale a parachevé une protection juridique exhaustive contre les actes de l'autorité publique. Le citoyen a ainsi la possibilité de former un recours juridictionnel contre un acte administratif le concernant s'il estime que celui-ci le lèse dans ses droits. Ce recours est recevable contre des actes administratifs de toute nature, qu'il s'agisse d'un avis d'imposition ou d'une décision concernant les redoublements scolaires, du retrait du permis de conduire ou du rejet d'une demande de permis de construire.

La Cour fédérale de justice à Karlsruhe.

La RDA ne possedait pas de tels tribunaux administratifs; dans les nouveaux Länder, également, un contrôle exhaustif de l'administration par les tribunaux est désormais prévu. La protection juridique offerte par les tribunaux spécialisés est complétée par la possibilité, dont dispose tout citoyen, d'adresser un recours à la Cour constitutionnelle fédérale. Le recours constitutionnel est une voie de droit extraordinaire contre les violations des droits fondamentaux par l'autorité publique. Le plaignant doit faire valoir qu'il a été lésé dans l'un de ses droits fondamentaux par un acte de l'autorité publique, par exemple par une décision prise par un tribunal ou par un acte administratif. En règle générale, le recours constitutionnel ne peut être adressé qu'à condition d'avoir épuisé auparavant toutes les autres voies judiciaires devant les tribunaux spécialisés.

Le droit dans l'Etat social. La Loi fondamentale ordonne d'œuvrer à la propagation du régime d'Etat social. C'est pourquoi l'on tient maintenant beaucoup plus fortement compte qu'autrefois des besoins sociaux dans la législation. C'est dans cet esprit que, depuis la fondation de la République fédérale, une multitude de lois, en particulier dans les domaines du droit du travail et du droit social, ont été adoptées. Elles garantissent à l'individu diverses prestations financières, par exemple en cas de maladie, d'accident, d'invalidité et de chômage ainsi que lorsqu'il part à la retraite.

Le droit du travail est un exemple remarquable de la façon dont le principe de l'Etat social a été mis en valeur juridiquement. Initialement, il n'était régi que de manière concise, dans le Code civil, sous le titre du „contrat de louage de services". Aujourd'hui, le droit du travail comporte une multitude de lois et de conventions collectives. Des exemples particulièrement importants en sont la loi sur les conventions collectives, la loi sur la protection contre le licenciement, la loi sur l'organisation du travail dans les entreprises ainsi que la loi sur la cogestion et la loi sur les tribunaux du travail.

L'organisation de la justice. La justice en République fédérale se distingue par une protection juridique sans faille et une spécialisation très poussée. Elle se subdivise en cinq branches:
— La juridiction de droit commun est compétente pour les affaires pénales, les affaires civiles (par exemple en cas de litiges résultant de contrats d'achat ou de rapports de location, pour les affaires familiales et les questions d'héritage) et la juridiction gracieuse (dont font partie, par exemple, les affaires du registre foncier, d'héritage et de tutelle). On distingue quatre niveaux: le tribunal cantonal (Amtsgericht), le tribunal régional (Landgericht), le tribunal régional supérieur (Oberlandesgericht) et la Cour fédérale de justice (Bundesgerichtshof). Dans les affaires pénales, selon le genre du procès intenté, chacun des trois premiers tribunaux mentionnés (pour les affaires civiles, ou le tribunal cantonal ou le tribunal régional) peut fonctionner en première instance. Deux autres instances font suite pour l'appel et la révision.
— La juridiction du travail (avec les trois instances, tribunal du travail [Arbeitsgericht], tribunal supérieur du travail [Landesarbeitsgericht] et Cour fédérale du travail [Bundesarbeitsgericht]) est compétente pour les litiges de droit privé résultant des conventions collectives et des contrats de travail ainsi que pour les conflits relatifs à l'organisation des entreprises en vertu de la loi sur l'organisation du travail dans les entreprises. La légalité d'un licenciement, par exemple, sera examinée devant les tribunaux du travail.
— La juridiction administrative (tribunal administratif [Verwaltungsgericht], tribunal administratif supérieur [Oberverwaltungsgericht] et la Cour fédérale administrative [Verwaltungsgerichtshof] est compétente pour tous les procès du droit administratif lorsqu'ils ne relèvent pas des prérogatives de la juridiction sociale ou financière ou — à titre exceptionnel — de la juridiction de droit commun ou lorsque l'on n'est pas en présence d'un litige de droit constitutionnel.
— La juridiction sociale (tribunal du contentieux social [Sozialgericht], tribunal supérieur du contentieux social [Landessozialgericht] et

Cour fédérale du contentieux social [Bundessozialgericht]) tranchent les différends relevant de l'ensemble du domaine de la sécurité sociale.

— La juridiction fiscale (tribunal des finances [Finanzgericht] et Cour fédérale des finances [Bundesfinanzhof]) traite les affaires concernant les impôts et les perceptions.

Dans les cinq nouveaux Länder fédérés, on a conservé l'ancien système juridique pour une période transitoire. Dans cette région, ce sont donc les tribunaux d'arrondissement et les tribunaux de district qui traitent toutes les affaires attribuées, dans les anciens Länder, aux juridictions des cinq branches du droit. Quelques-uns des nouveaux Länder ont déjà rendu autonome la juridiction du travail.

En marge des cinq branches décrites ci-dessus, il existe aussi la Cour constitutionnelle fédérale, qui n'est pas seulement la cour suprême de la Fédération, mais aussi un organe constitutionnel. Elle statue sur les litiges constitutionnels.

Le système des moyens de recours est très complexe et ouvre de nombreuses possibilités de vérification. Il existe deux formes de moyen de recours contre les jugements. L'appel donne lieu à un contrôle du point de vue du droit et du fait. De nouveaux éléments factuels peuvent donc être présentés à l'instance d'appel. La révision, qui est souvent autorisée comme moyen de recours contre les appels, permet seulement de vérifier si le droit a été correctement appliqué et si les règles de procédure essentielles ont été respectées.

L'exercice de la justice en République fédérale d'Allemagne incombe à environ 20.000 juges de carrière, dont plus des trois quarts œuvrent dans la juridiction de droit commun. La majorité des juges sont nommés à vie et ils ne sont liés, dans leurs décisions, que par la loi et le droit. Au niveau des tribunaux cantonaux, les tâches de la juridiction gracieuse sont confiées essentiellement à des attachés de justice. Ce sont des fonctionnaires de justice, des cadres moyens dotés d'une formation spéciale, mais qui ne sont pas des juges. Dans certains domaines de juridiction, on trouve aussi des juges honoraires non professionnels. Grâce à leurs connaissances spécifiques et techniques — par exemple dans le domaine de la juridiction du travail ou de la juridiction sociale —, ils contribuent à rapprocher les jugements de la vie pratique. En outre, ils incarnent la responsabilité directe du citoyen envers la justice.

Les procureurs de la République, dont le nombre est supérieur à 4.000, œuvrent essentiellement dans les procédures pénales. C'est à eux qu'en cas de soupçons, il incombe d'éclaircir les faits. Ce sont eux qui décident si l'affaire doit être classée ou s'il convient de porter

Aperçu simplifié de la structure des tribunaux en République fédérale d'Allemagne

Cour constitutionnelle fédérale
2 chambres

Cours constitutionnelles des Länder fédérés

Cour fédérale de justice
- Grande Chambre des affaires civiles | Grand Chambre criminelle
- Chambres civiles | Chambres criminelles

Cour fédérale administrative
- Grande Chambre
- Chambres

Cour fédérale des finances
- Grande Chambre
- Chambres

Cour fédérale du travail
- Grande Chambre
- Chambres

Cour fédérale du contentieux social
- Grande Chambre
- Chambres

Tribunal régional supérieur
- Chambres des affaires civiles | Chambres des affaires familiales | Chambres criminelles | Chambres criminelles pour les délits graves contre l'ordre étatique

Tribunal administratif supérieur
- Chambres

Tribunal des finances
- Chambres

Tribunal supérieur du travail
- Chambres

Tribunal supérieur du contentieux social
- Chambres

Tribunal régional
- Chambres civiles commerciales | Petites Chambres correctionnelles | Grandes Chambres correctionnelles (1ère instance) | Grandes Chambres correctionnelles (2ème instance) | Chambres de la jeunesse (1ère instance) | Chambres de la jeunesse (2ème instance)

Tribunal administratif

Tribunal du travail

Tribunal du contentieux social

Tribunal cantonal
- Juge unique | Tribunal familial | Juge pénal | Tribunal répressif de juges non professionnels | Juge de la jeunesse | Tribunal répressif de juges non professionnels pour la jeunesse

---

- Juridiction civile | Juridiction criminelle
  - **Juridiction ordinaire**
- Juridiction administrative
- Juridiction des finances
- Juridiction du travail
- Juridiction du contentieux social

plainte; lors des procédures judiciaires, ils sont tenus de représenter l'accusation. Contrairement aux juges, les procureurs de la République ne sont pas indépendants sur le plan personnel et matériel et, en leur qualité de fonctionnaires, ils sont tenus de respecter les instructions de leurs supérieurs; d'étroites limites sont toutefois fixées à cette obligation de respecter les instructions.

Plus de 60.000 avocats exercent dans toutes les affaires de droit une profession libérale en tant que représentant et conseiller juridique indépendant. En représentant leurs clients devant les tribunaux, les avocats participent à l'administration de la justice. Ils sont soumis à des obligations particulières, au respect desquelles veillent des tribunaux d'honneur.

Juges de carrière, procureurs de la République et avocats doivent posséder les „compétences requises pour les fonctions de juge". Cela signifie qu'ils doivent avoir fait des études de droit suivies par un stage pratique, tous deux sanctionnés par un examen d'Etat.

La protection des données informatiques. La quasi-généralisation des techniques de traitement électronique des données dans la société industrielle moderne a fait surgir de nouveaux problèmes pour la vie et l'ordre juridiques. Des ordinateurs sont aujourd'hui utilisés pour la tenue des comptes par les banques, pour la réservation des billets par les compagnies aériennes, pour la rédaction des avis d'imposition par les perceptions ou pour la tenue de fichiers sur les délinquants par la police — l'informatique est, presque partout, devenue indispensable. Elle permet de stocker de gigantesques quantités de données de telle manière que l'on puisse les consulter à tout moment. Cette technique moderne a considérablement facilité le travail de nombreuses entreprises et autorités et elle se généralise de plus en plus dans les petits bureaux et chez les particuliers également.

Mais il est aussi, simultanément, apparu clairement que la technique moderne de traitement des données renferme des dangers. Il peut, en effet, être fait un usage abusif des données mises en mémoire, qui peuvent aussi tomber entre les mains de personnes non autorisées à s'en servir. Quiconque se trouve en possession de quantités de données suffisantes peut connaître la sphère privée d'autrui, qui doit rester inviolable.

Pour parer à de tels dangers, l'Allemagne a commencé, en 1977, à élaborer des lois fédérales et régionales pour réglementer la protection des données. Les lois déterminent les cas dans lesquels les autorités et entreprises économiques sont autorisées à stocker des données de caractère personnel. Dans tous les autres cas, le stockage de telles données est illicite. Les collaborateurs de services ou d'établissements traitant de telles données sont tenus de garder le secret. Le citoyen est en droit d'être informé par tous les services sur toutes les données stockées concernant sa personne. Il peut exiger la correction de données erronées, le blocage de données douteuses et l'effacement de données obtenues de manière illicite.

Pour contrôler le traitement électronique public des données, le président fédéral nomme, sur proposition du gouvernement fédéral, un commissaire de la Fédération pour la protection des données. Celui-ci exerce sa surveillance indépendamment des autres autorités. Tout citoyen qui, en matière de protection des données, s'estime lésé dans ses intérêts par des services publics peut saisir le commissaire en déposant une plainte. Chaque année, le chargé d'affaires de la Fédération présente au Bundestag un rapport sur ses activités. Selon ce schéma, les Länder fédérés possèdent eux aussi des chargés d'affaires pour la protection des données. Les entreprises économiques qui traitent des données doivent elles aussi nommer un commissaire pour la protection des données. Elles sont, par ailleurs, soumises au contrôle des autorités compétentes en matière de respect des prescriptions sur la protection des données.

Dans un jugement rendu en 1983, la Cour constitutionnelle fédérale a illustré clairement la dimension de droit constitutionnel que possède la protection des données. Elle a fait découler de l'article 2 de la Loi fondamentale un droit du citoyen à la libre disposition de ses données personnelles. L'individu, a dit le tribunal, a, par principe, le droit de décider lui-même de la publication et de l'utilisation de ses données personnelles. La loi fédérale sur la protection des données a fait l'objet d'amendements en 1990. A cette occasion, on a tenu compte de ce jugement et des progrès technologiques réalisés dans l'informatique. Mais, surtout, on a augmenté les droits des personnes concernées ainsi que les prérogatives de contrôle du commissaire de la Fédération pour la protection des données.

La législation allemande sur la protection des données est, à l'échelle mondiale, l'une des plus modernes et des plus exhaustives. Elle a contribué à ce que l'opinion publique prenne plus fortement conscience de la nécessité de protéger les données. La législation continuera de tenir compte des rapides mutations techniques dans l'informatique.

Les finances publiques

Un nombre croissant d'activités qui avaient autrefois un caractère privé sont aujourd'hui assumées par les pouvoirs publics et de nouvelles tâches publiques s'y sont ajoutées. L'ampleur des finances publiques a augmenté au même rythme que leur signification. Le budget public global de la République fédérale d'Allemagne ne comporte pas seulement le budget fédéral, mais, aussi, celui des Länder fédérés, des communes et des syndicats communaux ainsi que certains budgets spéciaux.

Répartition des attributions. A l'échelon le plus bas, les prestations publiques sont effectuées par les communes, qui déterminent le plus fortement la vie quotidienne du citoyen. La commune se charge de l'approvisionnement en eau, en gaz et en courant électrique, elle organise l'enlèvement des ordures ménagères et se charge des travaux de voirie. Conjointement avec le Land fédéré respectif, la commune se charge aussi de l'enseignement et d'autres activités.

Les attributions des Länder ont surtout trait au domaine culturel et, en premier lieu, à l'enseignement et à l'éducation. En outre, ils ont la charge de la police et de la santé publique.

C'est l'Etat fédéral qui supporte les plus grandes charges. Il assume la responsabilité de la sécurité sociale, de l'éducation et de la formation, des transports et des télécommunications, ainsi que de la défense tout en soutenant la science et la recherche. L'Etat fédéral est aussi compétent pour la promotion de l'énergie et de l'économie, pour l'agriculture, le logement et l'urbanisme, la santé publique, la protection de l'environnement, la sécurité intérieure ainsi que l'aide au développement.

Il existe par ailleurs des tâches communes, qui sont planifiées et financées en commun par l'Etat fédéral et les Länder. Il leur incombe en particulier d'agrandir et de construire les universités, d'améliorer la structure économique régionale, la structure agricole et la protection du littoral ainsi que d'organiser la coopération dans le domaine de la planification de l'enseignement et de l'encouragement des sciences.

La programmation financière. La loi de 1967 qui a pour but de promouvoir la stabilité et la croissance de l'économie oblige l'Etat fédéral et les Länder à orienter leur politique budgétaire en fonction des objectifs principaux de la politique économique. Ceux-ci sont:

la stabilité des prix, un haut niveau d'emploi, l'équilibre du commerce extérieur et une croissance économique constante et adéquate. L'Etat fédéral et les Länder doivent établir un plan de financement pour les domaines qui leur incombent, plan mettant en regard les recettes et les dépenses de ces budgets sur une période de cinq ans. Cette programmation financière a pour but primaire d'adapter les recettes et les dépenses publiques aux possibilités et aux besoins de l'économie nationale. Les dépenses prévues aux budgets publics doivent être harmonisées, par ordre de priorité, avec les possibilités de financement compatibles avec l'économie générale. De même, les communes doivent établir des plans de financement à moyen terme.

L'importance des budgets publics exige une étroite coordination des budgets à tous les niveaux administratifs. Le principal organe de cette coopération volontaire est le Conseil de programmation financière, créé en 1968, dont font partie la Fédération, les Länder, les communes et la Bundesbank. Le Conseil de la Conjoncture du secteur public fait aussi fonction de coordinateur et de conseiller.

Comment se répartissent les recettes? Pour faire face à leurs dépenses, l'Etat fédéral, les Länder et les communes doivent disposer de moyens financiers suffisamment élevés. Ils tirent leurs principales ressources des impôts, dont il existe plus d'une vingtaine de sortes. Mais les cinq plus importants — l'impôt sur le revenu,

Recettes fiscales en 1991
(en millions de DM, estimation)

Etat fédéral	317 791
Länder	227 848
Communes	83 667
Ressources propres de la CE	31 494
Total	660 800

Principales catégories d'impôts:

Impôts sur les salaires	214 177
Impôts sur le revenu établis par voie de rôle	41 532
Impôts sur le chiffre d'affaires, impôts sur le chiffre d'affaires aux importations	179 646
Taxes sur les carburants	47 266
Impôt sur le tabac	19 591

Un projet public: le Klinikum d'Aix-la-Chapelle.

l'impôt sur les bénéfices des sociétés, l'impôt sur le chiffre d'affaires, l'impôt sur les huiles minérales et l'impôt sur les exploitations — représentent au total plus de quatre cinquièmes du produit global de l'impôt. Aujourd'hui, l'Etat fédéral dispose de près de la moitié des rentrées d'impôts.

La répartition du produit de l'impôt doit tenir compte des tâches à accomplir aux trois niveaux de l'administration publique. Les impôts sur le revenu, sur les bénéfices des sociétés et sur le chiffre d'affaires sont des «impôts collectifs»; ils sont répartis entre l'Etat fédéral et les Länder selon un barème fixé (et sujet à révision périodique en ce qui concerne l'impôt sur le chiffre d'affaires). Une partie de l'impôt sur le revenu va également aux communes. A titre de compensation, elles doivent verser à l'Etat fédéral et aux Länder une partie de l'impôt sur les exploitations industrielles et commerciales, un impôt autrefois purement communal. Une autre partie de l'impôt, à savoir de l'impôt sur le chiffre d'affaires, va à la CE.

D'autres impôts vont respectivement à un seul échelon administratif. Les recettes provenant de monopoles financiers (par exemple le monopole sur les eaux de vie) et, surtout, quelques accises et impôts sur la circulation (par exemple la taxe sur les huiles minérales, l'impôt sur le tabac et les impôts sur les transferts de capitaux) sont des revenus de l'Etat fédéral.

Les Länder disposent du produit de l'impôt sur les véhicules à moteur, sur la fortune, sur les successions et sur la bière ainsi que d'autres impôts mineurs.

Les communes tirent leurs ressources de l'impôt sur les exploitations industrielles et commerciales, après déduction de la part de l'Etat fédéral et des Länder, de l'impôt foncier et des impôts locaux sur les biens de consommation et sur les signes extérieurs de richesse.

Les impôts les plus productifs sont les impôts sur le salaire et le revenu. Pour l'Allemand moyen, ce sont eux qui constituent la charge la plus lourde. Ils sont déduits directement des salaires et des traitements des salariés, ouvriers, employés et fonctionnaires, par leur employeur qui les verse directement au fisc. Le pourcentage de l'impôt augmente en fonction du revenu; après déduction de certaines sommes non imposables, il varie actuellement entre 19 et 53 %.

Parallèlement au produit de l'impôt, l'emprunt est une autre possibilité de financement des dépenses publiques. En 1991, l'endettement des budgets publics de la République fédérale s'élevait au total à 1.203 milliards de DM: cela représente près de 15.000 DM par habitant. La dette publique a donc atteint un niveau élevé. Grâce à une politique d'épargne rigoureuse, le nouvel endettement contracté aux trois niveaux budgétaires de l'Etat a toutefois pu être réduit au cours des années précédant la réunification de l'Allemagne.

La péréquation financière. Leurs structures économiques et leurs conditions d'existence n'étant pas les mêmes, les Länder ont tous une capacité fiscale différente. Certains Länder disposent ainsi de puissants moyens financiers — comme le Bade-Wurtemberg, Hambourg ou la Hesse — tandis que d'autres ont des capacités financières plus faibles — comme la Basse-Saxe, la Sarre, le Schleswig-Holstein ou Brême. Les différences de capacité financière sont largement compensées grâce à un système de «péréquation financière horizontale». Celle-ci est réalisée en partie par une répartition différenciée de la part de l'impôt sur le chiffre d'affaires des Länder et en partie par des versements compensatoires des Länder à forte capacité financière vers les Länder à faible capacité.

Une «péréquation financière verticale» s'effectue entre les Länder et les communes. Le produit des impôts locaux et d'autres ressources ne suffit pas aux communes pour faire face à leurs engagements. Celles-ci sont donc toujours tributaires des subventions des Länder, qui sont en partie assorties d'obligations et en partie utilisables librement par les communes. Cette péréquation financière communale est ainsi conçue qu'elle atténue les disparités entre communes à forte capacité fiscale et les communes à faible capacité fiscale.

Problèmes financiers inhérents à l'unification allemande. Avec l'unification de l'Allemagne, en 1990, le système financier allemand a été confronté à des problèmes particuliers d'intégration

Budget fédéral 1992

Recettes: 422,1 milliards de DM   Dépenses: 422,1 milliards de DM

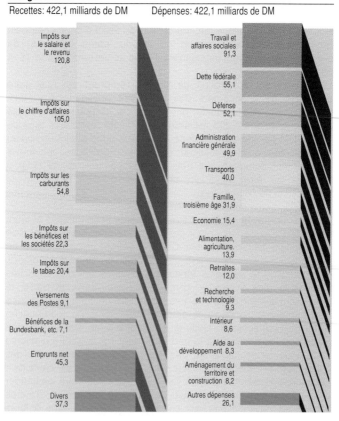

Recettes:
- Impôts sur le salaire et le revenu 120,8
- Impôts sur le chiffre d'affaires 105,0
- Impôts sur les carburants 54,8
- Impôts sur les bénéfices et les sociétés 22,3
- Impôts sur le tabac 20,4
- Versements des Postes 9,1
- Bénéfices de la Bundesbank, etc. 7,1
- Emprunts net 45,3
- Divers 37,3

Dépenses:
- Travail et affaires sociales 91,3
- Dette fédérale 55,1
- Défense 52,1
- Administration financière générale 49,9
- Transports 40,0
- Famille, troisième âge 31,9
- Economie 15,4
- Alimentation, agriculture. 13,9
- Retraites 12,0
- Recherche et technologie 9,3
- Intérieur 8,6
- Aide au développement 8,3
- Aménagement du territoire et construction 8,2
- Autres dépenses 26,1

économique et financière. Le traité d'unification allemande prévoyait d'intégrer le plus possible, dès le début, les nouveaux Länder fédérés dans le système financier de la Loi fondamentale. Depuis 1991, dans les nouveaux Länder, on applique par principe les mêmes réglementations que dans l'ancienne République fédérale pour l'économie budgétaire et la répartition des impôts. Un organisme, le Fonds «Unité allemande», a été institué pour garantir un financement approprié des nouveaux Länder et de leurs communes. Ce fonds est financé en commun par l'Etat fédéral et les anciens Länder fédérés — en majeure partie sur le marché des capitaux.

Pour une période transitoire allant jusqu'à fin 1994, ce fonds remplace une péréquation financière panallemande entre les différents Länder. A partir de 1995, les relations financières entre l'Etat fédéral et la totalité des seize Länder seront réorganisées de fond en comble. Outre les aides utilisables librement, obtenues par le biais du Fonds «Unité allemande», les Länder et les communes se trouvant sur le territoire de l'ancienne RDA obtiennent, de la part de la Fédération, de multiples autres aides assorties d'obligations. Pour financer les mutations structurelles dans les nouveaux Länder, il a été nécessaire d'augmenter le nouvel endettement des budgets publics (en particulier de l'Etat fédéral). Des efforts systématiques de consolidation devront permettre de diminuer de nouveau considérablement le nouvel endettement au cours des prochaines années.

La fonction publique

Pour la majorité des gens, l'Etat représente une notion abstraite. Celui-ci ne prend vraiment forme que lorsqu'il s'incarne dans l'un des «serviteurs de l'Etat» qui assurent les multiples prestations de la Fédération, des Länder et des communes. Dans les anciens Länder fédérés, plus de 4,6 millions d'hommes travaillent dans la fonction publique, soldats non compris. Ce nombre augmentera encore lorsque la reconstruction de la fonction publique dans l'ancienne RDA sera achevée.

Les services publics emploient les catégories les plus diverses de travailleurs: fonctionnaires ministériels et éboueurs, maîtres-nageurs et professeurs, juges et infirmières, agents de police, enseignants et conducteurs de locomotive.

Au fil des années, la fonction publique a dû assurer nombre de fonctions nouvelles. Aujourd'hui, outre l'administration proprement dite, la fonction publique se charge de l'éducation publique, de multiples organismes publics, de la protection de l'environnement, etc. Pour cela, il a fallu recruter de plus en plus d'agents: en 1950, 9 % de la population active appartenaient à la fonction publique alors que ce nombre est aujourd'hui d'environ 17 %. 40 % des agents des services publics sont des fonctionnaires, le reste étant des ouvriers et des employés.

Le fonctionnariat. Le corps des fonctionnaires est une singularité allemande qui s'est développée depuis le XVIIIème siècle. La Loi fondamentale a garanti expressément cette institution éprouvée et confie aux fonctionnaires l'exercice «de prérogatives de puissance publique». La fonction publique a pour but de garantir à tout moment l'accomplissement des tâches publiques, et ce, avec la plus grande fiabilité et à l'écart de toute influence extérieure. La police, les services des contributions ou les ministères accomplissent par exemple des tâches de puissance publique. Les fonctionnaires exercent par exemple des prérogatives de puissance publique lorsqu'ils décident de faire démolir une maison qui menace de s'écrouler, condamnent à une amende ou poursuivent un délinquant l'arme au poing.

Le fonctionnaire est lié à l'administration par un «rapport de service et de dévouement de droit public», qui est régi par une loi. Le fonctionnaire est astreint à une fidélité spéciale vis-à-vis des pouvoirs publics. Il doit être prêt à s'engager, à tout moment, en faveur de l'ordre libéral et démocratique. Dans l'exercice d'activités politiques, on attend des fonctionnaires qu'ils fassent preuve de modération et de réserve. Ils ont, certes, le droit de se regrouper en syndicats professionnels, mais non pas de faire grève. Des droits particuliers font pièce à leurs obligations particulières. En règle générale, les fonctionnaires sont nommés à vie. Durant leur vie active et leur vie de retraité, eux et leur famille ont droit à une assistance fournie par l'Etat. Lorsqu'ils atteignent l'âge de la retraite ou s'ils ne sont plus aptes au service, les fonctionnaires reçoivent une pension. Les rémunérations sont hiérarchisées en «quatre groupes de carrières»: le service inférieur, le service moyen, le service moyen supérieur et le service supérieur. L'accès aux différents services est conditionné par la formation scolaire et, le cas échéant, universitaire; ainsi exige-t-on en principe, pour le service supérieur, l'achèvement d'études supérieures.

Sur le plan juridique, les juges et les soldats ne sont pas considérés comme des fonctionnaires. Néanmoins, leur droit de service est pratiquement identique aux principes du droit des fonctionnaires. Leur statut particulier résulte de l'indépendance du juge et des exigences de la discipline militaire.

Les ouvriers et les employés. Les ouvriers et les employés de la fonction publique sont, à bien des égards, placés sur un pied d'égalité avec leurs collègues de l'économie privée. Ainsi doivent-ils verser des cotisations à la sécurité sociale et ne sont-ils pas, a priori, nommés à vie; ce n'est qu'au bout de quinze années de service et après avoir atteint l'âge de 40 ans qu'ils obtiennent la garantie de l'emploi. Leur recrutement est confirmé par un contrat et la teneur en est définie essentiellement par les conventions collectives. Contrairement aux fonctionnaires, ils ont le droit de faire grève alors que, sous de nombreux aspects, leur statut de travail s'est de plus en plus rapproché de celui des fonctionnaires. Ainsi doivent-ils également respecter le secret professionnel, être incorruptibles et respecter la constitution. Au XIXème siècle, il n'y avait que peu d'ouvriers dans la fonction publique. Leur nombre a ensuite commencé à augmenter au fur et à mesure que les services communaux prenaient de l'importance pour le citoyen.

La sécurité intérieure

La police des Länder. La police se compose des services de la sécurité publique, de la police judiciaire, la police fluviale et la police d'intervention. Les services de la sécurité publique sont compétents pour la lutte contre la criminalité, de la prévention du crime à la poursuite pénale. C'est avec les services de la sécurité publique que les citoyens entrent le plus fréquemment en contact, car ils surveillent également la circulation.

La police judiciaire a également pour but de prévenir et d'élucider les délits. Alors que les services de la sécurité publique se consacrent essentiellement aux cas de criminalité bénigne et moyenne, l'attention particulière de la police judiciaire porte sur les crimes et délits dangereux, qui sont commis en bandes, de façon rémunératrice ou en série: attentat aux moeurs, vol avec agression, chantage, vol grave et meurtre, délits de stupéfiants et de fausse monnaie. La police judiciaire dispose — en partie conjointement avec les services de la sécurité publique — d'unités spéciales qui sont utilisées en première ligne pour la lutte contre les terroristes, lors de prises d'otages, pour les mesures de protection en cas d'événements particuliers ainsi que pour les observations et les recherches de criminels.

La police fluviale surveille la navigation fluviale professionnelle et la circulation des bateaux de plaisance. Elle règle la circulation sur les voies navigables et, ici, en particulier, régit les transports de produits dangereux.

La police d'intervention constitue la relève policière et vient en aide aux services de la sécurité publique et à la police judiciaire lors des visites d'hommes d'Etat, des manifestations, des grands événements sportifs ou commerciaux ainsi que lors de catastrophes. La police d'intervention est formée et mobilisée en unités fermées. Elle est logée dans des casernes. La police d'intervention des anciens Länder fédérés compte environ 25.000 fonctionnaires; dans les nouveaux Länder, la police d'intervention (environ 3.000 fonctionnaires en 1991) se trouve encore en cours de création.

La police de la Fédération – La Protection fédérale des frontières. La Protection fédérale des frontières (Bundesgrenzschutz/BGS) est une police de la Fédération qui est placée sous l'autorité du ministre fédéral de l'Intérieur. Les effectifs de la BGS sont actuellement d'environ 30.000 hommes. La BGS protège les frontières de la

Femme agent de police en patrouille.

République fédérale d'Allemagne, ce qui implique la lutte contre le terrorisme international et la criminalité des stupéfiants par des recherches ciblées de criminels aux passages de frontière et un contrôle d'identité pour réprimer l'immigration illégale d'étrangers. Parmi ces prérogatives figure également la protection des objets (par exemple de la Présidence fédérale et de la Chancellerie fédérale, des ministères et de la Cour constitutionnelle fédérale, à Karlsruhe). Dans les nouveaux Länder fédérés, la BGS assume en outre les fonctions de police ferroviaire et surveille les aéroports civils. Les Länder peuvent faire appel à la BGS comme réserve d'intervention lors de grands événements tels que les visites d'hommes d'Etat.

L'Office fédéral de la police criminelle. L'Office fédéral de la police criminelle (Bundeskriminalamt/BKA), dont le siège est à Wiesbaden et qui dispose d'une antenne centrale dans les environs de Bonn, est l'organisme fédéral chargé de réprimer la criminalité et de faciliter la coopération, dans ce domaine, entre la Fédération et les Länder. Le BKA entre en action lorsque des délinquants opèrent au-delà des frontières d'un Land ou à l'échelle internationale. Il réunit les informations et les documents utiles à la lutte contre la criminalité par la police judiciaire afin de les exploiter; il est l'instance centrale pour la recherche sur la criminologie et les techniques criminelles. Le BKA fait fonction de bureau central national de l'Organisation internationale de la police criminelle (Interpol) en Allemagne.

Dans les cas graves de criminalité, les spécialistes du BKA assument même la poursuite judiciaire. Cela vaut en particulier pour le trafic international d'armes et de stupéfiants ainsi que pour le terrorisme. Lors des recherches criminelles à grande échelle, le BKA vient en aide à la police des Länder fédérés. Le groupe de sécurité du BKA en poste à Bonn a pour tâche de veiller à la protection des organes constitutionnels de la Fédération et de leurs hôtes étrangers.

Les organes de protection de l'ordre constitutionnel. La Loi fondamentale définit comme protection de la constitution la protection de l'ordre démocratique et libéral. Afin d'assurer une protection efficace de l'ordre constitutionnel, les organes compétents de la Fédération et des Länder collectent des informations concernant les mouvements extrémistes et les tendances pouvant mettre en péril la sécurité de l'Etat, informations qu'ils exploitent pour le compte des gouvernements de la Fédération et des Länder, des organes exécutifs et des tribunaux. Un autre champ d'action des organes de protection de l'ordre constitutionnel est le contre-espionnage ou la lutte contre les activités déployées sur le territoire de la République fédérale d'Allemagne par les services secrets des puissances étrangères.

L'administration fédérale chargée de la protection de la constitution, qui fait en même temps office de bureau central pour l'exploitation des informations relatives à la protection de la constitution, est l'Office fédéral pour la protection de la constitution (Bundesamt für Verfassungsschutz/BfV), à Cologne. Le BfV est subordonné au ministre fédéral de l'Intérieur. Il travaille en commun avec les autorités des Länder chargées de la protection de la constitution. La «Protection de la constitution» est un service de contre-espionnage qui n'est investi d'aucun pouvoir exécutif policier et qui ne doit donc interroger ou arrêter personne.

Le contrôle des organes de protection de la constitution au niveau de la Fédération et des Länder est assuré par les ministres de tutelle, les parlements et les délégués à la protection des données informatiques. La protection de la constitution est en outre soumise au contrôle des tribunaux.

La politique extérieure

En 1990, par libre autodétermination, le peuple allemand a recouvré son unité. Ceci s'est effectué pacifiquement et avec l'appui de ses amis et partenaires à l'Ouest et à l'Est. Avec la signature du traité portant règlement définitif concernant l'Allemagne (le Traité «Deux-plus-Quatre»), le 12 septembre 1990, à Moscou, l'après-guerre est arrivé à expiration. Ce traité garantit que, après l'instauration de son unité, le 3 octobre 1990, l'Allemagne n'ait plus à assumer l'hypothèque de questions en suspens en ce qui concerne son statut en matière de politique étrangère et de sécurité et qu'elle soit souveraine. Dix articles régissent les aspects extérieurs de l'unification. Quarante-cinq ans après la fin de la guerre, on a ainsi mis fin à la division de l'Allemagne et, partant, à la division de l'Europe. Pour l'Allemagne unifiée, la responsabilité est devenue plus lourde: responsabilité envers la poursuite de l'unification européenne en coopération avec l'Amérique du Nord, mais aussi envers le développement de l'Europe centrale et orientale ainsi que du tiers monde. La politique allemande est et reste avant tout une politique de paix. Pour les Allemands, penser en termes d'Etat national appartient au passé.

La base de la politique étrangère allemande reste l'intégration durable de la République fédérale dans le cercle des démocraties libérales, son affiliation à la Communauté européenne (CE) et à l'Alliance atlantique (OTAN). Il en résulte quatre grandes lignes d'action en matière de politique étrangère: la poursuite de l'œuvre d'unification européenne, la poursuite du développement de l'OTAN, la stabilisation et le soutien des processus de réformes en Europe centrale et orientale ainsi que, enfin, le partenariat avec les pays du tiers monde.

La République fédérale d'Allemagne veut contribuer à faire progresser la paix dans le monde. Etant l'un des grands Etats industriels et commerciaux avec des ramifications à l'échelle de la planète, elle est, en outre, tributaire d'un système économique mondial qui soit stable et viable. Sa politique a pour objectif, sur la base d'un dialogue fertile, d'instaurer une péréquation des intérêts entre le Nord et le Sud, entre les pays industrialisés et les pays en développement.

A l'heure actuelle, la République fédérale d'Allemagne entretient des relations diplomatiques avec presque tous les Etats du monde. Elle possède plus de 230 missions diplomatiques à l'étranger, auxquelles s'ajoutent neuf représentations auprès d'organisations internationales et supranationales ainsi que deux représentations auprès de puissances protectrices.

L'unification européenne. Depuis sa création, la République fédérale d'Allemagne est l'une des chevilles ouvrières de l'unification européenne. Conjointement avec la Belgique, la France, l'Italie, le Luxembourg et les Pays-Bas, elle a fondé, en 1952, la Communauté européenne du Charbon et de l'Acier (CECA) et, en 1957, la Communauté économique européenne (CEE) ainsi que la Communauté européenne de l'Energie atomique (EURATOM).

En 1967, ces trois institutions ont été fondues pour donner naissance à la Communauté européenne (CE). La CE s'est muée en une organisation supranationale possédant ses propres organes et dont les décisions ont, en partie, directement force de droit dans les Etats membres.

Pour accomplir ses missions, la CE possède toute une série d'institutions. Les plus importantes en sont

— le Parlement européen, élu au scrutin direct par la population depuis 1979 et qui a, peu à peu, obtenu d'importants droits de regard,

— le Conseil européen des chefs d'Etat et de gouvernement des Etats de la CE, qui statue sur les questions de principe de la politique européenne,

— le Conseil des ministres de la CE, qui statue sur la politique de la Communauté en tant que législateur de la CE,

— la Commission-CE en tant qu'«exécutif de la Communauté». Elle est indépendante des gouvernements, garantit le respect des règles de la Communauté et élabore des propositions pour le développement ultérieur de la politique communautaire, et

—la Cour de européenne de justice, qui est compétente pour le respect du droit lors de l'application et de l'interprétation des traités communautaires. Par sa jurisprudence, elle a contribué de façon essentielle à perfectionner le droit européen.

Depuis sa fondation, la CE possède un grand rayonnement, en tant que communauté économique, certes, mais aussi et surtout en tant que force politique et que communauté de valeurs démocratique. Les six Etats fondateurs de la CE ont été rejoints, jusqu'en 1986, par la Grande-Bretagne et le Danemark, l'Irlande et la Grèce ainsi que le Portugal et l'Espagne. Depuis l'unification allemande, la Communauté compte environ 340 millions d'habitants. Dès le début, l'objectif ultime a été de transformer la Communauté européenne en une union politique. Avec les résultats du Conseil européen de Maastricht, les 9 et 10 décembre 1991, un grand pas a été fait dans cette direction. A l'avenir, la Communauté prendra le nom d'Union européenne.

La clef de voûte de l'Union sera la politique extérieure et de sécurité commune. Elle est l'émanation de la Coopération politique européenne (CPE), qui, après des débuts modestes il y a plus de vingt ans, est devenue un important instrument de la politique étrangère européenne et le deuxième pilier de l'œuvre d'unification. Comme fixé dans l'Acte unique européen de 1986, elle reprend les grandes lignes de la CPE, mais de nouveaux aspects, déterminants, seront ajoutés. Parmi ceux-ci figurent notamment le principe du vote à la majorité et, pour la première fois, l'ancrage de la dimension de politique de sécurité et de défense que possède le processus d'intégration. Ceci constitue une véritable percée par rapport à l'Acte unique européen. Ceci a considérablement renforcé l'identité des Européens sur le plan de la politique étrangère et de sécurité. Simultanément, la base solide de l'Alliance et du partenariat transatlantique s'en est vue élargie et, enfin, la Communauté et ses Etats membres peuvent fournir une contribution déterminante à la stabilisation du système de sécurité paneuropéen.

Les conférences intergouvernementales sur l'Union politique et sur l'Union économique et monétaire ayant été menées à bonne fin par le Conseil européen de Maastricht, une étape décisive a été franchie dans la voie de l'achèvement de l'intégration européenne: les jalons sont posés pour instaurer une monnaie unique avant même la fin de cette décennie. La Communauté deviendra ainsi le premier espace économique du monde. Des aspects novateurs sur le plan politique en sont notamment

— la fusion des traités communautaires en un «Traité sur l'Union politique»,

— la politique extérieure et de sécurité commune,

— l'augmentation des droits de regard du Parlement européen,

— l'intégration de la politique intérieure et de justice dans le traité et

— l'ouverture de la porte menant à l'Union sociale.

Presque toutes les barrières douanières et commerciales entre les Etats membres de la CE sont tombées. Le 31 décembre 1992, le marché unique européen entrera en vigueur. Ce sera la naissance d'un grand marché avec libre circulation des personnes et des marchandises, des services et des capitaux, un marché dont les dimensions seront comparables à celles du marché de l'Amérique du Nord. Dès aujourd'hui, des impulsions de croissance émanant du marché unique sont tangibles dans l'économie tournée vers les exportations.

En tant que modèle de regroupement de peuples libres, la Communauté européenne a fourni de manière impressionnante la

1991: le Conseil européen pose les jalons à Maastricht.

preuve de son attrait. Mais l'Europe va bien au-delà de l'actuelle Communauté. De nombreux et importants Etats européens ont déjà demandé à s'affilier à la CE ou envisagent de le faire. Selon la lettre et l'esprit des Traités de Rome et selon l'idée qu'elle se fait d'elle-même, la Communauté est ouverte à tout Etat européen démocratique. En vertu du développement permanent et dynamique de ses structures, elle s'arme en vue des négociations imminentes sur l'adhésion et de l'association des nouvelles démocraties d'Europe centrale et orientale qui sont entamées dans la perspective de l'adhésion. Dès 1993, les Etats de la zone de libre-échange de l'AELE (Autriche, Suisse, Suède, Norvège, Finlande, Islande et Liechtenstein) s'associeront avec la CE pour donner naissance à l'Espace économique européen (EEE) et participeront ainsi au marché unique.

Au cours des décennies de son développement, la Communauté européenne a contribué à renforcer la liberté et la démocratie en Europe. En sa qualité de plus puissant membre économique de la CE, l'Allemagne fournit des contributions financières considérables à l'extension de la Communauté. A l'avenir, aussi, l'Allemagne veut encourager au mieux de ses forces l'intégration ultérieure de la Communauté.

La politique allemande aspire à faire en sorte que la Communauté européenne devienne une Union européenne et, un jour, les Etats Unis d'Europe.

Vis-à-vis du monde extérieur, la Communauté européenne mène une politique commerciale ouverte sur le monde. Elle prône un régime d'économie mondiale à caractère d'économie de marché et refuse les tendances au protectionnisme. Elle cultive ses relations économiques et commerciales avec les pays tiers sur la base d'un dense réseau d'accords commerciaux et d'accords de coopération et d'association. Un modèle à suivre pour la coopération dans un esprit de partenaires avec les pays en développement est la Convention de Lomé, passée avec 69 Etats d'Afrique, des Caraïbes et du Pacifique, les Etats ACP.

Une nouvelle ère de la coopération paneuropéenne a été instaurée avec le sommet de la CSCE tenu en novembre 1990 à Paris. Avec la «Charte de Paris pour une nouvelle Europe», signée à cette occasion, on a définitivement surmonté la confrontation Est-Ouest et jeté les bases à l'unité de l'Europe à laquelle aspire l'Allemagne, en vertu d'une conception commune des droits de l'homme, de la démocratie et de l'Etat de droit. Le respect sans restriction des droits de l'homme, de la liberté et de l'autodétermination, respect auquel se sont engagés tous les Etats participants à la CSCE, sont les fondations sur lesquelles devra être érigée la nouvelle Europe. C'est pourquoi l'un des objectifs de la politique étrangère allemande consiste aussi, outre la CE, à conférer une plus grande marge d'action à la CSCE et à ses institutions.

Il était important, pour l'Allemagne, en vue de la coopération future avec ses voisins orientaux, de consolider par des accords contractuels les relations établies. Les traités entre-temps passés avec la Russie, la Pologne, la Tchécoslovaquie et d'autres Etats d'Europe centrale et orientale sont l'expression de cette volonté. Les relations de l'Allemagne avec les Etats successeurs de l'ancienne Union soviétique revêtent une signification cruciale pour toute l'Europe. Pour la politique allemande, il est particulièrement important de réunir les conditions matérielles à l'unité de l'Europe et de contribuer à ce que s'imposent les valeurs fondamentales de la démocratie et de l'Etat de droit. Dans leur objectif consistant à instaurer des régimes libéraux et d'économie de marché, les peuples de l'Europe de l'Est, du centre et du Sud-Est auront besoin de l'aide solidaire de tout l'Ouest. Dès le début, l'Allemagne a encouragé énergiquement le processus de réformes dans ces pays. Des aides financières qui ont dépassé 90 milliards de DM rien que pour la période de 1989 à 1991 attestent cette volonté. De ce fait, l'Allemagne figure au premier rang des pays donateurs. En dernier ressort, cette aide ne profitera pas seulement aux habitants de ces pays, mais à tous ceux de l'Europe entière. L'Allemagne prône la

Le chancelier Kohl et le président Bush à la Maison blanche, en 1991.

pluralité dans une Europe plus grande. La volonté d'autodétermination en Europe de l'Est pourra s'établir avec d'autant plus de stabilité qu'elle rencontrera des structures paneuropéennes plus nombreuses et bénéficiera d'une solidarité paneuropéenne.

L'Alliance atlantique et les partenaires de l'Alliance. L'Alliance atlantique de l'OTAN était et est la clef et la condition sine qua non à la sécurité de ses membres en Europe et en Amérique du Nord. La République fédérale d'Allemagne est devenue membre de l'OTAN en 1955. Dès lors, la paix et la liberté furent garanties. D'emblée, toutes les unités opérationnelles de la Bundeswehr ont été placées sous le commandement suprême de l'OTAN. La volonté et la capacité de défense de tous les Etats membres de l'OTAN ont garanti, pendant des décennies, l'existence des démocraties libérales. Ce faisant, l'OTAN a mis en œuvre le double concept adopté dans le rapport Harmel en 1967, double concept de défense assurée et de volonté de dialoguer avec les Etats du Pacte de Varsovie. De ce fait, l'Alliance a contribué, à un degré élevé, aux mutations survenues en Europe et en Allemagne. Entre-temps, les mutations politiques en Europe ont fait se résorber la confrontation entre l'Est et l'Ouest. Malgré des risques résiduels, la situation s'est considérablement améliorée sur le plan de la sécurité.

Les relations avec les Etats occidentaux. L'Allemagne et l'Europe restent très étroitement liées avec les démocraties de l'Amérique du Nord. Le partenariat transatlantique est la concrétisation d'intérêts et valeurs vitaux qui leur sont communs. On ne compte plus les multiples liens d'origine historique, mais aussi humains, culturels et politiques entre l'Europe, d'une part, et les Etats-Unis et le Canada, d'autre part. Le rôle et la responsabilité des Etats-Unis et du Canada en Europe et pour l'Europe demeureront donc, à l'avenir aussi, d'une signification existentielle pour la paix et la sécurité du continent et, par conséquent, de l'Allemagne aussi. L'OTAN reste une alliance de sécurité entre l'Europe et l'Amérique du Nord, à laquelle on ne peut renoncer. Les sommets semestriels et les nombreuses consultations bilatérales donnent en permanence des impulsions nouvelles aux relations particulières franco-allemandes instaurées par le chancelier fédéral Konrad Adenauer et le président Charles de Gaulle avec le Traité de l'Elysée de 1963. Ces dernières années, les questions du processus d'unification européenne ont occupé le devant de la scène, processus que le chancelier fédéral Helmut Kohl et le président François Mitterrand ont fait progresser de façon décisive par leurs initiatives communes. Après l'unification de l'Allemagne, la France s'est engagée également, sur le plan économique et culturel, dans les nouveaux Länder fédérés. Une garantie de stabilité de l'amitié franco-allemande est donnée par les relations entre les citoyens (plus de 1.400 jumelages de villes, 2.000 jumelages d'écoles, coopération régionale) ainsi que par les étroits liens économiques mutuels entre les deux pays, qui sont, l'un pour l'autre, le partenaire commercial numéro un.

La coopération avec les autres Etats occidentaux, elle aussi, n'a cessé de s'approfondir. Des sommets sont organisés tous les six mois avec la Grande-Bretagne. De façon analogue, l'Allemagne reste en contact avec ses autres partenaires occidentaux sous forme d'un dense filet de traités, consultations et visites mutuelles.

D'étroits rapports bilatéraux unissent aussi Israël et l'Allemagne. Les relations sont intenses et bonnes à tous les niveaux et dans presque tous les domaines; depuis l'ouverture de relations diplomatiques, en 1965, elles se sont transformées en une amitié authentique sur de nombreux plans.

La politique à l'égard du tiers monde. Malgré les lourdes hypothèques financières inhérentes à l'unification de l'Allemagne, la coopération économique avec les pays d'Afrique, d'Asie et d'Amérique latine restera un élément important de la politique étrangère allemande. Ceci constitue un intérêt vital de l'Allemagne.

Depuis de nombreuses années, la République fédérale d'Allemagne entretient avec les Etats du tiers monde des relations sur la base de partenaires égaux en droits. Elle soutient leur exigence d'indépendance et de développement autonome. Ce faisant, le gouvernement fédéral s'engage pour un monde dans lequel toutes les nations peuvent déterminer elles-mêmes leur mode de vie politique, économique et culturel et dans lequel elles peuvent coopérer entre partenaires.

La tâche majeure à l'échelle internationale consiste à résorber le clivage de prospérité entre pays industrialisés et pays en développement. L'Allemagne veut y fournir sa contribution, en particulier sous forme d'aides en faveur des pays les moins avancés. Conjointement avec ses partenaires de la CE, elle entretient le dialogue entre les pays industrialisés et les pays en développement et concourt à la lutte contre la famine et la paupérisation afin d'améliorer les conditions de vie.

La République fédérale d'Allemagne a fourni des cotisations croissant en permanence au titre de l'aide au développement, sachant fort bien que, elle aussi, a reçu de l'extérieur une aide à sa reconstruction après le désastre de la Seconde Guerre mondiale. De 1950 à 1990, la République fédérale a dépensé près de 355 milliards de DM pour l'aide au développement sous forme de ressources publiques et privées.

L'affiliation aux Nations Unies. Dans les relations de l'Allemagne avec les Nations Unies, aussi, le jour de la réunification sera un jour à marquer d'une pierre blanche. Depuis le 3 octobre 1990, les intérêts de tous les Allemands sont défendus auprès de l'ONU par une seule et unique mission diplomatique.

Avec la disparition des réserves quadripartites, les derniers vestiges d'un statut particulier de l'Allemagne aux Nations Unies font partie de l'histoire. L'Allemagne a aujourd'hui, à tout point de vue, tous les droits et tous les devoirs d'un Etat membre à part entière.

Un objectif important de la politique étrangère allemande consiste à continuer de conforter le rôle joué par les Nations Unies en tant que forum d'action central de la communauté internationale. Ce n'est qu'ainsi que cette organisation mondiale sera en mesure de donner une réponse appropriée aux défis planétaires que sont, par exemple, la prévention des conflits, la politique démographique et la protection de l'environnement. Cela vaut en particulier pour le secrétaire général de l'ONU, qui devra être mis en mesure, par le renforcement de son statut, de jouer encore plus efficacement le rôle qui lui incombe dans la prévention des conflits.

Les expériences faites au cours de sa propre histoire ont engagé de façon toute particulière l'Allemagne envers l'Etat de droit libéral et les droits de l'homme. C'est pourquoi, dans le monde entier, la politique allemande s'inspire des principes des droits de l'homme et de la dignité de l'homme.

La politique culturelle étrangère. La politique culturelle étrangère est l'une des clefs de voûte de la politique étrangère allemande. Elle a, notamment, pour objectifs

— de brosser pour l'étranger un portrait de la République fédérale d'Allemagne et de ses prestations culturelles qui soit exhaustif et autocritique et reflète la diversité d'opinion démocratique, mais qui respecte aussi toutes les valeurs intellectuelles de notre peuple,

— de promouvoir la connaissance et la propagation de la langue allemande dans le monde, et,

— sur la base d'une coopération entre partenaires, de cultiver les échanges culturels avec les Etats étrangers.

La politique culturelle étrangère veut résorber des idées préconçues et encourager le respect mutuel entre les peuples. Ce faisant, elle encourage la coopération dans les domaines politique et économique. Dans la politique culturelle étrangère, le Ministère des Affaires étrangères coopère avec les gouvernements de Land, les Eglises, les syndicats et les fédérations sportives ainsi que les fondations proches des partis politiques et de nombreuses autres organisations.

L'Allemagne a passé des accords culturels avec 68 Etats, accords qui constituent le cadre à la coopération culturelle. Cependant, il existe aussi de fréquents échanges culturels avec la majorité des autres Etats. La mise en œuvre pratique de la politique culturelle étrangère incombe, dans une grande mesure, aux organisations médiatrices qui œuvrent sous leur propre responsabilité dans le cadre des objectifs de politique étrangère donnés par le gouvernement fédéral.

D'importantes organisations dans ce domaine sont

— l'Institut Goethe, qui entretient 147 filiales à l'étranger et 16 filiales en Allomagne. Ses tâches majeures consistent à cultiver la langue allemande à l'étranger et à encourager la coopération culturelle internationale;

— le Service allemand d'Echanges universitaires (DAAD), qui est compétent pour les échanges d'hommes de science et d'étudiants;

— Inter Nationes, organisation qui se charge d'accueillir les hôtes du gouvernement et d'informer de façon exhaustive à l'aide de films, bandes magnétiques et imprimés sur la République fédérale d'Allemagne; et

— l'Institut des relations avec l'étranger, qui organise des expositions allemandes à l'étranger et des expositions étrangères en Allemagne.

La sécurité extérieure

La politique de sécurité de la République fédérale d'Allemagne a pour objectif suprême de garantir la paix, la liberté et l'indépendance. L'Allemagne participe activement à donner forme à la nouvelle politique de sécurité en Europe. Le désarmement et la réorganisation de ses forces armées constituent d'importants aspects partiels de ce processus. Avant sa réunification, l'Allemagne s'est engagée, par traité, à réduire sensiblement le nombre de ses soldats jusqu'à l'année 1994. Avec 370.000 hommes, la Bundeswehr de l'Allemagne unifiée aura des effectifs inférieurs à l'armée de l'ancienne République fédérale. Jusqu'en 1990, les effectifs de la Bundeswehr étaient de 490.000 hommes, l'Armée populaire nationale de la RDA (NVA) comptant 170.000 soldats. La République fédérale d'Allemagne est membre de l'Organisation du Traité de l'Atlantique Nord (OTAN) et fournit toujours le plus important contingent de troupes conventionnelles de l'Alliance en Europe. Dans le traité sur la réduction des forces conventionnelles en Europe, en 1990, la République fédérale a, en outre, convenu de prendre de considérables mesures de désarmement. Comme auparavant, la Bundeswehr reste une pure armée de défense.

La Bundeswehr. La Bundeswehr est une armée moderne constituée sur la base du service militaire obligatoire général pour les hommes. Le service militaire de base dure actuellement douze mois. Elle comporte aussi des soldats professionnels et des soldats qui s'engagent à rester plus longtemps sous les drapeaux, parfois jusqu'à quinze ans. Les femmes peuvent également y faire carrière dans les services sanitaires et musicaux. Environ 186.000 femmes et hommes travaillent dans l'administration militaire civile de la Fédération.

La Bundeswehr se compose des armées de terre, de l'air et de mer. De considérables mesures de désarmement sont prévues dans tous les domaines: des centaines de blindés et d'avions seront envoyés à la ferraille et des navires mis hors service. Le budget de la défense régresse. Au milieu des années quatre-vingt-dix, un nouveau concept entrera en vigueur pour les forces armées. L'armée de campagne et l'armée territoriale sont appelées à fusionner. En temps de paix, seul un petit nombre d'unités mobiles comptant respectivement de 10.000 à 15.000 hommes et avec un taux élevé de soldats professionnels disposera encore de ses effectifs complets.

Le chancelier fédéral Kohl en visite chez des soldats.

Le 3 octobre 1990, les forces armées de l'ancienne RDA, l'Armée populaire nationale, ont été dissoutes. Les soldats de la NVA continueront d'accomplir leur service pour une durée variable et seront intégrés dans la Bundeswehr.

En 1991, l'Union soviétique a commencé à retirer ses quelque 340.000 soldats ainsi que 210.000 membres de leurs familles et collaborateurs civils du territoire de l'ancienne RDA. Ce processus, qui est soutenu financièrement par l'Allemagne, sera terminé en 1994. En contrepartie, les Etats-Unis d'Amérique réduiront également leurs troupes stationnées en Allemagne. Les autres partenaires de l'OTAN, aussi, dont des troupes sont stationnées en Allemagne, diminueront leur présence.

La mission des forces armées. La mission de la Bundeswehr en vertu de l'article 87 a de la Loi fondamentale est la suivante:
— garantir, conjointement avec ses partenaires de l'OTAN, la sécurité de la République fédérale d'Allemagne;
— préserver la capacité d'action politique;
— défendre l'Allemagne et le territoire de l'Alliance de l'Atlantique Nord contre toute attaque extérieure;
— en cas de défense, préserver ou rétablir l'intégrité du territoire.

La Bundeswehr et la société. La Bundeswehr est soumise à la suprématie des dirigeants politiques. En temps de paix, le pouvoir

Effectifs de la Bundeswehr

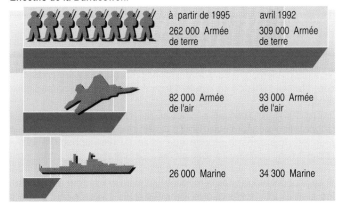

	à partir de 1995	avril 1992
	262 000 Armée de terre	309 000 Armée de terre
	82 000 Armée de l'air	93 000 Armée de l'air
	26 000 Marine	34 300 Marine

de commandement est confié au ministre fédéral de la Défense et, en temps de guerre, au chancelier fédéral. Le contrôle parlementaire de la Bundeswehr est assuré par les commissions du Bundestag, en particulier par la commission de la Défense.

Le commissaire à la défense (Wehrbeauftragter) du Bundestag, qui est élu par le Parlement pour une durée de cinq ans, exerce également une importante fonction de contrôle parlementaire. Il veille au respect des droits constitutionnels du soldat. Chaque soldat a le droit, sans avoir à passer par la voie hiérarchique, de lui soumettre directement ses doléances. Le commissaire à la défense peut demander des renseignements aux autorités militaires et se faire communiquer les dossiers dont il a besoin. En outre, il peut inspecter, sans s'annoncer au préalable, toutes les installations de la Bundeswehr. Il présente chaque année au Bundestag un rapport sur les doléances qui lui ont été soumises.

Le service militaire obligatoire général d'une durée de douze mois incarne vers l'extérieur la volonté d'un Etat de se défendre, mais, simultanément, permet d'intégrer les forces armées dans la société.

Le service militaire obligatoire fait pendant au droit fondamental de chaque citoyen de refuser de servir sous les drapeaux si sa conscience s'y oppose. En vertu de l'article 4 de la Loi fondamentale, nul ne doit être astreint au service armé contre sa conscience. Une fois reconnu comme tel, l'objecteur de conscience n'est plus astreint au service militaire. En revanche, il doit effectuer un service civil de remplacement d'une durée de quinze mois, par exemple dans une institution sociale ou une clinique.

La coopération avec les pays en développement

De par ses prestations d'aide au développement, la République fédérale d'Allemagne est l'un des principaux bailleurs de fonds. Elle coopère avec plus de 150 Etats dans un esprit de partenaires égaux en droits.

En 1961, un ministère spécial, le Ministère fédéral de la Coopération économique (BMZ), a été créé à cette fin. C'était la première fois dans le monde que l'aide au développement faisait l'objet d'un portefeuille ministériel. La création du BMZ était l'expression de la volonté du Parlement, du gouvernement fédéral et de la population, après la reconstruction de leur propre pays durant les années de l'après-guerre, ce qui n'a été possible que grâce à l'aide de l'extérieur, de secourir d'autres êtres humains se trouvant dans la détresse.

Même après sa réunification et après les mutations survenues en Europe centrale et orientale, l'Allemagne a continué d'approfondir ses relations avec les pays en développement, restant ainsi consciente de sa responsabilité croissante dans le monde. Tous les principaux hommes politiques, du gouvernement et de l'opposition, se sont déclarés favorables à ce que l'Allemagne unifiée respecte ses engagements envers les hommes des pays en développement et continue d'amplifier, à l'avenir également, son aide au développement.

Au cours des plus de trente années de politique de développement, le gouvernement fédéral a fait d'importantes expériences en coopérant avec les organisations non gouvernementales et les institutions de l'économie privée et a ainsi créé un riche arsenal d'instruments pour la pratique de la promotion du développement. Grâce à l'étroit concours des pays partenaires, les mesures d'aide ont pu être adaptées aux conditions économiques et sociales différentes de pays à pays en Afrique, en Asie et en Amérique latine.

Malgré tous les efforts consentis jusqu'à ce jour pour combler le fossé de prospérité entre les pays industrialisés et les pays en développement et malgré certains succès partiels incontestables, la mission consistant à éliminer la famine et la pauvreté n'a toujours pas été accomplie dans de nombreuses régions du monde. C'est pourquoi éradiquer la pauvreté des masses et ses causes structurelles reste l'objectif primaire de la politique allemande de développement. Le monde de demain ne pourra vivre dans la paix que s'il parvient à réduire la famine et la pauvreté, à combler le fossé de prospérité entre le Nord et le Sud et à imposer le respect des droits de l'homme.

Il est entre-temps de notoriété publique que les hommes du Nord et du Sud, de l'Est et de l'Ouest, des pays pauvres et des nations riches sont tributaires les uns des autres. L'ampleur alarmante des destructions de l'environnement et leurs interactions entre les pays industrialisés et les pays en développement en sont une preuve sans équivoque. Il n'y a pas qu'en Allemagne que le gouvernement fédéral mène une politique progressiste de protection de l'environnement et il est aussi disposé à fournir une aide solidaire aux pays en développement dans leurs efforts de développement respectueux de l'environnement. Un aspect en est le lien existant entre l'allégement des dettes et des mesures particulières de protection de l'environnement.

En tant que grand pays exportateur, la République fédérale d'Allemagne attache de l'importance, également dans son propre intérêt, à l'assainissement de l'économie et au progrès dans les pays en développement. Elle considère en particulier comme de son devoir de garantir un commerce libre et ouvert sur le monde. Plus l'économie d'un pays en développement est performante, plus ce pays est attrayant comme partenaire pour le commerce et les investissements.

Mais il y a un autre motif à la promotion du développement : l'amélioration des conditions de vie dans le tiers monde crée des perspectives d'avenir positives sur les plans économique et social pour des millions d'hommes qui, dans le cas contraire, quitteraient leur patrie pour rechercher, dans les nations industrialisées, de nouvelles possibilités d'existence.

Les objectifs de la politique de développement. Les objectifs de la politique de développement doivent être déterminés par les pays en développement eux-mêmes. En effet, une aide efficace au développement ne pourra jamais être qu'une aide à l'auto-assistance. Or celle-ci ne pourra être efficace que si les pays en développement réunissent les conditions préalables donnant aux être humains la possibilité de fournir leur concours démocratique aux régimes économique et social de leur pays et de faire s'épanouir, de façon judicieuse et gratifiante, leurs propres capacités. Comme nous en avons fait l'expérience, c'est un régime d'Etat de droit avec éléments d'économie de marché et incitations à travailler qui offre les meilleurs préalables à cela. La responsabilité de créer de telles

Assainissement d'un puits artésien en Egypte.

conditions-cadre internes favorables au développement incombe exclusivement aux pays en développement.

A l'automne 1991, le gouvernement fédéral a établi de nouveaux critères politiques dont s'inspire la coopération publique au développement. Ces critères sont les suivants:

— respect de la dignité humaine et des droits de l'homme,
— forme de gouvernement démocratique et pluraliste ainsi que d'Etat de droit,
— régime économique orienté vers le marché et administration fonctionnant correctement,
— efforts personnels de développement dans l'intérêt économique et social de la majorité de la population (ce qui implique notamment aussi une diminution des dépenses militaires exagérées).

Bien évidemment, ces conditions ne peuvent être respectées intégralement par tous les gouvernements des pays en développement. Mais, même dans ce cas, la politique allemande de développement s'efforce de trouver des moyens et des possibilités d'aider les hommes, si possible directement, et d'atténuer leur pauvreté ainsi que de promouvoir la sauvegarde des bases naturelles de la vie de la population.

La coopération en matière de politique de développement s'effectue sous forme d'une aide bilatérale directe d'Etat à Etat; sous forme d'une aide multilatérale par le biais d'organismes inter-étatiques, essentiellement les Nations unies et leurs agences spéciales, ainsi que par le biais de la Communauté européenne; sous forme d'une coopération à caractère d'économie privée et par la promotion des organisations non gouvernementales, qui disposent de longues années d'expérience en matière de coopération avec les partenaires des pays en développement.

En 1990, le gouvernement fédéral a dépensé près de 10,3 milliards de DM pour la coopération en matière de politique de développement, soit 0,42 % du produit national brut. Par conséquent, l'Allemagne fait mieux que la moyenne de tous les pays industrialisés.

Coopérations financière, technique et personnelle. La Coopération financière (CF) ou l'aide en capitaux est, de par son volume, l'instrument le plus important. L'aide en capitaux est fournie essentiellement sous forme de crédits bonifiés, pour des projets d'infrastructure sociale et de protection de l'environnement, ainsi que sous forme de subventions non remboursables. L'aide en capitaux permet de financer des projets ponctuels, par exemple des routes, ou de mettre en œuvre des programmes exhaustifs, par exemple dans le domaine de la santé publique ou pour l'octroi de crédits aux petits paysans. En outre, l'aide en capitaux permet aux pays en développement ne possédant pas beaucoup de devises d'importer des machines, appareils, pièces de rechange et matières premières ainsi que les équipements nécessaires aux organismes scientifiques, techniques et médicaux de façon à maintenir ou à améliorer leur

Aux Philippines: comment protège-t-on les plants de tabac?

Au Sénégal: paysans plantant de nouvelles pousses d'anacardier.

production. Depuis 1987, le gouvernement fédéral accorde également, au titre de l'«aide structurelle», des devises pour l'importation rapide de produits et de services dans le contexte de programmes d'adaptation structurelle. L'aide structurelle allemande n'est pas liée à des livraisons ni prestations allemandes. Le gouvernement fédéral attache une grande importance à ce que les graves répercussions sociales des mesures d'adaptation structurelle pour la population soient atténuées.

Les conditions de la CF varient en fonction de la situation économique du pays partenaire. Depuis 1978, déjà, les pays en développement les moins avancés ne reçoivent plus que des subventions non remboursables (contributions au financement). Lors de l'octroi de crédits, les autres pays en développement se voient accorder dix ans d'exonération, de longues durées de remboursement et des taux d'intérêts extrêmement bas.

Les prestations dans le cadre de la Coopération technique (CT) sont fournies par principe à titre gracieux. Elles sont dispensées conjointement avec des institutions responsables pré-existantes ou agréées par les pays partenaires. L'objectif de cette coopération est toujours de faire en sorte que les projets ou programmes communs puissent être le plus rapidement possible repris et assurés sous leur propre régie par les responsables autochtones. La CT comporte l'envoi de spécialistes, de conseillers, de moniteurs et d'experts; la livraison ou le financement d'équipements et de matériel pour les organismes bénéficiant d'une promotion ou la rémunération des spécialistes envoyés ainsi que la formation et le perfectionnement professionnels des spécialistes et des cadres autochtones qui sont appelés à assurer ultérieurement les tâches des conseillers détachés.

Le secteur de la Coopération personnelle (CP) est consacré à la formation et au perfectionnement professionnels des cadres et experts des pays en développement, essentiellement en Allemagne. Jusqu'à ce jour, 160.000 personnes venues de pays en développement ont bénéficié d'une promotion dans le cadre de tels programmes. La CP a pour objectif de donner aux capacités et connaissances existantes des hommes des pays en développement des possibilités appropriées d'épanouissement sous leur propre responsabilité. Cela sous-entend la promotion des personnes désirant se mettre à leur compte et l'emploi de spécialistes autochtones dans les projets de la coopération au développement. En 1990, outre 1.412 spécialistes allemands, 3.006 spécialistes autochtones financés sur des fonds allemands travaillaient déjà dans des projets de la Coopération technique. Sur les quelque 2.000 experts œuvrant dans des projets correspondants de la Coopération financière, environ 900 spécialistes provenaient de pays en développement. La CP fait une distinction entre les différents types d'experts. Les spécialistes envoyés d'Allemagne sont employés comme conseillers spécialisés dans les projets et programmes de la CT. Ils sont sous contrat auprès d'une organisation allemande. Les spécialistes intégrés, par contre, ont un contrat de travail avec une institution dans le pays en développement et reçoivent de celui-ci un traitement d'une importance habituelle pour le pays. Les ressources allemandes permettent de financer les cotisations à la sécurité sociale et les aides transitoires supplémentaires. Les coopérants allemands possèdent un statut particulier dans le cadre de la politique non publique de développement. Ils se distinguent des autres spécialistes par le fait qu'ils œuvrent sans intention mercantile et, pour une faible rémunération, «travaillent en contact aussi étroit que possible avec la population»,

Les priorités de la coopération au développement. Dans quels secteurs doit-on, avec l'aide de l'Allemagne, pallier en priorité les graves goulots d'étranglement en matière de politique de développement? Cette décision est prise à la lumière des propositions de projet et dossiers d'étude soumis par le pays partenaire. Les secteurs de la coopération vont de la satisfaction des besoins vitaux à la lutte contre la criminalité des stupéfiants, en passant par la lutte contre la pauvreté par le biais de l'aide à l'auto-assistance, par la protection de l'environnement et des ressources, par le développement rural, l'éducation et les sciences, l'industrie, l'artisanat et les mines, le transfert de technologie et la promotion de l'administration.

Un principe en vigueur pour tous les secteurs est que, en tant que personnages-clé du processus de développement, les femmes doivent bénéficier d'une promotion en étant intégrées dans toutes les mesures de développement. Dès la planification des projets et programmes, on doit donc prendre leurs intérêts en considération. C'est ce que l'on fait en particulier dans les domaines où les femmes assument le plus grand pensum de travail, par exemple dans l'agriculture, l'approvisionnement en eau et en combustibles et là où elles sont touchées de façon particulièrement grave par les abus, notamment dans le domaine de la santé publique et de l'habitat ainsi que de l'alimentation et de l'information.

L'aide sectorielle au développement fait porter sa priorité sur la préservation de l'alimentation et sur le développement rural. L'objectif en est d'aider les pays en développement à garantir leur alimentation de leurs propres forces. C'est pourquoi l'on aspire à augmenter la production agricole en encourageant les petits paysans, en mettant à leur disposition des moyens de production agricoles, en mettant en place des systèmes de commercialisation performants ainsi que par le biais de la recherche agraire. Ceci permet accessoirement de fournir une importante contribution à l'amélioration de l'approvisionnement, notamment dans les grandes agglomérations urbaines, qui connaissent une véritable explosion.

L'aide en denrées alimentaires se conçoit uniquement comme un instrument permettant de pallier les goulots d'étranglement consécutifs à des catastrophes naturelles, à des récoltes catastrophiques ou à des courants de réfugiés déclenchés par des conflits belliqueux. Le gouvernement fédéral s'efforce de fournir un taux croissant de ses prestations d'aide en denrées alimentaires sous forme de céréales achetées, au niveau régional ou local, dans les régions excédentaires des pays en développement. Ainsi, on peut fournir des denrées alimentaires qui correspondent aux habitudes de consommation des bénéficiaires. Un autre avantage est que la production de denrées alimentaires dans les pays en développement respectifs où ces excédents sont achetés est ainsi protégée.

Le système économique

La République fédérale d'Allemagne est l'un des grands pays industrialisés. Le produit total de son économie la place au quatrième rang mondial et, dans le commerce mondial, elle occupe même la deuxième place. Depuis 1975, la République fédérale fait partie du groupe des sept grands pays industrialisés occidentaux, le «G-7», qui coordonnent, chaque année, leur politique économique et financière à l'occasion du «sommet économique mondial».

Le produit national brut réel, autrement dit après déduction de l'inflation — la valeur de toutes les marchandises et de tous les services réalisés au cours d'une année — a été multiplié par plus de 2,5 dans les anciens Länder fédérés entre 1960 et 1991 puisqu'il est passé, exprimé en prix de 1985, de 860 à 2.207 milliards de DM. Si l'on prend pour base les prix du marché respectifs, le produit national brut est passé de 303 à 2.614 milliards de DM depuis 1961.

Ce n'est pas à ses ressources naturelles, mais à ses hommes que la République fédérale doit son retour dans le cénacle des premières nations industrialisées après le désastre de la Seconde Guerre mondiale. Des facteurs déterminants pour la puissance économique d'un pays sont la formation et la volonté de travailler de la population active ainsi que le savoir-faire des chefs d'entreprises et la grande marge de manœuvre que l'économie de marché sociale laisse à tout homme qui veut travailler.

Après la Seconde Guerre mondiale, on a souvent parlé de «miracle économique». Ludwig Erhard, le premier ministre de l'Economie de la République fédérale d'Allemagne, n'aimait pas beaucoup cette notion. Il disait en effet qu'il ne s'était pas agi d'un miracle, mais «que c'était seulement la conséquence des efforts réels fournis par tout un peuple qui, dans le respect de principes libéraux, s'était vu accorder la possibilité d'être de nouveau autorisé à faire fructifier l'initiative humaine, la liberté humaine et les énergies humaines».

Le régime d'économie de marché sociale. Depuis la Seconde Guerre mondiale, le système économique en République fédérale s'est mué en un régime d'économie de marché sociale avec une gestion globale de la vie économique. Ce système économique incarne tout autant un abandon du laisser-faire prôné par le libéralisme de jadis qu'un renoncement au dirigisme par l'Etat. La Loi fondamentale, qui garantit la liberté de l'initiative privée et la propriété privée, soumet ses droits fondamentaux à des obligations sociales.

Produit intérieur brut de quelques importants Etats industrialisés en1991
(République fédérale d'Allemagne: anciens Länder fédérés)

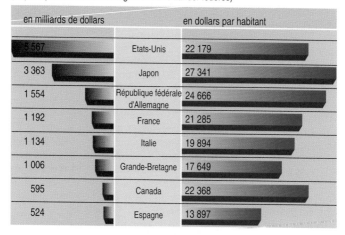

en milliards de dollars		en dollars par habitant
5 567	Etats-Unis	22 179
3 363	Japon	27 341
1 554	République fédérale d'Allemagne	24 666
1 192	France	21 285
1 134	Italie	19 894
1 006	Grande-Bretagne	17 649
595	Canada	22 368
524	Espagne	13 897

L'Etat renonce presque totalement à intervenir directement dans la fixation des prix et des salaires.

L'économie de marché. Le préalable au bon fonctionnement des mécanismes du marché est la concurrence. Sans concurrence, il ne peut pas y avoir d'économie de marché. Mais la concurrence est dure pour tous les protagonistes. Régulièrement, des chefs d'entreprises tentent de contourner la concurrence, soit sous forme d'ententes entre les concurrents, soit sous forme de regroupements de firmes. C'est ce genre de manigances que la loi sur les restrictions de la concurrence (loi sur les cartels), de 1957, veut empêcher. La loi interdit les ententes et les contrats susceptibles d'influer sur les conditions régnant sur le marché par suite d'une restriction de la concurrence; elle a entre-temps été complétée à diverses reprises pour garantir qu'elle reste efficace face à de nouvelles stratégies de cartel. L'Office fédéral des cartels, à Berlin, et les autorités des cartels des Länder veillent à ce que la loi soit respectée.

Le moteur de l'économie de marché est le désir de faire des bénéfices. C'est pourquoi elle est nécessairement vouée à l'échec là où on ne peut réaliser de façon durable des bénéfices ou là où l'obtention de bénéfices est secondaire par rapport à des objectifs supérieurs d'intérêt public et, donc, non souhaitable. Pour cette raison, certains domaines de l'économie allemande n'ont jamais été

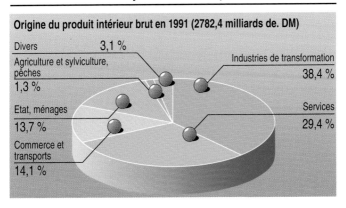

Origine du produit intérieur brut en 1991 (2782,4 milliards de. DM)

Divers 3,1 %

Agriculture et sylviculture, pêches 1,3 %

Industries de transformation 38,4 %

Etat, ménages 13,7 %

Services 29,4 %

Commerce et transports 14,1 %

soumis intégralement au système de l'économie de marché: par exemple l'agriculture, certaines parties des transports et les mines de houille. Un exemple d'actualité en est donné par les anciennes entreprises collectives de la RDA se trouvant dans les nouveaux Länder fédérés. Ces entreprises sont administrées par l'Office fiduciaire, un organisme de droit public à fins non lucratives chargé d'en assurer le passage au système d'économie de marché. Une fois que l'Office fiduciaire aura accompli sa tâche, l'Etat, dans les nouveaux Länder fédérés également, se consacrera de nouveau à ses tâches intrinsèques. Comme dans de nombreux autres pays, aussi, l'agriculture ne peut, pour des raisons sociales, être soumise intégralement à la concurrence régnant sur le marché. C'est pourquoi elle est régie par les dispositions des régimes de marché agricole de la CE, qui garantissent un minimum de protection. Les entreprises publiques comme la Deutsche Bundesbahn, la Deutsche Reichsbahn de l'ex-RDA ou la Deutsche Bundespost appartiennent aux pouvoirs publics. Elles n'ont pas pour objectif exclusif de réaliser des bénéfices, mais, avant tout, d'être au service de la collectivité. Les chemins de fer doivent parfois offrir des tarifs sociaux même si les coûts n'en sont pas couverts. Les chemins de fer et la Poste ne peuvent priver de leurs services les localités éloignées.

Après la Seconde Guerre mondiale, compte tenu de la grande pénurie de logements, le marché de l'habitat a tout d'abord été placé sous la tutelle de l'Etat. Entre-temps, le marché de l'habitat est presque totalement libre. L'Etat veille à ce que la concurrence ne se traduise pas par l'émergence de conditions intolérables sur le plan social. Ses principaux instruments sont la protection légale des

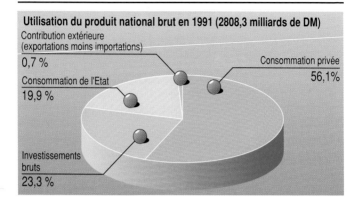

Utilisation du produit national brut en 1991 (2808,3 milliards de DM)

Contribution extérieure
(exportations moins importations)
0,7 %

Consommation de l'Etat
19,9 %

Consommation privée
56,1%

Investissements
bruts
23,3 %

locataires, le paiement d'allocations de logement aux économiquement faibles ainsi que la promotion du bâtiment et de la modernisation des logements

Dans certains domaines professionnels où la libre concurrence règne par principe, le législateur a conditionné l'accès au marché à des préalables déterminés. A titre d'exemple, les artisans et les commerçants de détail doivent prouver qu'ils possèdent les connaissances professionnelles nécessaires avant de se mettre à leur compte. Pour d'autres professions, l'Etat exige une formation particulière et un âge déterminé. Cela vaut par exemple pour certaines professions de la santé publique ainsi que de la consultation juridique, économique et fiscale.

Quel rôle jouent les partenaires sociaux? Pour le marché du travail, aussi, le libre jeu des forces est décisif. En vertu de l'autonomie tarifaire, les salariés et le patronat — groupes que l'on nomme fréquemment aussi les partenaires sociaux — négocient librement leurs conventions collectives. Celles-ci fixent la hauteur des salaires, le temps de travail, la durée des congés et les conditions générales de travail. Les organisations des partenaires sociaux — les syndicats et les fédérations du patronat — jouent donc un rôle important dans la vie économique. Elles ont pour tâche majeure de défendre les intérêts de leurs membres respectifs avec énergie et, occasionnellement, de manière intraitable. Mais, simultanément, elles assument une responsabilité élevée envers la macro-économie. Leurs divergences de vues en matière de politique tarifaire peuvent influer profondément sur le bon fonctionnement du système économique.

Les partenaires sociaux de la République fédérale ont toujours eu cette responsabilité présente à l'esprit. La stabilité du système économique est, pour une grande part, leur mérite. C'est sur ce plan que fait ses preuves cette forme particulière d'organisation syndicale qui est née en Allemagne de l'Ouest après la Seconde Guerre mondiale. Les syndicats allemands sont des «syndicats uniques», et ce, dans un double sens: selon le principe de l'industrie, ils représentent les salariés respectifs de tout un secteur économique (et donc non seulement les membres d'une corporation) et ils sont «neutres» sur le plan de la politique des partis et sur le plan confessionnel (autrement dit, ils ne sont pas divisés par divers courants). C'est cette unité qui confère aux syndicats la force qui est la leur, leur évite les luttes de concurrence et en fait par conséquent des piliers de la stabilité sociale.

Produit national brut de la République fédérale d'Allemagne en chiffres courants et en chiffres de 1985

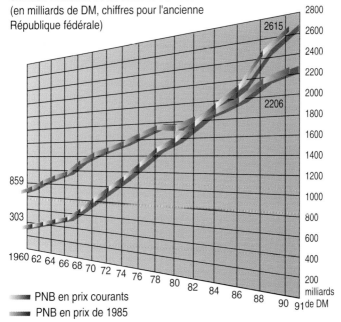

(en milliards de DM, chiffres pour l'ancienne République fédérale)

PNB en prix courants
PNB en prix de 1985

Les composantes sociales du système économique. En République fédérale, la paix sociale a, jusqu'ici, été mieux préservée que dans certains autres pays. Une raison importante en est le dense filet de la sécurité sociale sur lequel peuvent se reposer tous les citoyens. Pour les salariés, en particulier, la protection sociale est considérable. Qu'un salarié soit âgé ou malade, victime d'un accident ou réduit au chômage, qu'il soit victime de la faillite de son entreprise ou décidé à suivre un recyclage pour exercer un métier plus prometteur — le système social en amortit dans une grande mesure les conséquences financières. A cette occasion, les prestations sont fournies par une communauté de solidarité. Quiconque est actif dans le monde du travail verse des cotisations aux différentes branches de l'assurance sociale. Il a alors la certitude d'obtenir ce qui est nécessaire en cas de besoin. Le système social va bien au-delà de la sphère des salariés. Il comporte également les allocations familiales et de logement, l'assistance sociale pour les personnes dans le besoin et les indemnités pour les victimes de guerre. En 1990, dans l'ancienne République fédérale, les dépenses au titre de la sécurité sociale ont représenté environ un tiers du produit national brut.

Le développement marco-économique. Dans l'économie de marché, aussi, il peut se produire des phénomènes non souhaitables. L'Etat doit alors essayer d'y pallier par sa politique budgétaire, fiscale et sociale ainsi que sur le plan de la concurrence. Avec la loi de 1967 sur la stabilité, il possède l'instrument nécessaire pour influer sur la conjoncture. L'idéal consiste, en permanence, à garantir la stabilité des prix, un niveau d'emploi élevé et l'équilibre sur le plan de l'économie extérieure conjointement avec une croissance économique durable et appropriée. Mais il est rare que l'on y parvienne simultanément. La Deutsche Bundesbank, compétente pour la politique monétaire, ainsi que les partenaires sociaux assument une responsabilité déterminante envers le développement économique sous l'angle de cet objectif.

Certains organismes contribuent à coordonner la politique économique et la politique financière. Ce sont:

– le Conseil de la Conjoncture pour les pouvoirs publics. Il se compose des ministères fédéraux de l'Economie et des Finances, de respectivement un membre de chaque gouvernement de Land et de représentants des communes et des syndicats communaux. La Bundesbank peut participer aux consultations, qui ont lieu au minimum deux fois par an. Le Conseil de la Conjoncture s'efforce

1991: le chancelier fédéral Kohl reçoit le rapport économique annuel.

d'obtenir de tous les intéressés la plus grande unité d'action possible dans la politique conjoncturelle.
- Le Conseil de la Planification financière. Il a une composition analogue et a pour tâche de coordonner la planification financière de la Fédération, des Länder et des communes. La Fédération et les communes sont astreintes à établir une planification financière sur plusieurs années pour que les recettes et dépenses publiques soient conciliables avec les possibilités et exigences de l'économie nationale.
- Le Conseil des Experts pour l'analyse du développement macro-économique a été institué en 1963. Cette commission de cinq experts indépendants (appelés «les cinq Sages» dans le jargon populaire) établit, à l'automne de chaque année, une expertise sur le développement macro-économique. Cette expertise a pour but de faciliter la prise de décisions par les instances responsables.

En janvier de chaque année, le gouvernement fédéral remet au Bundestag et au Bundesrat le «Rapport économique annuel». Ce rapport comporte un avis sur l'expertise annuelle du Conseil des Experts, une présentation des objectifs poursuivis pour l'année en cours par le gouvernement fédéral en matière de politique économique et financière ainsi que la présentation de la politique économique projetée.

La transformation de l'économie. La République fédérale est un pays à hauts salaires et au niveau de prospérité correspondant. Mais les acquis doivent toujours être remis en question. Il est indispensable de s'adapter en permanence aux nouvelles situations dans les sciences, la technique et sur les marchés mondiaux. Cette adaptation ne s'est pas toujours faite sans heurts. Ceci est apparu avec une clarté particulière après les chocs pétroliers de 1973/74 et 1979/80. A cette époque, on n'a pas seulement dû faire face à une explosion du prix de l'énergie. L'introduction de la micro-électronique a déclenché une gigantesque poussée d'innovation dans l'industrie, l'administration et le commerce. Durant cette période de restructuration, l'économie allemande a prospéré plus lentement qu'auparavant, ce qui a aussi été le cas de la majorité des autres pays industrialisés occidentaux. Ceci n'a pas empêché les prestations économiques réelles d'augmenter de près de 24 % entre 1973 et 1985, avec des interruptions dues à deux récessions. Le processus d'adaptation se reflète aussi dans les transferts de priorités des différents secteurs de l'économie. C'est ainsi que le taux de l'industrie dans le produit national brut a régressé alors même que celui des services augmentait.

Après la réorientation de la politique économique et financière, la croissance économique a repris à partir de 1983 et les prix n'ont augmenté que modérément par rapport à ceux de l'étranger. Le nombre de la population active, lui aussi, a augmenté. Ainsi, le nombre des personnes actives dans les anciens Länder fédérés en moyenne de l'année 1991 était supérieur d'environ 3 millions à celui de 1983. Cependant, le taux de chômage toujours très élevé reste un problème très sérieux. A cela s'ajoutent les lourdes hypothèques pesant sur les budgets publics par suite de la reconstruction dans les nouveaux Länder fédérés.

L'une des tâches majeures de la politique économique reste la diminution du chômage. Mais, si l'on veut multiplier les emplois, il faudra aussi multiplier les investissements. Pour garantir une rentabilité appropriée des investissements, le gouvernement fédéral s'efforce de conforter les forces intrinsèques du marché, notamment sous forme d'incitations au travail individuel. L'influence de l'Etat sur l'économie sera diminuée et des régulations contraires au marché seront résorbées. Ceci permettra une concurrence plus libre et facilitera l'adaptation aux nouveaux développements. La grande réforme fiscale, dont le dernier échelon est entré en vigueur en 1990, a donné d'importantes impulsions dans ce sens.

Les nouveaux Länder fédérés:

mise en place d'une économie nationale

La reconstruction dans l'est de l'Allemagne est une œuvre de pionnier, une entreprise sans précédent dans l'histoire du droit et de l'économie. En l'espace de quelques années, il va falloir remodeler toute une économie — justice et administration comprises — selon les principes de l'économie de marché sociale.

Dans l'ancienne RDA, le système d'économie planifiée socialiste avait ôté aux hommes toute initiative individuelle et tout sens des responsabilités envers eux-mêmes et avait pratiquement paralysé leur créativité et leur volonté de travailler. La productivité de l'économie était relativement faible. Pour un résultat économique modeste, le régime a accepté une exploitation dévastatrice et égoïste de la nature ainsi que des dommages écologiques d'une ampleur extrême. Les logements, les voies de circulation et les structures de communication ont, eux aussi, besoin d'être modernisés d'urgence.

Le processus de restructuration économique bat aujourd'hui son plein. Le départ dans l'économie de marché sociale a été un succès dans les nouveaux Länder fédérés. Plus d'un demi-million de nouvelles entreprises ont été créées.

Pour faire progresser les mutations structurelles, les nouveaux Länder fédérés reçoivent des aides de départ massives. Un mark sur quatre du budget fédéral pour 1992 sera consacré à la relance économique dans les nouveaux Länder, la modernisation de l'infrastructure jouant un rôle primordial dans ce contexte. Depuis 1990, au moins 100 milliards de marks d'aides publiques s'écoulent chaque année en Allemagne orientale, que ce soit au titre des prestations de la Fédération ou par le biais d'organismes communs de la Fédération et des Länder tels que le «Fonds Unité allemande». L'«Œuvre communautaire Essor à l'Est» est un autre instrument qui — financé sur le budget fédéral — se propose d'encourager les investissements. Pour 1991 et 1992, elle a été dotée d'un budget de 14 milliards de DM. L'économie privée, elle aussi, investit des sommes considérables dans l'est de l'Allemagne. Pour 1992, les entreprises ouest-allemandes à elles seules projettent d'investir 44 milliards de DM dans les nouveaux Länder.

Des administrations régionales et communales performantes ainsi qu'un système juridique ordonné étaient aussi nécessaires pour la relance économique. C'est pourquoi le gouvernement fédéral, à titre d'exemple, finance l'envoi de 2.300 juges, avocats et attachés de justice. En outre, des employés expérimentés de l'administration en provenance des anciens Länder fédérés contribuent à la mise en place des autorités dans l'Allemagne orientale.

L'Office fiduciaire: un rôle-clé pour la reconstruction. L'Office fiduciaire, un établissement de droit public, joue un rôle-clé pour l'économie dans les nouveaux Länder fédérés. D'ici à 1994, il devra privatiser les anciens collectifs et combinats — vestiges de l'époque de l'économie planifiée socialiste —, les assainir ou, le cas échéant, les démanteler. Lors de sa création, en 1990, il a repris 8.000 combinats et entreprises appartenant au peuple avec 45.000 unités de production, soit la presque totalité de l'économie de l'ancienne RDA où les firmes étaient, à près de 90 %, sous la mainmise de l'Etat. Dès la première année de son existence, l'Office fiduciaire a pu privatiser environ 5.000 des quelque 11.000 entreprises de l'industrie et du commerce. Il a ainsi obtenu la promesse d'investissements supérieurs à 100 milliards de marks et de la création de 900.000 emplois.

Les travaux de cet office devront être achevés fin 1994, au plus tard. Ensuite, l'Etat pourra se consacrer à ses tâches intrinsèques et, dans les nouveaux Länder fédérés également, laisser carte blanche à l'initiative privée dans le cadre de l'économie de marché sociale.

Une nouvelle ligne de tramway pour l'est de Berlin.

Leipzig: la Poste installe de nouveaux relais.

De bonnes chances pour l'avenir. Dans les nouveaux Länder fédérés, le niveau de vie est, encore, plus faible et le chômage plus élevé que dans les anciens Länder; mais le financement initial fourni par l'Ouest commence à porter ses fruits. Partout, dans les nouveaux Länder, règne une ambiance de pionnier. Les progrès sont indéniables: dans le secteur du bâtiment tout comme dans celui des transports et des télécommunications ou pour la mise en place de l'administration. On voit naître de nouvelles industries porteuses pour l'avenir, l'agriculture est modernisée et l'on découvre de plus en plus de stratégies de débouchés et de marketing couronnées de succès pour les produits autochtones. De même, l'esprit d'entreprise augmente et, rien qu'en 1990, quelque 280.000 nouvelles firmes ont été créées.

Depuis le début de l'union économique et monétaire, le 1er juillet 1990, les revenus (et, partant, le pouvoir d'achat) des ménages privés ont nettement augmenté en Allemagne de l'Est. Des mesures prises par l'Etat, par exemple des cours de recyclage ou des stages de qualification professionnelle, aident durant la période transitoire en attendant la création de nouveaux emplois.

Pour les prochaines années, déjà, on escompte des taux de croissance annuels de 10 % dans les nouveaux Länder fédérés. Ainsi, l'Allemagne de l'Est a-t-elle tous les atouts dans son jeu pour devenir un site industriel attrayant: avec des entreprises dont la technique de production incarne l'état de l'art et avec un marché vivant qui devrait être particulièrement intéressant aussi pour l'Europe de l'Est.

Le marché du travail

Au cours des décennies écoulées, la situation sur le marché du travail en Allemagne a été le reflet de multiples conditions-cadre et facteurs. Durant les premières années qui ont suivi la création de la République fédérale d'Allemagne, il a surtout fallu intégrer dans le circuit de production des millions d'expulsés des territoires orientaux et des réfugiés de l'ex-RDA. Ceux-ci ont contribué de façon décisive à l'essor de l'économie allemande et, du milieu des années cinquante au milieu des années soixante-dix, le plein emploi a été de règle. Ce n'est qu'ensuite que le chômage est devenu un problème.

De même, l'unité étatique de l'Allemagne, recouvrée en 1990, a eu des répercussions sur le marché du travail: alors que, dans les anciens Länder fédérés, grâce à une bonne conjoncture, le nombre des chômeurs était en baisse, celui-ci a tout d'abord augmenté rapidement dans les nouveaux Länder. Ceci est surtout la conséquence provisoire du passage de l'économie planifiée socialiste à l'économie de marché sociale.

L'emploi. Depuis 1950, la population active dans les anciens Länder fédérés est passée de 20,4 millions à plus de 29 millions d'hommes en 1991. Dans les nouveaux Länder, la population active était d'environ 7,3 millions en 1991.

A partir de 1960 environ, toute nouvelle augmentation de la population active dans les anciens Länder a été le fait du recrutement de salariés étrangers. En 1965, on comptait un million de salariés étrangers et, en 1973 — à l'apogée de l'emploi de la main-d'œuvre étrangère —, 2,6 millions. Depuis, l'arrivée de la main-d'œuvre étrangère, si l'on fait exception de celle venant de la Communauté européenne, s'est ralentie. En 1991, on comptait en Allemagne environ 1,85 million de travailleurs émigrés. Ceux-ci sont devenus indispensables pour de nombreux secteurs économiques et dans bien des branches. Le plus grand contingent est fourni par les Turcs, suivis par les ressortissants de Yougoslavie, d'Italie, de Grèce, d'Espagne et du Portugal.

Le plein emploi dans les anciens Länder a atteint son apogée en 1970, époque où on ne comptait en tout et pour tout que 150.000 chômeurs, auxquels faisaient pièce 800.000 emplois vacants. Durant la récession des années soixante-dix, le chiffre de la population active a baissé alors même que le taux de chômage augmentait rapidement. En 1975, le nombre de chômeurs a franchi le seuil du

L'orientation professionnelle fait partie de la promotion du travail.

million et, en 1982, on comptait plus de deux millions de chômeurs. Entre-temps, le nombre des chômeurs dans l'ouest de la République fédérale est retombé largement en dessous de ce chiffre. En 1991, environ 1,7 million d'hommes étaient recensés comme chômeurs dans les anciens Länder fédérés.

Dans les anciens Länder, la politique menée depuis 1982, qui a amélioré les préalables à la croissance et résorbé les entraves à l'emploi, a sérieusement détendu la situation sur le marché du travail. Environ trois millions d'emplois ont été créés de 1984 à 1990.

Selon la dialectique officielle du régime, le plein emploi régnait dans l'ancienne RDA. Les expertises sérieuses partent cependant du principe d'un chômage latent équivalant à trois millions de salariés. La politique de marché du travail menée par l'Office fédéral du Travail a empêché une nouvelle augmentation du chômage dans les nouveaux Länder. Les emplois anciens et non productifs disparaissent toutefois plus vite que l'on n'en crée de nouveaux, tournés vers l'avenir. C'est pourquoi, durant une période transitoire, l'Office fédéral s'efforce, avec l'aide massive fournie par le gouvernement fédéral, de détendre le marché du travail en prenant des mesures de création d'emplois, de recyclage et de perfectionnement professionnel, d'offrir aux salariés de nouvelles perspectives et d'accélérer la modernisation de l'économie. Avec la relance visible de l'économie, la situation va aussi considérablement s'améliorer sur le marché de l'emploi dans les nouveaux Länder.

L'assurance chômage. L'assurance chômage légale existe en Allemagne depuis 1927. Aujourd'hui, elle est régie par la loi sur la promotion du travail, qui remonte à 1969. L'organisme responsable en est l'Office fédéral du Travail, à Nuremberg, avec ses agences de placement et ses filiales. Par principe, tous les salariés sont assujettis à l'assurance. Les ressources pour l'assurance sont prélevées pour moitié sous forme de cotisations versées respectivement par les salariés et par le patronat. Quiconque se retrouve au chômage peut exiger une allocation de chômage à condition d'avoir versé ses cotisations pendant une durée déterminée. Il doit être prêt à accepter tout emploi tolérable que lui propose l'Office du Travail. L'allocation de chômage représente jusqu'à 68 % du salaire net et est versée en règle générale pendant un maximum d'un an ou, pour les chômeurs plus âgés, pendant au maximum 32 mois. Quiconque est alors encore au chômage peut demander une assistance de chômage, laquelle représente jusqu'à 58 % du salaire net. A cette occasion, on prend toutefois en considération les autres revenus éventuels du chômeur ou des membres de sa famille.

Les mesures en faveur de l'emploi. D'autres fonctions incombant à l'Office fédéral du Travail sont le placement des travailleurs et l'orientation professionnelle. Une autre fonction particulièrement importante est la promotion de la formation professionnelle. L'Office fédéral du Travail accorde aux jeunes et aux adultes des subventions et des prêts pour leur permettre d'acquérir une formation professionnelle s'ils ne disposent pas eux-mêmes de moyens financiers suffisants. Il encourage aussi le perfectionnement professionnel et le recyclage. En 1991, l'Office fédéral a inauguré une offensive de qualification particulière dans les nouveaux Länder fédérés à l'intention d'environ 900.000 personnes. L'Office fédéral encourage le perfectionnement professionnel sous forme de prêts d'entretien et prend en charge les frais durant les mesures de formation.

Parmi les tâches incombant à l'Office fédéral du Travail figure enfin l'étude du marché du travail et des branches professionnelles. L'Office fédéral observe en permanence le volume et la nature de l'emploi ainsi que la situation et l'évolution du marché du travail, des professions et des possibilités de formation professionnelle. Il communique les résultats de ses enquêtes au ministre fédéral du Travail et des Affaires sociales, qui peut alors prendre ses décisions en connaissance de cause.

Revenus et prix

Les revenus. Les revenus des citoyens en Allemagne sont issus des sources les plus diverses. La majeure partie en est constituée par les revenus du travail, c.-à-d. les salaires et les traitements. A cela viennent s'ajouter les dividendes des entreprises, les revenus du capital et les versements publics comme les allocations familiales, allocations de chômage, retraites ou pensions. Si l'on déduit les prélèvements publics (impôts et cotisations d'assurance sociale) de la somme de ces revenus, on obtient le revenu disponible des ménages.

Dans les anciens Länder fédérés, le revenu disponible des ménages est passé de 188 milliards de DM nominaux en 1960 à environ 1.509 milliards de DM en 1990. Il s'est donc multiplié par huit. Sur cette somme, 91 % ont été consacrés à la consommation privée et 9 % à l'épargne. En 1990, en revanche, 13,9 % ont été épargnés. L'augmentation de leurs revenus a permis aux citoyens de la République fédérale de consacrer une part croissante de ces revenus à l'achat de biens et services satisfaisant des besoins de qualité supérieure, par exemple des voitures, meubles, vêtements à la mode, de l'électronique de loisirs, des appareils électro-ménagers, ainsi que pour les loisirs, la détente et les congés.

En 1964, le revenu mensuel disponible d'une famille de salariés de quatre personnes vivant dans l'un des anciens Länder s'élevait à 904 DM. 823 DM étaient affectés à la consommation privée, dont près des deux tiers à l'alimentation, à l'habillement et au logement. En 1990, ce même ménage vivant en Allemagne de l'Ouest avait un revenu mensuel disponible d'environ 4.380 DM. Mais il n'en dépensait plus qu'environ la moitié pour l'alimentation, l'habillement et le logement. D'autres dépenses ont en revanche fortement augmenté, notamment les transports, le téléphone et les dépenses assorties aux redevances postales. En 1990/91, le revenu mensuel disponible d'un ménage vivant dans l'un des nouveaux Länder fédérés était d'environ 2.300 DM. Au fur et à mesure de l'intégration économique de l'Allemagne de l'Est, l'écart par rapport aux anciens Länder devrait cependant s'atténuer rapidement.

La fortune. Le patrimoine privé en espèces représentait une somme d'environ 2.970 milliards de DM fin 1990, dans les anciens Länder fédérés. Cette somme se compose d'espèces, d'avoirs sur livret de caisse d'épargne, de titres, de droits d'assurance Vie et d'autres valeurs. Sur le plan statistique, cela représente environ 47.000 DM par habitant en Allemagne de l'Ouest. Dans les nouveaux Länder, par contre, le patrimoine privé en espèces n'atteignait qu'environ 137 milliards de DM, soit une fortune per capita d'environ 8.500 DM. La fortune et le revenu mensuel disponible sont toutefois inégalement répartis dans toute l'Allemagne. Dans les anciens Länder, les indépendants figurent à la pointe de la pyramide des revenus, suivis des agriculteurs, des employés et des fonctionnaires ainsi que des ouvriers. Dans les nouveaux Länder, la hiérarchie est similaire.

Alors que la société ne fait que commencer à se former sur le plan social dans les nouveaux Länder fédérés, les anciens Länder ont derrière eux un processus qui a entraîné un rapprochement du mode de vie de presque toutes les catégories sociales. En deçà d'une couche de nantis, qui représente environ 2 % de la population, une «classe moyenne nivelée» s'est constituée. Les quatre cinquièmes environ des Allemands vivent intégralement ou en presque totalité du fruit de leur travail tandis que seule une petite minorité peut se permettre de vivre du produit de sa fortune.

C'est à plus de quarante ans d'économie de marché sociale que l'on doit qu'environ la moitié des salariés possèdent une maison ou un appartement. Aujourd'hui, la majorité des ménages de salariés possède une voiture, jadis symbole de prestige des couches supérieures. Des biens de consommation de grande qualité comme les réfrigérateurs, machines à laver, téléviseurs ou magnétoscopes se retrouvent dans presque tous les ménages. Dans de très nombreux cas, toutefois, ce niveau de vie globalement très élevé n'est possible et garanti que parce que les deux conjoints exercent une activité professionnelle.

Depuis les années cinquante, l'Etat encourage la formation de capital monétaire et de biens corporels par les ménages privés en leur accordant divers genres de primes et avantages fiscaux.

L'épargne logement et l'épargne par assurance Vie ainsi que l'acquisition de logements sont encouragées par des incitations fiscales, l'épargne logement bénéficiant en outre de primes à la construction. La promotion des différentes formes d'épargne est valide pour les prestations d'épargne allant jusqu'à des plafonds annuels déterminés; la prime pour la construction de logements est également liée à des revenus maxima.

Outre la promotion générale accessible à tous les citoyens, il existe, depuis le début des années soixante, une promotion particulière de la formation du patrimoine réservée aux salariés; celle-ci vaut également dans les nouveaux Länder fédérés depuis 1991. Aux termes de la loi sur la formation du patrimoine, les salariés

Galerie marchande dans la ville moyenne de Remscheid.

ont droit à une prime à l'épargne pour les prestations de formation du patrimoine lorsque celles-ci leur sont versées par leur employeur, par exemple, sur des contrats d'épargne logement ou des contrats passés avec des établissements de crédits pour des participations au patrimoine (notamment les certificats d'investissement ou actions) ou lorsque les prestations sont utilisées pour des participations au patrimoine de l'entreprise.

La prime à l'épargne est versée pour les prestations de formation du patrimoine jusqu'à concurrence de 936 DM par année de calendrier et elle est également liée à des plafonds de revenus. Dans les anciens Länder fédérés, les prestations de formation du patrimoine sont convenues — notamment dans les conventions collectives — pour la majorité des salariés en sus de la rémunération normale du travail; en outre, des parties du salaire peuvent aussi être placées de façon à donner droit à une prime. En 1991, quelque 13 millions de salariés ouest-allemands se sont fait verser environ un milliard de DM de primes à l'épargne pour des prestations de formation du patrimoine.

En outre, les participations au patrimoine de l'entreprise qui sont accordées aux salariés donnent droit à des avantages fiscaux jusqu'à un plafond déterminé.

Les prix. Le niveau de vie ne dépend pas seulement du montant des revenus, mais aussi du niveau des prix. C'est la raison pour laquelle l'évolution des prix à la consommation est un thème important de la politique intérieure. Les sondages d'opinions confirment régulièrement que nombre de citoyens accordent la priorité à la stabilité des prix. Cette attitude est essentiellement due aux

Indice du coût de la vie dans différents pays

(1985=100)

Pays	1989	1990	1991
République fédérale d'Allemagne (ancienne)	104,2	107,0	110,7
Belgique	107,3	111,0	114,6
Danemark	118,1	121,2	124,1
France	112,7	116,5	120,2
Grande-Bretagne	121,8	133,3	141,1
Irlande	113,9	117,6	121,4
Italie	123,8	131,8	140,2
Pays-Bas	101,7	104,3	108,4
Autriche	107,8	111,4	115,0
Suisse	107,4	113,2	119,7
Espagne	128,2	136,8	144,9
Canada	118,7	124,5	131,5
Etats-Unis	115,2	121,5	126,6
Japon	103,7	107,0	112,3
Australie	136,5	146,4	151,1

*La corne d'abondance: les Halles du Petit marché
à Francfort-sur-le-Main.*

Durée de travail pour l'acquisition de biens de consommation*

Nombre d'heures de travail consacrées par un employé de l'industrie pour pouvoir
s'acheter les biens de consommation mentionnés ci-dessous:

	1950 Heure min.		1960 Heure min.		1985 Heure min.		1990 Heure min.	
1kg de sucre	0	56	0	30	0	10	0	6
1kg de pain	0	20	0	17	0	11	0	10
1kg de viande	2	40	2	9	1	5	0	54
1kg de café	22	19	6	34	1	29	0	48
chaussures pour hommes	18	53	11	25	8	22	7	25
bicyclette d'hommes	117	19	63	48	21	47	21	46

* ancien territoire fédéral

douloureuses expériences historiques faites par de nombreux Allemands au cours de l'histoire; depuis le début du siècle, l'Allemagne a déjà connu deux grandes inflations, qui se sont toutes deux traduites par l'effondrement de la monnaie et l'anéantissement des avoirs monétaires.

Ces dernières années, la République fédérale d'Allemagne n'a, elle non plus, pas été épargnée par les tendances inflationnistes mondiales. Mais la politique économique est parvenue, globalement mieux que dans d'autres pays, à contenir la hausse des prix. Depuis les années soixante-dix, le coût global de la vie en République fédérale a parfois augmenté de plus de 6 % par an. Ensuite, les taux d'inflation ont considérablement baissé; en décembre 1990, pour la première fois depuis près de trente ans, le coût de la vie était inférieur à celui du même mois de l'année précédente: de 1,1 %. Cela était dû notamment à la baisse draconienne du prix du pétrole. Sur l'ensemble de l'année 1986, les coûts de la vie ont été inférieurs de 0,1 % à ceux de l'année précédente. Les années suivantes, aussi, la République fédérale s'est fort bien tirée d'affaire par rapport aux autres pays, avec des taux de croissance inférieurs à 3 %. Depuis la mi-1990, les répercussions de la guerre du Golfe, mais aussi les mesures fiscales et l'accroissement de la demande dans les nouveaux Länder fédérés ont relancé l'inflation. En 1991, celle-ci était de 3,5 % supérieure au taux de l'année précédente.

La politique des prix. De l'avis du gouvernement fédéral, une politique des prix ne peut être menée avec succès que si les mesures adoptées ne portent pas atteinte aux mécanismes du marché. Des méthodes dirigistes perturberaient sérieusement le système d'autorégulation de l'économie. Hormis quelques rares secteurs sur lesquels l'Etat exerce une influence directe, comme dans les transports ou l'agriculture, les prix se forment donc librement sur le marché. La politique des prix des pouvoirs publics est surtout mise en œuvre par le biais des politiques du crédit et de la concurrence ainsi que des politiques financière et fiscale.

L'habitat et l'urbanisme

Habiter en Allemagne : l'offre va de la petite chambre individuelle à la villa de prestige en passant par l'appartement à usage locatif et la maison individuelle. On compte environ 33 millions de logements, dont largement 26 millions dans les anciens Länder; 40 % environ des logements sont habités par le propriétaire lui-même, environ 60 % en étant loués. Les logements dans les maisons multifamiliales étaient par tradition des appartements à usage locatif ; c'est pourquoi la majorité des logements utilisés par le propriétaire lui-même se trouvent essentiellement dans des maisons individuelles ou des maisons individuelles jumelées. Depuis la fin des années soixante-dix, le logement en pleine propriété connaît une popularité croissante.

20 % des logements dans les anciens Länder fédérés sont des logements à loyer modéré dont la construction est encouragée par l'Etat et qui sont destinés aux familles nombreuses, aux handicapés, aux personnes âgées et aux économiquement faibles.

Sur le plan statistique, chaque ménage a un logement à sa disposition. Mais, depuis la fin des années quatre-vingt, la demande est supérieure à l'offre sur le marché du logement. Une véritable pénurie de logements a régné en Allemagne après la Seconde Guerre mondiale, qui avait réduit en cendres de nombreuses villes. Au début des années cinquante, près de 17 millions de ménages avaient tout juste 10 millions de logements à leur disposition en République fédérale. Un programme de construction accélérée de logements, grâce auquel on a construit jusqu'à 700.000 nouveaux logements chaque année, permit de mettre fin à cette pénurie au cours des années suivantes.

Aujourd'hui, c'est surtout dans les grandes agglomérations que l'on rencontre des problèmes pour se loger. Les jeunes couples, les familles nombreuses ou les étrangers ne trouvent pas toujours le logement qui correspond à leurs besoins et pour lequel ils peuvent payer le loyer. Il y a de nombreuses raisons à cette pénurie de logements : après des années de forte natalité, beaucoup recherchent des logements, tout comme les nombreux rapatriés. Les taux d'intérêts élevés et la cherté des terrains à bâtir sont des obstacles à la construction. Au fur et à mesure qu'augmente la prospérité, l'individu revendique plus de surface habitable pour soi-même. En 1991, il manquait environ 1,5 million de logements dans les anciens Länder fédérés, approximativement un million étant considérés comme des habitations vétustes dans les nouveaux Länder. Après des années durant lesquelles l'industrie du bâtiment a connu une récession, les choses sont maintenant en train de bouger. En 1990, environ 320.000 logements ont été achevés sur tout le territoire de la République fédérale d'Allemagne. L'Etat a pour cela considérablement augmenté ses aides. En 1991, le gouvernement fédéral a donné de nouvelles impulsions à la construction de logements à loyer modéré et à la formation d'un nouveau patrimoine foncier grâce à un programme supplémentaire de construction.

Maison d'habitation restaurée de la fin du siècle à Hambourg.

La qualité de l'habitat. En Allemagne de l'Ouest, chaque personne dispose aujourd'hui en moyenne d'une surface habitable de 36 m², soit près du double de 1950. 95 % des logements ont une salle de bains et 75 % un chauffage central. Dans cette partie de l'Allemagne, les habitations sont le plus souvent de date beaucoup plus récente que celles des nouveaux Länder fédérés, où les deux tiers du parc habitable remontent encore à l'époque d'avant-guerre. Dans cette région, beaucoup de logements sont en mauvais état; on manque d'équipements sanitaires modernes et les installations de chauffage sont démodées. A l'époque de la RDA, l'Etat maintenait les loyers des logements à un niveau extrêmement bas. L'Etat ainsi que les propriétaires privés ne possédaient donc pratiquement pas les ressources nécessaires à l'entretien et à la modernisation des habitations. Dans les anciens Länder fédérés, par contre, un bon logement a son prix : pour les ménages, les loyers représentent en moyenne à peu près 20 % des revenus nets, charges non comprises; dans certaines villes, les loyers sont encore plus élevés. A la campagne, l'habitat est moins onéreux.

La politique du logement est confrontée à une tâche ardue : en Allemagne de l'Est, il faut construire de nouveaux logements, mais, surtout, assainir des millions d'habitations vétustes. De nombreux logements sont aux mains des communes et doivent être privatisés. Pour cela, les investisseurs privés peuvent revendiquer des allégements fiscaux et des subventions. Mais, dans la partie occidentale de l'Allemagne, aussi, il faut continuer à consentir des efforts.

Allocations de logement et protection des locataires. L'habitat est l'un des besoins vitaux de l'homme. C'est pourquoi, en Allemagne, chaque individu dont le revenu ne suffit pas pour financer un logement approprié a droit, en vertu de la loi, à une allocation de logement. Celle-ci est versée en tant que prime en complément du loyer ou des charges que doivent supporter les propriétaires de logements, mais ce, seulement jusqu'à des plafonds de revenus déterminés. En 1990, l'Etat fédéral et les Länder ont versé des allocations de logement à environ 1,8 million de ménages. Depuis 1991, des allocations de logement sont également octroyées dans les nouveaux Länder fédérés; on estime à trois millions le nombre des nouvelles demandes d'allocations de logement. Cela permettrait de compenser les augmentations de loyers nécessaires économiquement. Globalement, l'allocation de logement s'est avérée une mesure sociale efficace. Le droit du bail, où la liberté de contracter est garantie fondamentalement, sert de base à un équilibre approprié entre les intérêts du propriétaire et ceux du locataire. Aucun locataire n'a lieu de craindre des loyers injustifiés et arbitraires. Ainsi, le propriétaire ne peut

La construction de maisons d'habitation est encouragée par l'Etat.

Un ensemble immobilier des années quatre-vingt à Berlin.

résilier le bail d'un locataire qui respecte les clauses du contrat que s'il peut prouver un «intérêt justifié» (par exemple un besoin personnel). Il ne peut imposer une hausse du loyer que si le montant exigé s'inscrit dans le cadre des loyers payés effectivement dans la localité pour des logements comparables. Pour les locataires des nouveaux Länder, une protection étendue est appliquée pour une période transitoire.

L'accès à la propriété. Posséder une maison individuelle ou un appartement est le rêve de la majorité des Allemands. Selon les sondages, 90 % des familles souhaitent habiter dans leurs propres murs. Ce désir coïncide avec les objectifs de la politique sociale visant à une formation du capital largement dispersée. Quiconque se décide à faire construire sa propre maison peut donc compter sur différentes aides publiques telles que des allocations, des prêts et des allégements fiscaux.

L'urbanisme. La République fédérale est l'un des pays du monde où la densité démographique est la plus élevée. La majorité des Allemands habitent dans des villes ou de grandes communes. Après 1945, celles-ci ont été reconstruites rapidement et sans que l'on tienne vraiment compte des structures traditionnelles. La démocratisation de l'automobile s'est traduite par une accélération des constructions routières, même dans les quartiers résidentiels, l'objectif final étant la «ville à l'échelle de la voiture». Dans les centres villes, le prix des terrains a explosé. Pour les urbanistes, il a été de plus en plus difficile de garantir une construction raisonnable et une utilisation du sol au service de la collectivité. De nombreux habitants ont déménagé à la campagne, se résignant à faire la navette jusqu'à leur lieu de travail dans les villes — complètement désertées le soir. Depuis quelques années, cependant, la tendance s'est inversée. De plus en plus de gens regagnent les villes qui leur offrent un monde de sensations particulières. Depuis 1970, la modernisation d'édifices anciens et l'assainissement de quartiers entiers ont pris une importance croissante. Les urbanistes s'efforcent de préserver les structures traditionnelles et de rendre plus attrayant le centre des villes. Dans de nombreuses cités, des zones piétonnes ont été aménagées dans les quartiers commerciaux les plus animés et la circulation automobile n'a plus toujours une priorité incontestée. Pour les communes, le régime de la construction a été simplifié ; les citoyens sont impliqués plus tôt et plus intensivement dans le processus d'urbanisation. L'idéal est maintenant la «ville à l'échelle de l'homme».

La protection des consommateurs

L'offre de biens et de services ne cesse d'augmenter. Rien qu'en Allemagne, plus de 1.000 nouveaux produits envahissent le marché chaque année. Avec l'entrée en vigueur du Marché unique européen, le 1er janvier 1993, l'offre sera encore plus grande et plus confuse. Les articles de production autochtone subiront la concurrence des produits du monde entier. Le consommateur aura un choix sans précédent, or il est déjà maintenant à peine en mesure d'évaluer correctement la qualité et le prix pour tous les produits. La publicité lui fournit aussi, certes, des informations et, donc, l'aide pour prendre une décision, mais elle veut en première ligne l'inciter à acheter. Compenser ces inconvénients est le propos de la défense des consommateurs. Ceci s'effectue par le biais d'informations et de conseils ainsi que par des mesures légales.

L'objectif de la politique de défense des consommateurs consiste à rendre le marché transparent et à donner aux consommateurs la possibilité de prendre leur décision d'achat rationnellement en vertu d'une évaluation objective de la qualité et sur la base de comparaisons des prix.

Dès 1964, le gouvernement fédéral a créé la «Stiftung Warentest», la Fondation de Tests de marchandises, dont le siège est à Berlin. Cet organisme a pour mission d'apprécier et d'examiner les biens de consommation de toute nature — du stylo à bille à la maison pré-fabriquée — selon certains critères de qualité et en fonction du rapport qualité/prix ainsi que sous l'angle de la compatibilité avec l'environnement. Les services font aussi l'objet de tests. Jusqu'à ce jour, la Fondation a testé plus de 30.000 produits et services.

La «Stiftung Warentest» ne travaille par principe qu'avec des experts et instituts d'expertise compétents et indépendants. Un argument qui atteste le sérieux de son travail est qu'il n'y a eu que de rares litiges juridiques avec les fabricants. Les jugements positifs de «Warentest» comme les notes «bien» ou «très bien» sont volontiers utilisés pour la publicité par les firmes concernées.

La principale publication de la «Stiftung Warentest» est la revue mensuelle éditée à plus d'un million d'exemplaires et intitulée «test». En outre, les résultats de tests sont reproduits régulièrement dans environ 160 journaux et revues ainsi que lors de nombreuses émissions de radio et de télévision.

Des associations de défense des consommateurs sont également là pour venir en aide au citoyen. Les plus connues sont le «Groupe

La «Stiftung Warentest» compare les produits en tout genre.

de travail des associations de défense du consommateur» (AGV) ou les centrales de défense du consommateur dans les Länder, qui possèdent plus de 250 services de conseils des consommateurs. Ils répondent gracieusement aux questions concernant la qualité des produits, les prix et les services. Ces associations bénéficient de l'appui des pouvoirs publics dans leurs travaux. Avant d'adopter de nouvelles lois sur la protection des consommateurs, le législateur fait appel aux connaissances techniques des associations de défense des consommateurs.

La protection des consommateurs a été considérablement améliorée par toute une série de lois, dont voici quelques exemples :

Les denrées alimentaires font l'objet d'une obligation légale d'étiquetage, c'est-à-dire que chaque produit doit comporter des paramètres sur le contenu et les composants, la date-limite de consommation et le nom du fabricant. Des critères particulièrement sévères sont appliqués pour les médicaments.

Les produits exposés en vitrines ou dans les magasins doivent être accompagnés d'une étiquette avec le prix. Ceci vaut aussi pour les prestations de services, par exemple chez le coiffeur.

Les «conditions générales de vente», qui font partie du quotidien de la vente dans de nombreuses branches, ne doivent pas désavantager unilatéralement le client. Le consommateur est aussi protégé par de nombreuses autres lois qui régissent la vie économique moderne.

Sous le signe de la CE, les activités du législateur en matière de politique de défense des consommateurs sont de plus en plus transférées au niveau européen. La CE adopte des directives qui doivent être transposées dans le droit national. Ce n'est qu'en 1989 que le Conseil des ministres de la CE a adopté des directives pour les futures priorités en matière de politique européenne de défense des consommateurs.

Arbeitsgemeinschaft der Verbraucherverbände
Heilsbacherstr. 20
5300 Bonn 1

Stiftung Warentest
Lützowplatz 11—13
1000 Berlin 30

L'industrie

L'industrie est la colonne vertébrale de l'économie allemande. Aujourd'hui, les anciens Länder fédérés, à eux seuls, ne comptent pas moins de 46.700 entreprises industrielles. Environ 2% seulement d'entre elles sont de grandes entreprises employant plus de 1.000 employés; environ la moitié, en revanche, sont de petites entreprises qui comptent moins de 50 collaborateurs. L'industrie en République fédérale d'Allemagne se compose donc essentiellement de petites et moyennes entreprises. Comme auparavant, c'est l'industrie qui, de loin, fait vivre le plus grand nombre de personnes en Allemagne.

Toutefois, par suite des mutations structurelles de l'économie, le poids de l'industrie a nettement diminué. Son taux dans le produit national brut ouest-allemand, qui était de 48,7% en 1973, est entre-temps retombé à 40,6% en 1990. Parallèlement, le taux du secteur tertiaire public et privé dans la production économique globale est passé de 48,3% en 1973 à près de 58 % en 1990. Le taux de l'agriculture, de la sylviculture et des pêches, qui n'était déjà que de 3 % en 1973, est retombé à seulement 1,7 % en 1990. Dans l'industrie, des secteurs économiques en pleine expansion comme l'informatique, l'aéronautique et l'astronautique n'ont pu compenser le recul de secteurs industriels traditionnels comme les textiles ou la sidérurgie.

L'importance pour l'emploi des grandes entreprises dans l'industrie est exactement aux antipodes de son taux dans le nombre total d'entreprises. Dans les anciens Länder fédérés, environ la moitié des 7,4 millions de personnes employées dans l'industrie travaillent dans de grandes entreprises. Celles-ci, dont certaines sont des firmes de réputation mondiale possédant des filiales ou des centres de production et de recherche dans de nombreux pays, telles que Siemens, pour l'électricité, Volkswagen, BMW et Daimler-Benz, pour l'automobile, les groupes chimiques Hoechst, Bayer et BASF, la Ruhrkohle AG ainsi que le producteur d'énergie VEBA ou le groupe Bosch, réalisent plus de la moitié du chiffre d'affaires de l'industrie. La plupart des grandes entreprises possèdent le statut juridique de société anonyme. Les grandes entreprises jouent un rôle primordial pour une multitude de petites et moyennes firmes de sous-traitance.

Au lendemain de la Seconde Guerre mondiale, l'industrie a joué un rôle déterminant dans le redressement économique de l'Allemagne. L'un des facteurs décisifs de ce redressement a été le passage, en 1948, de l'économie planifiée au système de l'économie de marché sociale. Le principe de l'autonomie de la responsabilité de l'entrepreneur, qui veille seul à la croissance de son entreprise et l'adapte à l'évolution de la situation économique, est la clef de voûte de l'économie de marché. La politique économique du gouvernement fédéral se borne à créer des conditions favorables. Selon lui, la concurrence est le meilleur moyen de garantir la compétitivité des entreprises allemandes sur le marché mondial tant sur le plan des technologies que sur le plan des structures

Les plus grandes firmes industrielles de la République fédérale d'Allemagne (1991)

Firme, siège	Activité	Chiffre d'affaires (millions de DM)	Personnel
1. Daimler-Benz AG, Stuttgart	Automobile, électricité, aéronautique	94 660	375 300
2. Volkswagen AG, Wolfsbourg	Automobile	77 000	266 000
3. Siemens AG, Munich	Electricité	73 000	402 000
4. Veba AG, Düsseldorf	Energie, chimie	60 000	116 500
5. RWE AG, Essen	Energie, bâtiment	49 900	102 200
6. Hoechst AG, Francfort	Chimie, pharmacie	47 200	179 300
7. BASF AG, Ludwigshafen	Chimie, énergie	46 600	129 400
8. Bundespost Telekom, Bonn	Télécommunications	43 200	250 000
9. Bayer AG, Leverkusen	Chimie, pharmacie	42 400	164 200
10. Thyssen AG, Duisbourg	Sidérurgie, machines	36 600	148 400
11. Bosch GmbH, Stuttgart	Electricité	33 600	148 600
12. Bayerische Moto-renwerke, Munich	Automobile	29 800	74 200

économiques. Cette concurrence a également favorisé le développement d'un grand nombre de petites et moyennes entreprises sur le marché. C'est pourquoi le gouvernement fédéral s'applique à améliorer les conditions d'existence des petites entreprises ainsi qu'à faciliter la création de nouvelles entreprises. Passons brièvement en revue quelques-uns des principaux secteurs de l'industrie:

La construction de véhicules routiers. La construction de véhicules routiers est l'un des secteurs industriels qui réalisent le plus grand chiffre d'affaires. La majeure partie, et de loin, est le fait de l'industrie automobile. Derrière le Japon et les Etats-Unis, la République fédérale d'Allemagne est le troisième constructeur automobile du monde. Avec près de 800.000 salariés, l'industrie automobile ouest-allemande a réalisé en 1991 un chiffre d'affaires d'environ 217 milliards de DM. Avec une production annuelle de 4,68 millions de voitures de tourisme, elle a de nouveau obtenu un résultat très flatteur. Près de 2,2 millions de véhicules ont été exportés.

Dans les nouveaux Länder fédérés, l'industrie automobile peut se prévaloir d'une grande tradition. Mais ses modèles de l'époque de l'économie est-allemande n'avaient toutefois pas la moindre chance de faire face à la concurrence après la réunification; la fabrication des marques est-allemandes a été suspendue. Quelques grands constructeurs automobiles ouest-allemands se sont établis en Saxe, au Brandebourg et en Thuringe, y construisant de nouvelles chaînes

La construction automobile est l'un des piliers de l'industrie allemande.

de montage. D'ici à 1994, l'industrie automobile ouest-allemande a prévu d'investir environ dix milliards de DM dans les nouveaux Länder. Lorsque l'installation des chaînes de montage sera achevée, la production automobile dans les nouveaux Länder atteindra, vers le milieu des années quatre-vingt-dix, jusqu'à 500.000 unités — soit le double de ce qu'elle représentait à l'époque de l'ancienne RDA.

Les constructions mécaniques constituent, avec plus de 3.600 entreprises dans les anciens Länder et quelque 930 dans les nouveaux, le plus important groupe de l'industrie allemande. Elles se composent traditionnellement de petites et moyennes entreprises auxquelles leur souplesse et leurs performances technologiques ont conféré une place de leader à l'échelle mondiale. 3% seulement des entreprises comptent plus de 1.000 collaborateurs. Il s'agit principalement d'entreprises qui fabriquent des produits en série ou conçoivent et réalisent des installations géantes complexes. Plus de 90% des entreprises de construction mécanique sont de petites et moyennes entreprises comptant moins de 300 collaborateurs, qui se sont spécialisées dans des domaines bien déterminés. En sa qualité d'équipementier de l'industrie avec des moyens de production performants, ce secteur de l'économie joue un rôle prépondérant. Dans un comparatif international, leur gamme de produits est unique en son genre et comporte environ 17.000 articles différents, de la robinetterie aux machines-outils en passant par les imprimeuses et les machines agricoles. En 1991, les constructions mécaniques ont réalisé, avec leur effectif de près de 1,2 million d'hommes, un chiffre d'affaires total de 240 milliards de DM. Environ 60% de leur production ont été exportés. La République fédérale a ainsi réalisé un cinquième des exportations totales de machines des pays industrialisés occidentaux.

L'industrie chimique représente la branche principale de l'industrie de produits de base et de biens de production en République fédérale; elle occupe une position de leader dans le monde grâce à des technologies de pointe et à un budget de recherche élevé. Trois grandes entreprises chimiques figurent d'ailleurs parmi les groupes les plus importants du monde; elles fournissent du travail à une multitude de petites et moyennes entreprises. Avec ses quelque 594.000 collaborateurs, l'industrie chimique en Allemagne de l'Ouest a réalisé un chiffre d'affaires de 165,9 milliards de DM en 1990, le taux d'exportation s'étant élevé à environ 50%. L'industrie chimique déploie de très gros efforts afin de répondre aux besoins de la protection de l'environnement pour laquelle, dans biens des

«Molecular Design»: en chimie, l'ordinateur facilite la recherche.

domaines, elle joue un rôle de pionnier. Dans les nouveaux Länder, la chimie se réfère à une longue tradition; mais elle n'est malgré tout pas compétitive dans certains secteurs. L'objectif est de préserver

La céramique technique est un matériau de l'avenir.

la base des sites chimiques traditionnels, ce qui suppose une privatisation rapide et la création de nouvelles entreprises sur ces sites. Mais les perspectives sont encourageantes.

Avec un chiffre d'affaires de 201 milliards de DM (en 1991 dans les anciens Länder) et plus d'un million de salariés, l'industrie électrotechnique est également une des activités de pointe des secteurs industriels. Les nouveaux Länder fédérés possèdent eux aussi une industrie électrotechnique dont la production et le chiffre d'affaires ont tout d'abord considérablement régressé après la réunification. Mais, en 1991, un redressement a déjà pu être observé.

Parmi les autres secteurs importants de l'industrie figure celui de l'alimentation, qui a réalisé en 1991 un chiffre d'affaires de 197,2 milliards de DM (anciens Länder) avec ses quelque 493.000 salariés. Avec 204.000 salariés et un chiffre d'affaires de 70 milliards de DM (en 1991 en Allemagne de l'Ouest), l'industrie textile et de la confection occupe toujours une place importante. En 1990, dans les anciens Länder fédérés, l'industrie sidérurgique a réalisé un chiffre d'affaires de près de 43,6 milliards de DM et employé 149.000 salariés. Les mines ont réalisé en 1990, en Allemagne de l'Ouest, un chiffre d'affaires de 31,4 milliards de DM avec 173.000 ouvriers. La mécanique de précision et l'industrie optique, ainsi que l'industrie horlogère, ont réalisé un chiffre d'affaires de plus de 19 milliards de DM en 1991. Leurs nombreuses PME emploient environ 135.000 collaborateurs. Dans de nombreux secteurs, ces firmes jouissent d'une grande réputation à l'échelle internationale. L'industrie aéronautique et spatiale a un volume relativement modeste, mais tient une place d'autant plus importante dans le domaine technologique. Très exigeante sur le plan technique envers les sous-traitants et les fournisseurs, elle joue ainsi, dans bien des secteurs, un rôle de pionnier dans le développement des technologies modernes. En 1990, elle a réalisé un chiffre d'affaires de 17 milliards de DM et employé plus de 78.000 personnes. Depuis 1963, la production d'avions civils bénéficie de subventions publiques en République fédérale. L'un des fleurons de ce secteur, la famille «Airbus», offre l'exemple parfait d'une coopération fertile entre entreprises industrielles européennes.

Bundesverband der Deutschen Industrie
Gustav-Heinemann-Ufer 84-88
5000 Köln 1

La technique

Qu'il s'agisse d'automobiles ou de médicaments, d'appareils optiques, de machines-outils ou de centrales thermiques, la République fédérale d'Allemagne approvisionne le marché mondial en produits de grande qualité. Dans de nombreux domaines, elle évolue dans le peloton de tête des nations industrialisées. En 1988, quatre entreprises allemandes figuraient au «top ten» des groupes mondiaux les plus novateurs. Pour les produits à fort taux de recherche, l'industrie allemande exporte au total deux fois plus qu'elle n'importe durant la même période. Dans les échanges commerciaux bilatéraux, son bilan n'est déficitaire que vis-à-vis du Japon.

Le défi de la concurrence. Pour l'économie de la République fédérale, il fallait de toute évidence relever le défi de la concurrence internationale, toujours plus fortement dominée par les facteurs science et haute technologie. Les mutations structurelles économiques ont obligé les entreprises à prendre en considération les champs de croissance technologiques et économiques. Pays pauvre en matières premières, l'Allemagne a toujours été tributaire d'une présence dans l'économie mondiale avec une offre de produits de haute technicité. Elle doit recourir à des méthodes de fabrication rationnelles et avantageuses, qui font appel aux technologies les plus modernes. Ce n'est qu'ainsi que l'on peut obtenir des «valeurs d'échange» élevées dans le commerce international et, par voie de conséquence, garantir les emplois et les revenus dans son propre pays.

En 1991, le Ministère fédéral de la Recherche et de la Technologie a encouragé, à raison d'environ 500 millions de DM de subventions, des projets de recherche dans les petites et moyennes entreprises. Cela constitue un moyen d'améliorer l'évolution technique au sein de l'entreprise. Les entreprises peuvent également bénéficier d'une aide dans les transferts de technologies — la mise en application de connaissances expérimentales. Dans les «centres de démonstration» créés par le Ministère de la Recherche, les PME peuvent s'informer des derniers progrès de la technique, par exemple sur l'utilisation d'ordinateurs pour la fabrication.

La recherche et le développement industriels dans l'ancienne RDA s'étaient fixé des priorités analogues à celles de la République fédérale: sidérurgie, constructions mécaniques et automobile,

Le Transrapid: un moyen de transport futuriste.

électrotechnique et chimie. Ces approches sont mises à profit dans la restructuration actuelle de l'économie est-allemande. Un grand nombre de firmes ouest-allemandes coopèrent avec leurs homologues ou avec des organismes de recherche des nouveaux Länder dans des secteurs tels que les techniques de communication, la micro-électronique, la technique du laser, la technique écologique et la chimie.

Points forts et faiblesses. La structure d'exportation de l'industrie reflète l'importance des produits à fort taux de recherche pour la compétitivité internationale de l'Allemagne. En 1989, de tous les pays de l'OCDE, l'ancienne République fédérale détenait le taux le plus élevé du commerce mondial pour les produits industriels transformés, avec 17,4%. Pour les techniques de pointe, elle occupe le troisième rang derrière les Etats-Unis et le Japon, avec 14,4%. Quant aux techniques supérieures, avec 21,6%, elle figure au deuxième rang derrière le Japon. Dans le domaine des technologies de pointe, l'économie allemande a remporté de grands succès dans des secteurs comme les produits pharmaceutiques, les produits chimiques organiques novateurs et les matières plastiques expérimentales, les produits phytosanitaires, l'électronique médicale ainsi que l'optique de pointe et les appareils de mesure. Sa position

Les machines-outils de production allemande ont bonne réputation.

est par contre plus faible dans des secteurs de l'informatique, des télécommunications et des semi-conducteurs.

La technologie de protection de l'environnement est un des domaines de prédilection de l'Allemagne. Dans ce secteur, les entreprises allemandes figurent largement en tête, dans un comparatif mondial, pour le nombre de brevets déposés. Les entreprises allemandes sont également actives dans le domaine de la biotechnologie, l'une des technologies-clefs des décennies futures. Ici, les leaders restent toutefois les Etats-Unis et le Japon. La génétique ne représente pas seulement un défi pour les sciences et la technique; elle pose également de nombreuses questions d'éthique. La loi allemande sur la génétique garantit une recherche éprise de responsabilité, qui exclut en particulier toute manipulation sur la structure génétique humaine.

Parmi les produits de haute technicité figurent les réalisations des constructions mécaniques, de l'automobile et des constructions ferroviaires, les produits chimiques, l'électrotechnique ainsi que les appareils de mesure. Dans ce domaine, l'industrie allemande occupe depuis des dizaines d'années une position enviée qu'en dépit de toutes les fluctuations conjoncturelles, elle a toujours su préserver. Un préliminaire important en est le degré de formation élevé des ingénieurs et ouvriers spécialisés allemands.

L'artisanat

En République fédérale d'Allemagne, l'artisanat se distingue de l'industrie en ceci qu'il est, de loin, le secteur le plus ancien et le plus riche en traditions, quoique le plus petit, de l'économie. L'artisanat allemand a connu son apogée au Moyen Âge. Les imposantes cathédrales et les édifices richement décorés des corporations dans de nombreuses villes de la République fédérale en sont autant de témoignages. Mais aujourd'hui encore l'artisanat reste un facteur économique de tout premier ordre. En 1991, il faisait vivre plus de 4,5 millions de personnes et avait à son actif environ 9 % du produit national brut.

L'importance de l'artisanat pour la société industrielle. L'industrie ne saurait se passer des établissements artisanaux, entreprises performantes qui ont fait leurs preuves en tant que fournisseurs particulièrement souples de produits semi-finis et de composants. En outre, ils sont un trait d'union entre l'industrie et le consommateur. En effet, les produits industriels de haute technicité

La porcelaine de Meissen, la porcelaine œuvre d'art.

Technicien en électricité lors du contrôle final d'appareils.

nécessitent un entretien et, parfois même, des réparations. Mais les artisans produisent aussi eux-mêmes. Les boulangers, pâtissiers et bouchers garantissent une offre diversifiée en denrées alimentaires. En Allemagne, les maisons sont, aujourd'hui encore, construites en grande partie par des maçons, des charpentiers, des vitriers et des plombiers, pour qui le travail manuel n'est pas un vain mot. Beaucoup d'entreprises de prestations de services sont indispensables dans la vie quotidienne. Que ferait-on sans mécaniciens automobiles, coiffeurs, ramoneurs ou nettoyeurs de bâtiment?

Deux autres raisons confèrent à l'artisanat une importance particulière pour l'économie allemande. La première est qu'il permet à beaucoup de gens de se mettre à leur compte et qu'il constitue ainsi une espèce d'école pour les futurs chefs d'entreprise. La seconde est que les entreprises artisanales sont parmi les plus importants centres de formation. En effet, environ 40% des apprentis de la République fédérale y apprennent leur futur métier.

En 1949, l'Allemagne comptait 900.000 entreprises artisanales. Bien que leur nombre ait régressé par la suite, leurs effectifs ont continué à augmenter. Pour toute l'Allemagne, on comptait en 1991 environ 660.000 entreprises artisanales et 80.000 établissements para-artisanaux. Chaque entreprise artisanale emploie en moyenne huit personnes.

L'artisanat joue un rôle particulier dans la restructuration de l'économie des nouveaux Länder fédérés, où il s'est avéré être le moteur de la croissance. A l'époque de l'économie planifiée est-allemande, il existait encore un noyau de 82.000 entreprises artisanales privées, qui se sont maintenues parallèlement aux quelque 2.700 coopératives de production. Depuis la réunification, le nombre des entreprises artisanales privées dans les nouveaux Länder fédérés est remonté à environ 130.000, fin 1991.

Le principal corps de métier, si l'on prend pour critère le volume des effectifs, est l'artisanat des maçons et des ouvriers du béton et du béton armé ainsi que du génie civil. La Foire internationale de l'Artisanat, organisée chaque année au printemps à Munich, donne un aperçu impressionnant de la diversité de la production artisanale.

Le gouvernement fédéral aide les petites et moyennes entreprises artisanales à garantir et conforter leur compétitivité. Cette aide se traduit par des allégements fiscaux, des consultations des entreprises ainsi que l'octroi de crédits bonifiés à long terme.

L'organisation de l'artisanat. En République fédérale, l'exercice d'un métier artisanal et la formation professionnelle d'artisans ne sont autorisés qu'aux personnes inscrites dans le registre de l'artisanat (la liste des artisans indépendants dans la circonscription d'une Chambre des Métiers). L'exercice d'une telle activité requiert la possession d'un «grand certificat d'aptitude», en général un brevet de maîtrise. Un maître artisan n'a le droit de former des apprentis qu'à partir de l'âge de 24 ans. Les entreprises de chaque branche artisanale d'une ville ou d'un arrondissement rural sont regroupées en corps de métier. Ces corporations sont surtout compétentes pour la formation et le perfectionnement professionnels; mais elles peuvent aussi passer des conventions collectives et créer des caisses d'assurance maladie pour leurs adhérents. Les Chambres des Métiers sont les organismes d'autogestion qui défendent les intérêts de l'ensemble de l'artisanat. Il leur appartient de tenir à jour le registre des artisans et le registre des apprentis, ainsi que la liste des contrats d'apprentissage. Elles sont en outre compétentes pour l'organisation des examens et contrôlent la formation professionnelle. Les corporations et les Chambres des Métiers sont coiffées par l'Union centrale de l'Artisanat allemand.

Agriculture, sylviculture et pêche

L'Allemagne n'est pas seulement un pays hautement industrialisé. Elle possède aussi une agriculture très performante qui produit une gamme étendue de denrées alimentaires de très grande qualité. Sur les quelque 36 millions d'hectares que couvre sa superficie, la moitié environ est consacrée à l'agriculture. D'autre part, l'agriculture allemande assume des tâches qui prennent de plus en plus d'importance dans une société industrielle moderne: elle est la garantie que les régions d'urbanisation rurales resteront viables, et elle préserve les sites naturels. A l'instar des autres secteurs de l'économie, l'agriculture a subi de profondes mutations structurelles au cours des quarante dernières années.

L'agriculture. Dans l'ouest du pays, le nombre des exploitations agricoles a baissé d'environ un million depuis 1950. Attirés par de meilleures perspectives de revenus dans d'autres secteurs économiques, de nombreux agriculteurs se sont tournés vers les entreprises industrielles ou les services. La mécanisation croissante de l'agriculture a en outre permis de réaliser des économies de main-d'œuvre: en 1950, 1,6 million d'exploitations employaient près de 3,9 millions de personnes à temps complet. En 1990, par contre, les 630.000 exploitations survivantes n'employaient plus qu'à peine 750.000 personnes à temps plein.

A mesure que diminuaient le nombre des exploitations et l'importance de la main-d'œuvre, on a vu augmenter la productivité de l'agriculture: alors qu'en 1950 un travailleur agricole ne nourrissait que dix personnes, il en nourrit aujourd'hui 75. Malgré cet énorme gain de productivité, l'évolution des revenus dans l'agriculture n'a pas toujours suivi le rythme de l'économie et du commerce. Certes, à la fin des années quatre-vingt, le clivage des revenus avait nettement diminué puisqu'il était d'à peine 10 %, mais il a recommencé à s'élargir par la suite du fait d'une evolution défavorable des prix.

La structure de l'agriculture en Allemagne de l'Ouest est et reste caractérisée par les exploitations familiales. Plus de 90 % des unités exploitent une superficie inférieure à 50 hectares. Comparé à celui des autres pays d'Europe occidentale, le nombre des exploitations gérées en tant qu'activité professionnelle secondaire — les revenus principaux des familles étant fournis par des activités étrangères à l'agriculture — est, ici aussi, particulièrement important: près de la moitié des exploitations agricoles font partie de cette catégorie.

Classés en termes de recettes, les principaux produits de l'agriculture ouest-allemande sont le lait, la viande de porc et de bovin ainsi que les céréales et les betteraves sucrières. A l'échelon régional, des cultures un peu plus particulières comme la vigne, l'arboriculture et les cultures maraîchères ainsi que certains produits horticoles, jouent un rôle appréciable.

En Allemagne de l'Ouest, l'élevage consiste essentiellement en petits cheptels. Les «fabriques agraires» constituent une exception. Près de 90% des vaches laitières sont élevées dans des cheptels de moins de 40 têtes et près de 80 % des porcs d'embouche dans des cheptels de moins de 600 têtes.

Dans l'est de l'Allemagne, l'agriculture a encore un autre statut. Après la Seconde Guerre mondiale, les quelque 600.000 exploitations agricoles ont été contraintes par le gouvernement de l'ancienne RDA à abandonner leur gestion autonome. Elles ont été remplacées par des coopératives de production agricoles (LPG), entreprises très vastes dont le nombre était d'environ 5.100 à la fin de la RDA. Celles-ci étaient spécialisées dans la production massive de biens particuliers. Ainsi exploitaient-elles, pour la production végétale, en moyenne 4.300 hectares de terres, tandis que les exploitations d'élevage, rigoureusement séparées les unes des

Des machines modernes sont indispensables aux agriculteurs.

autres, comptaient en moyenne plus de 1.650 vaches, 11.000 porcs d'embouche ou 500.000 poules pondeuses. Les besoins des consommateurs et les coûts de production étaient à peine pris en considération, l'important pour la direction de l'exploitation étant de faire respecter le plan prescrit. Et cependant, les prix à la consommation restaient faibles, parce que le gouvernement est-allemand subventionnait chaque année les prix des denrées alimentaires de base à hauteur de 30 milliards de DM.

Une fois l'unité allemande parachevée, en octobre 1990, l'agriculture de l'ex-RDA a été reprivatisée. Malgré des conditions de propriété souvent encore mal définies, environ 14.000 agriculteurs privés avaient décidé, fin 1991, de gérer une exploitation à leur propre compte. Simultanément, les trois quarts des quelque 4.500 LPG initiales ont été transformées en sociétés coopératives enregistrées ou en sociétés de personnes ou de capitaux.

Pour encourager le difficile processus d'adaptation et l'intégration de l'agriculture est-allemande dans la Communauté européenne, les agriculteurs qui fondent ou réorganisent une exploitation bénéficient, pour une période transitoire, de subventions de la part de l'Etat. Celui-ci favorise également la transformation des anciennes LPG en entreprises concurrentielles.

Outre la production de denrées alimentaires, l'agriculture a, dans la République fédérale densément peuplée et très industrialisée, des tâches supplémentaires qui revêtent une importance croissante. Au nombre de celles-ci figurent

— la préservation des bases naturelles de l'existence;
— l'aménagement des sites naturels en tant qu'aires de loisirs et lieux de repos;
— la production à des fins industrielles de matières premières («renouvelables») d'origine agricole.

L'agriculture paysanne est la mieux placée pour accomplir ces diverses fonctions. En effet, c'est elle qui est le plus en mesure de s'adapter aux nouvelles exigences et de garantir que les denrées alimentaires soient produites d'une façon respectueuse de l'environnement.

La politique agricole communautaire. Avec la création, dans les années soixante, du marché commun agricole de la Communauté européenne, la politique agricole a été placée sous la tutelle des institutions européennes dans de nombreux domaines. Ceci vaut en particulier pour la politique commerciale et des prix, pour la politique du commerce extérieur ainsi que, de plus en plus, pour la politique structurelle.

De la campagne allemande, tout frais sur la table.

Le but que s'était fixé la CE, lors de sa fondation, était d'accroître la productivité de l'agriculture, d'améliorer les revenus des paysans, de stabiliser les marchés et de garantir l'approvisionnement des consommateurs en denrées alimentaires vendues à des prix raisonnables. Nombre de ces objectifs ont été atteints au cours des dizaines d'années de politique agricole commune. On a réussi à faire augmenter nettement la production agricole.

Aujourd'hui, pour d'importants produits, tels que les céréales, le lait et la viande bovine, l'offre dépasse largement la demande. C'est pourquoi détendre la situation sur les marchés agricoles en prenant des mesures pour limiter la production est entre-temps devenu un objectif prioritaire de la politique agricole communautaire. Avec les quotas pour le lait et le sucre ainsi que la mise en jachère de terres et l'extensification de la production agricole, un certain nombre de mesures commencent déjà à porter leurs fruits. Il faut toutefois encore les accentuer. En effet, à l'avenir, il faudra avant tout veiller à orienter la production agricole de la CE essentiellement sur sa consommation interne.

La politique agricole nationale. Si c'est aujourd'hui à l'échelon de la CE qu'est prise la plupart des décisions en matière de politique agricole, certaines compétences importantes n'ont cependant pas été laissées à la Communauté. Cela vaut en particulier pour la politique de la structure agricole. Dans ce domaine, la CE fixe certes le cadre à respecter, mais ce sont le gouvernement fédéral et le Bundestag qui le remplissent. Conjointement avec les Länder, le gouvernement fédéral développe ce secteur de la politique essentiellement par le biais de la mission communautaire «Amélioration de la structure agricole et de la protection du littoral». Ce projet veut notamment promouvoir des mesures d'économie des eaux comme la construction d'installations centralisées d'épuration des eaux usées et d'approvisionnement en eau potable, la construction de voies de communication pour l'agriculture ainsi que le remembrement et la modernisation des villages. Au niveau des exploitations individuelles, l'Etat fédéral et les Länder encouragent les agriculteurs qui veulent rationaliser leur ferme. Des subventions spécifiques sont en outre octroyées aux exploitations paysannes situées dans des régions désavantagées par la nature; en effet, dans ces dernières, l'agriculture est un facteur économique et social de première importance.

L'alimentation. Le consommateur allemand n'a aujourd'hui que l'embarras du choix devant la gamme de denrées alimentaires de grande qualité. Garantir cet approvisionnement à des prix raisonnables est l'objectif de la politique de l'alimentation menée par le gouvernement fédéral. Cela permet de réunir les conditions à une alimentation équilibrée. De même, le plus grand soin est accordé à la protection du consommateur contre les tromperies et les dangers menaçant sa santé. C'est pourquoi le gouvernement fédéral modifie en permanence les réglementations juridiques de la fabrication et de la distribution des denrées alimentaires en fonction des derniers enseignements scientifiques.

En outre, les informations relatives à une alimentation saine sont de plus en plus prises en compte. Le gouvernement fédéral subventionne donc d'importants organismes d'information et de consultation des consommateurs dans le secteur alimentaire. Ces organismes sont principalement la Société allemande pour l'alimentation, le Service d'analyse et d'information pour l'alimentation, l'agriculture et les forêts ainsi que les centrales de défense des consommateurs des Länder.

Une prospérité croissante et la grande diversité de l'offre de denrées alimentaires ont modifié profondément les habitudes alimentaires des Allemands au cours des dernières décennies. Par rapport à ce qu'elle était dans les années cinquante, la demande de produits végétaux à forte teneur en amidon, comme les pommes de terre et les céréales, a nettement baissé. En revanche, la consommation de viande, de volaille et d'œufs ainsi que celle de fruits et de légumes ont considérablement augmenté. Globalement, les consommateurs dépensent de moins en moins pour le poste

Alimentation: en moyenne, la part des denrées alimentaires dans le budget des ménages allemands ne représente plus que tout juste 17 %, contre 35 % en 1950.

La sylviculture. Les forêts couvrent près d'un tiers de la superficie de l'Allemagne, soit 10,7 millions d'hectares. Le Land fédéré le plus riche en forêts est, avec environ 41 % de sa superficie totale, la Rhénanie-Palatinat; à l'autre bout de l'échelle, si l'on fait abstraction des villes-Etats, le Land le plus pauvre en forêts est le Schleswig-Holstein, avec environ 10 %.

Au total, on abat en moyenne en Allemagne près de 40 millions de stères de bois par an, ce qui correspond à la croissance des nouveaux arbres et permet de couvrir environ les deux tiers des besoins domestiques. En 1990, la sylviculture allemande a été victime d'une série d'ouragans qui ont entraîné des dommages se chiffrant en milliards. A cette occasion, on a obtenu près de 75 millions de mètres cubes de ventis.

L'importance des zones forestières ne tient pas seulement au fait qu'elles fournissent la matière première bois. Elles offrent également un espace de détente et de repos pour les habitants des grandes agglomérations industrielles. En outre, la forêt a une incidence positive sur les sols, l'air et le climat dans la mesure où elle ralentit l'écoulement des eaux, brise la force des vents, purifie l'atmosphère et empêche l'érosion des sols ainsi que les avalanches. Les forêts sont donc un facteur primordial sur le plan de la protection de l'environnement et de la préservation des sites.

En 1975, le gouvernement a promulgué la «loi sur la préservation de la forêt et la promotion de la sylviculture». Elle subordonne tout défrichement des forêts et toute affectation des sols ainsi conquis à un autre usage à une autorisation préalable de l'autorité compétente du Land. Les propriétaires de forêts sont ainsi astreints, aux termes de la loi, à reboiser les surfaces qui ont subi des coupes rases.

L'objectif suprême de la politique sylvicole en Allemagne consiste à préserver les forêts dans leur étendue et leur rendement, à en augmenter la surface si c'est nécessaire et à garantir de façon durable leur exploitation correcte.

Depuis le début des années quatre-vingt, on a constaté dans les forêts allemandes des «dommages forestiers d'un nouveau genre», la mort des forêts, se manifestant par un éclaircissement des couronnes ainsi que par le jaunissement des aiguilles et des feuilles. Ces dommages forestiers d'un nouveau genre sont dus à un ensemble de facteurs d'origine biotique et abiotique. Les pollutions atmosphériques imputables à l'industrie, à la circulation automobile,

Chalutier hauturier en mer du Nord.

aux ménages et à l'agriculture ne sont pas étrangères à ce contexte.

La pêche. A l'instar de l'agriculture, la pêche a elle aussi connu de profondes mutations culturelles au cours des dernières décennies. Les régions côtières du monde entier ont étendu leurs zones de pêche à 200 milles marins; des bancs de poissons autrefois importants ont été décimés par suite d'une exploitation abusive, due en grande partie à l'application exagérée de méthodes de pêche modernes. Il en résulte que la flotte hauturière de la République fédérale a fortement régressé. Les principales zones de pêche pour l'Allemagne sont la mer du Nord, suivie de la Baltique, des eaux de l'ouest de la Grande-Bretagne et du Groenland.

Seul le cadre de la Communauté européenne a offert à la République fédérale une chance de surmonter la situation précaire dans laquelle se trouvait la pêche allemande par suite des modifications du droit international de la mer. Le gouvernement fédéral a en outre contribué au maintien de sa propre pêche hauturière par l'octroi de subventions de démarrage et de transition.

En vertu d'un rapport de la Commission-CE, les principes définis en 1983 pour la politique communautaire des pêches vont faire l'objet d'un réexamen (bilan de mi-temps). Son objectif prioritaire sera de préserver les ressources halieutiques parce que d'importantes espèces, en particulier dans la mer du Nord, sont et restent exploitées à outrance en raison des capacités de prise exagérées.

Le commerce

Au cours des cent dernières années, le commerce est devenu un secteur important de l'économie nationale allemande. Avec sa fonction de distribution, c'est lui qui a jeté les bases de l'économie actuelle, fondée sur la division du travail. En 1990, près de 4,13 millions de personnes de la République fédérale d'Allemagne étaient employées dans les quelque 505.600 entreprises commerciales (commerce de gros et de détail).

Le commerce de gros. Les activités des entreprises du commerce de gros consistent à fournir des biens aux revendeurs, finisseurs, utilisateurs industriels ou commerciaux ainsi qu'aux gros consommateurs. Le commerce de gros assure l'approvisionnement des entreprises de production en biens d'équipement, en matières

Les grandes surfaces facilitent les achats en grandes quantités.

Les petits détaillants mettent l'accent sur les conseils personnalisés.

premières et auxiliaires et en produits d'entretien et de fonctionnement. Quant au commerce de détail, le commerce de gros lui
fournit des biens de consommation et d'utilisation courante.

En 1949, le commerce de gros réalisait un chiffre d'affaires
d'environ 50 milliards de DM, contre 990 milliards en 1991. Ces
dernières années, la concurrence régnant dans ce secteur de
l'économie a contraint un certain nombre de petites entreprises pas
assez performantes à jeter l'éponge. Les mesures de rationalisation
ont aussi permis de réduire le nombre des actifs dans ce secteur.
En 1990, on comptait environ 1,017 million d'employés dans quelque
36.600 entreprises.

Le commerce de détail. En tant que forme de commerce la plus
proche du consommateur, le commerce de détail a connu une
évolution spectaculaire au cours des dernières décennies. La
propagation du libre-service, notamment, qui est apparue d'abord
dans le commerce de détail des denrées alimentaires, a permis une
rationalisation poussée. On a ensuite vu se développer de nouvelles
formes de distribution comme les magasins de discount et les
grandes surfaces.

Le commerce de détail est aujourd'hui caractérisé par une concurrence exacerbée et de faibles marges bénéficiaires — ce qui est tout à l'avantage du client.

En 1949, le commerce de détail ouest-allemand a réalisé un chiffre d'affaires de 28 milliards de DM. En 1991, ce chiffre d'affaires était supérieur à 740 milliards dans les anciens Länder et environ 100 milliards de DM dans les nouveaux Länder fédérés. Par suite des mesures de rationalisation, le nombre des personnes employées dans le commerce de détail ouest-allemand jusqu'à la fin des années quatre-vingt est retombé à environ 2,6 millions. Depuis l'unification allemande, qui a donné de nouvelles impulsions à ce secteur de l'économie, ce nombre a recommencé à augmenter. En 1990, le commerce de détail ouest-allemand employait plus de 2,7 millions d'actifs. Dans les nouveaux Länder fédérés, près de 400.000 personnes travaillaient dans le commerce de détail.

Dans l'ancienne RDA, le commerce de gros et de détail était détenu presque exclusivement par l'Etat. 400 exploitations commerciales étaient encore dans l'économie privée. 883.000 personnes travaillaient dernièrement dans le commerce est-allemand, dont l'assortiment n'était guère attrayant.

La démocratisation de l'automobile dans les anciens Länder fédérés et la tendance à acheter massivement à un prix avantageux ont favorisé l'apparition des grandes surfaces et des grands magasins libre-service. De nombreux petits détaillants ont été balayés par la concurrence: rien que de 1962 à 1986, le nombre des entreprises du commerce de détail est retombé de 445.000 à 340.000. Mais le commerce de détail est parfaitement capable de faire face à la concurrence des grandes marques: avec une offre individuelle, sa spécialisation, les conseils de spécialistes et un service personnalisé. De nombreuses petites et moyennes entreprises se regroupent en chaînes et centrales d'achat afin d'obtenir une puissance commerciale comparable à celle des grandes entreprises. C'est aussi, pour certains détaillants, le moyen de survivre. En 1990, il n'y avait plus que 11% de détaillants d'Allemagne de l'Ouest qui n'étaient pas membres d'une chaîne ou d'une centrale d'achat.

Hauptgemeinschaft des Deutschen Einzelhandels, Sachsenring 89 5000 Köln 1

Bundesverband des Deutschen Groß- und Außenhandels, Kaiser-Friedrich-Str. 13, 5300 Bonn 1

Le commerce extérieur

La République fédérale d'Allemagne est un pays industriel très développé, qui possède une main-d'oeuvre bien formée et un appareil de production performant. Elle est en revanche pauvre en matières premières et en ressources énergétiques; de même, elle ne produit pas non plus toutes les denrées alimentaires et le fourrage qu'elle consomme. Son économie, donc, est déjà tributaire du commerce mondial. Sur le plan politique, la République fédérale prône la coopération pacifique entre les peuples et une étroite interpénétration de l'économie mondiale. Son ouverture systématique sur le monde a fait de la République fédérale l'une des plus grandes puissances commerciales. Dans le commerce mondial, elle occupe une position de pointe avec les Etats-Unis et le Japon.

Equilibre des échanges extérieurs et exportations. La valeur globale des importations et des exportations de l'ancienne République fédérale est passée de 19,7 milliards de DM en 1950 à 1.311 milliards de DM en 1990. Depuis 1952, les exportations ont le plus souvent été supérieures aux importations, et ce, malgré de multiples réévaluations du DM. Depuis le début des années quatre-vingt, l'excédent réalisé aux exportations a presque toujours augmenté régulièrement. Ainsi était-il en 1989 de 134,5 milliards de DM. En 1991, l'excédent réalisé à l'exportation a considérablement régressé. L'une des raisons en a été l'énorme demande de produits dans les nouveaux Länder fédérés, qui a engendré un «appel d'air» pour les importations en République fédérale, faisant en revanche de celle-ci une locomotive de l'économie mondiale.

A l'étranger, les importants excédents réalisés à l'exportation par la République fédérale ont maintes fois suscité la critique. Ils sont pourtant nécessaires pour compenser des soldes négatifs dans d'autres domaines. Il s'agit par exemple, en premier lieu, des dépenses considérables faites par les touristes allemands à l'étranger et des versements des salariés immigrés en Allemagne aux membres de leur famille dans leur patrie. En outre, la République fédérale est l'un des grands bailleurs de fonds des organisations internationales. La République fédérale est aussi un grand importateur. Parmi les principaux biens d'importation, on distingue notamment des produits agricoles et textiles — produits avec lesquels les pays en développement et les jeunes nations industrialisées, en particulier, essayent de s'imposer sur les marchés mondiaux.

La gamme des exportations. En République fédérale, près d'un tiers de la population active travaille pour les exportations. L'Allemagne est en effet l'un des grands équipementiers industriels du monde. En tête de la liste des produits d'exportation, on trouve les machines, les produits chimiques et électrotechniques, les véhicules à moteur ainsi que le fer et l'acier. Des caractéristiques des exportations allemandes sont, dans le monde entier, la grande qualité, un service exhaustif et le respect assuré des délais de livraisons. Etant un pays à salaires élevés, l'Allemagne a dû se concentrer sur la production de produits de grande qualité et de haute technicité, afin de pouvoir compenser le handicap des coûts par rapport à ses concurrents. L'étroite implication de l'économie allemande avec l'étranger a aussi son tribut. La République fédérale est sensible à tous les troubles du commerce mondial parce que les

Prêts à partir pour les marchés du monde entier: containers à Bremerhaven.

Les plus grands partenaires commerciaux de la République fédérale d'Allemagne en 1991

Pays de fabrication
Exportations de (en milliards de DM)

Pays de consommation
Exportations vers (en milliards de DM)

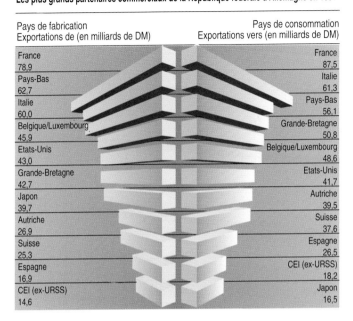

Pays de fabrication	Pays de consommation
France 78,9	France 87,5
Pays-Bas 62,7	Italie 61,3
Italie 60,0	Pays-Bas 56,1
Belgique/Luxembourg 45,9	Grande-Bretagne 50,8
Etats-Unis 43,0	Belgique/Luxembourg 48,6
Grande-Bretagne 42,7	Etats-Unis 41,7
Japon 39,7	Autriche 39,5
Autriche 26,9	Suisse 37,6
Suisse 25,3	Espagne 26,5
Espagne 16,9	CEI (ex-URSS) 18,2
CEI (ex-URSS) 14,6	Japon 16,5

emplois, les investissements, les bénéfices et le niveau de vie sont conditionnés par son développement. La stabilité de l'économie mondiale, la liberté du commerce et un système monétaire bien ordonné sont donc des préalables vitaux pour l'économie nationale allemande.

Les partenaires commerciaux. Avec l'intégration économique toujours plus avancée de la Communauté européenne (CE), les échanges commerciaux de la République fédérale avec les autres Etats membres de la CE ont connu un essor reléguant loin derrière le commerce avec les autres pays. En 1990, pas moins de 55 % des exportations allemandes sont allées exclusivement à la CE.

Le principal partenaire commercial de l'Allemagne est la France. En 1991, la République fédérale a exporté vers la France pour environ 87,5 milliards de DM de biens et de services; les importations de France se chiffraient à largement 78,9 milliards de DM. Les autres grands clients de l'Allemagne sont l'Italie, la Grande-Bretagne, les Pays-Bas et la Belgique/Luxembourg. Viennent ensuite les Etats-

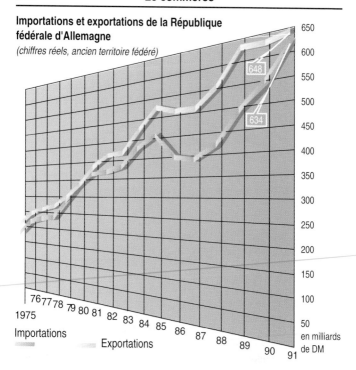

Importations et exportations de la République fédérale d'Allemagne

(chiffres réels, ancien territoire fédéré)

648

634

1975 76 77 78 79 80 81 82 83 84 85 86 87 88 89 90 91

Importations

Exportations

en milliards de DM

650 600 550 500 450 400 350 300 250 200 150 100 50

Unis, en direction desquels ont été exportés pour environ 42 milliards de DM de marchandises en 1991.

Pour les importations également, la France arrive au premier rang, suivie des Pays-Bas, de l'Italie, de Belgique/Luxembourg, de la Grande-Bretagne et des Etats-Unis. Le Japon est, lui aussi, un partenaire commercial important. Mais, alors que les importations en provenance du Japon ont atteint près de 40 milliards de DM en 1991, l'Allemagne n'a exporté que pour 16,5 milliards de DM de marchandises vers le Japon durant la même période.

En 1990, les nouveaux Länder fédérés sont apparus pour la première fois dans la statistique allemande du commerce. Par tradition, le commerce est-allemand portait en priorité sur les échanges de produits avec les pays à commerce d'Etat de l'ancien bloc oriental. Le principal partenaire commercial de la RDA était l'URSS. En 1990, celle-ci a aussi joué un rôle important pour le commerce panallemand : l'Allemagne a exporté pour environ 18 milliards de DM vers l'Union soviétique, les importations ayant atteint 14,6 milliards de DM.

Les investissements à l'étranger. Après la Seconde Guerre mondiale, les Allemands ont dû repartir à zéro pour leurs investissements à l'étranger. La quasi-totalité du patrimoine de l'Allemagne en dehors de ses frontières était perdue. Depuis, la somme des fonds investis à l'étranger s'élevait à environ 221 milliards de DM à la fin 1990. Inversement, les investisseurs étrangers se sont aussi engagés en République fédérale et, dans le même temps, leurs investissements dans ce pays ont dépassé 127 milliards de DM.

Quoi qu'il en soit, les investissements à l'étranger confortent l'interpénétration économique internationale. Ils favorisent la division internationale du travail et peuvent être, notamment dans les pays en développement, un moyen d'atténuer le grave problème du chômage. En outre, l'arrivée de capitaux allemands va aussi presque toujours de pair avec un transfert du savoir-faire allemand dans le monde entier, ce qui contribue à accomplir les tâches de l'avenir.

Pour circonscrire les risques économiques et politiques inhérents aux investissements dans les pays en développement, le gouvernement fédéral a créé un instrument particulier de promotion. Ainsi a-t-il passé des accords de promotion et de protection de ses investissements à l'étranger avec plus de 70 pays en développement et pays d'Europe centrale et orientale. Cela concerne, entre autres, l'égalité de traitement avec les ressortissants et le régime préférentiel pour les résidents à l'étranger, le libre transfert de capitaux et de revenus, un dédommagement en valeur réelle correspondante en cas d'expropriation, un libre recours à l'arbitrage de la Chambre de Commerce internationale, etc. L'Etat fédéral assure une protection contre le risque politique en octroyant des garanties d'investissement pour les placements méritant d'être encouragés dans les pays susmentionnés. La Société allemande de financement des participations dans les pays en développement (DEG), créée par l'Etat fédéral, encourage les investissements directs de firmes allemandes dans le tiers monde. Des prêts avantageux et des subventions sont consentis aux petites et moyennes entreprises allemandes qui désirent s'implanter dans des pays en développement et y transférer des technologies.

Matières premières et énergie

La République fédérale d'Allemagne est un pays très pauvre en matières premières, donc largement tributaire des importations pour son approvisionnement énergétique. Ainsi l'Allemagne, cinquième consommateur d'énergie au monde, doit-elle importer environ les deux tiers de l'énergie primaire dont elle a besoin. Sa dépendance est également importante pour les matières premières minérales (par exemple le cuivre, la bauxite, le manganèse, le titane, le phosphate brut, le wolfram et l'étain). Les gisements allemands de minerais de fer et de pétrole sont modestes, mais les besoins de gaz naturel peuvent tout de même être couverts pour un tiers par des sources domestiques. En revanche, les gisements de houille, de lignite et de sel sont riches et se prêtent à une exploitation rentable pour plusieurs décennies encore.

Consommation d'énergie primaire

(en pétajoule PJ = 10^{15} J; taux en pour cent, anciens Länder fédérés)

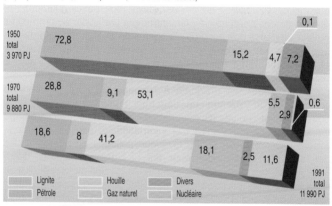

1950 total 3 970 PJ : 72,8 — 15,2 — 4,7 — 7,2 — 0,1

1970 total 9 880 PJ : 28,8 — 9,1 — 53,1 — 5,5 — 2,9 — 0,6

1991 total 11 990 PJ : 18,6 — 8 — 41,2 — 18,1 — 2,5 — 11,6

Lignite — Houille — Divers
Pétrole — Gaz naturel — Nucléaire

Mines et pétrole. Les principaux bassins houillers sont la région charbonnière de Rhénanie-Westphalie ainsi que le bassin de la Sarre. Les réserves extractibles de charbon sont évaluées à environ 24 milliards de tonnes. Dans le sud du Brandebourg, en Saxe, en Saxe-Anhalt et au pied du Harz ainsi qu'en Rhénanie du Nord, près de Cologne, se trouvent d'importants gisements de lignite. 94 milliards de tonnes sont considérées comme exploitables.

A l'avenir, la houille et le lignite devront continuer à garantir l'approvisionnement énergétique de l'Allemagne, mais dans des proportions moindres qu'à la fin des années quatre-vingt. Le charbon continuera à jouer un rôle de vecteur énergétique pour l'industrie sidérurgique et la production d'électricité; mais des préalables géologiques défavorables ont augmenté le coût de son exploitation, ce qui oblige à en réduire l'extraction.

Le lignite a été le principal vecteur énergétique de l'ancienne RDA. Sa mauvaise qualité et l'absence d'installations d'épuration des gaz toxiques dans les centrales ont hélas entraîné une très grave pollution atmosphérique. En même temps, une exploitation massive à ciel ouvert a en outre laissé derrière elle des contrées dévastées. Pour des raisons de protection de l'environnement, l'exploitation du lignite dans les nouveaux Länder a déjà régressé.

En 1950, le taux du charbon dans la consommation énergétique de l'ancienne République fédérale était de 73%, mais il est retombé à tout juste 19% en 1990. La part des hydrocarbures dans l'approvisionnement énergétique est elle aussi en recul, en raison du prix élevé du pétrole et de la promotion dont bénéficient d'autres sources d'énergie. De 55% en 1973 (contre à peine 5% en 1950), la proportion des hydrocarbures dans la consommation d'énergie est retombée à tout juste 41% en 1990. Les crises pétrolières des années soixante-dix, en particulier, ont mis en évidence la nécessité d'un approvisionnement énergétique sans à-coups pour la République fédérale.

L'Allemagne doit importer la quasi-totalité du pétrole brut dont elle a besoin. Les gisements domestiques de pétrole, dans la plaine d'Allemagne du Nord, dans la plaine du Haut-Rhin et au pied des Alpes, ne sont plus évalués qu'à environ 50 millions de tonnes. La production domestique est en recul depuis plusieurs années.

La situation est déjà plus propice pour le deuxième vecteur énergétique par ordre d'importance, à savoir le gaz naturel. Après la découverte de nouveaux gisements dans le pays d'Ems et en mer du Nord, les réserves de gaz naturel s'élèveraient à 500 milliards de mètres cubes. En 1990, le gaz naturel couvrait environ 17,5% de la consommation d'énergie primaire de l'ancienne République fédérale. En outre, la République fédérale dispose de faibles réserves d'uranium. L'uranium enrichi nécessaire à l'exploitation des centrales nucléaires doit toutefois être importé intégralement.

La politique des matières premières. Actuellement, l'approvisionnement de la République fédérale en matières premières est pratiquement assuré. Compte tenu de la situation générale de l'approvisionnement, on ne se contente cependant pas de rechercher de nouveaux gisements en Allemagne et à l'étranger, mais on s'efforce aussi, simultanément, de réduire la consommation de matières premières. Le recyclage des matériaux, autrement dit la réutilisation des matériaux usagés, revêt une importance croissante dans ce contexte. Il en va de même pour la substitution, c.-à-d. le remplacement d'une matière première coûteuse ou nuisible à l'environnement par une autre meilleure. Pour se prémunir contre les perturbations temporaires dans les livraisons, les entreprises consommatrices de matières premières se sont assuré une marge de sécurité en constituant des stocks.

Pour garantir son approvisionnement en matières premières, la République fédérale a surtout besoin de marchés viables. Pour ses relations économiques avec les pays souvent peu industrialisés possédant les matières premières nécessaires, la République fédérale applique les principes suivants:

— maintien de la capacité de fonctionnement et de la croissance de l'économie mondiale;
— stabilisation des montants des règlements d'opérations d'exportation de matières premières, notamment avec les pays les moins avancés, et garantie d'un approvisionnement ininterrompu de ces matières premières;
— accélération de l'industrialisation des pays en développement et accord de facilités pour les transferts technologiques entre pays industrialisés et pays en développement;
— ouverture des marchés des pays industrialisés aux importations de produits finis et semi-finis en provenance des pays en développement;
— promotion du transfert permanent des capitaux vers les pays en développement et protection des investisseurs contre les risques d'expropriation;
— accroissement du transfert de ressources en faveur des pays en développement par les nations industrialisées.

L'économie de l'énergie. Un approvisionnement énergétique à la fois sûr, respectueux de l'environnement et concurrentiel est l'une des conditions essentielles au bon fonctionnement de toute économie moderne. L'énergie est aussi l'un des besoins fondamentaux des citoyens. En République fédérale d'Allemagne, l'approvisionnement énergétique est en majeure partie aux mains d'entreprises privées. L'Etat, de son côté, se contente de poser les jalons de cette activité économique. Les instruments dont il s'est doté pour cela sont la loi sur l'économie de l'énergie, les règlements sur la prévention des crises et l'approvisionnement des stocks de couverture, ainsi que la législation relative à la protection de l'environnement.

Depuis 1973, la situation sur les marchés nationaux de l'énergie a profondément changé, et ce, à plusieurs reprises. Deux explosions du prix du pétrole ont ébranlé l'économie mondiale, explosions qui ont été suivies par une chute rapide du prix du pétrole. Ce passif et la guerre du Golfe, en 1991, ont accru les incertitudes quant à l'évolution du prix de ce qui est encore le vecteur énergétique numéro un. Parallèlement, pour la production et la consommation d'énergie, la nécessité d'accorder à la protection de l'environnement davantage d'attention que par le passé est apparue clairement. Le secteur de l'énergie en Allemagne a déjà pris des mesures résolues pour réaliser des économies d'énergie et pour une consommation d'énergie plus respectueuse de l'environnement. A long terme, on ne peut exclure de nouvelles pénuries ni des augmentations de prix consécutives, en particulier pour les hydrocarbures. Le système d'approvisionnement du secteur de l'énergie doit donc conserver à l'avenir ses facultés d'adaptation.

Les centrales nucléaires fournissent 38% du courant électrique.

La politique énergétique. A l'avenir aussi, selon les vœux du gouvernement fédéral, le nucléaire devra continuer à contribuer substantiellement à la production de courant électrique. En 1991, les 21 centrales nucléaires de l'ancienne République fédérale couvraient environ 38% de l'approvisionnement public en électricité. Depuis 1975, la construction et l'exploitation des centrales nucléaires en République fédérale font l'objet d'un débat public animé. Nombreux sont les citoyens qui craignent les dommages causés à l'environnement, voire les catastrophes. L'accident du réacteur de Tchernobyl, en 1989, est venu renforcer leurs réserves. Le gouvernement fédéral prend très au sérieux les réserves émises par la population, qui est informée en détail sur la politique énergétique; selon la conviction

Lignes à haute tension: toute société industrielle a besoin d'énergie.

L'exploitation de l'énergie éolienne est elle aussi encouragée.

du gouvernement fédéral, l'exploitation ultérieure du nucléaire reste raisonnable et recommandée à l'avenir — tant que l'on ne disposera pas d'un vecteur énergétique comparable sur le plan de la sécurité de l'approvisionnement, du respect de l'environnement et de la modicité de son prix.

Les réacteurs nucléaires de l'ancienne République fédérale présentent un haut niveau de sécurité confirmé. Depuis le début de l'exploitation pacifique du nucléaire, la sécurité des installations a la priorité absolue sur les considérations économiques. Les déchets radio-actifs produits lors de la fission de l'atome seront stockés dans l'une des anciennes grandes mines de sel de l'Allemagne du Nord.

Depuis la réunification de l'Allemagne, les nouveaux Länder fédérés, eux aussi, ont pratiquement adopté les principes de la politique énergétique ouest-allemande. Le sévère droit de l'environnement en vigueur en Allemagne de l'Ouest s'applique ainsi également à l'ancienne RDA, ce qui a par exemple entraîné l'arrêt ou le déclassement définitif de réacteurs en service dans le domaine de l'énergie nucléaire.

Le niveau élevé de la politique énergétique allemande est attesté à l'échelle internationale, par exemple par les contrôles annuels effectués par l'Agence internationale de l'Energie (IEA). Les mesures de protection de l'environnement prises par le gouvernement fédéral et les entreprises productrices d'énergie ont déjà entraîné une diminution considérable des pollutions.

Les systèmes monétaire et bancaire

L'unité monétaire de la République fédérale d'Allemagne est le Deutsche Mark (1 DM = 100 Pfennig). Elle est librement convertible; autrement dit, elle peut être négociée à tout moment contre une monnaie étrangère au taux de change correspondant. La circulation des capitaux avec l'étranger n'est soumise à aucune limitation. Le Deutsche Mark est l'une des monnaies les plus stables du monde et, après le dollar US, elle est la deuxième monnaie de réserve par l'importance.

La Bundesbank. La banque d'émission de la République fédérale d'Allemagne est la Bundesbank, la Banque fédérale, dont le siège est à Francfort-sur-le-Main. Son capital initial appartient à l'Etat fédéral. Elle n'est pas subordonnée aux directives du gouvernement fédéral dans l'exercice de ses fonctions. Elle est cependant tenue de soutenir la politique économique générale menée par le gouvernement. La Bundesbank dispose dans chaque Land d'une banque centrale de Land et de succursales. La direction générale de la Bundesbank est composée du président, du vice-président et d'autres membres. Elle est mise en place par le président fédéral sur proposition du gouvernement fédéral. Sa direction générale et les présidents des banques centrales de Land forment ensemble le Conseil de la banque centrale. Celui-ci définit la politique monétaire et la politique du crédit de la Bundesbank et fixe les directives générales pour sa direction et sa gestion.

La Bundesbank est la seule banque habilitée à émettre des billets de banque. Depuis 1990, elle émet graduellement des coupures avec de nouveaux motifs ; pour la première fois, il existe aussi une coupure de 200 DM. La Bundesbank règle la circulation monétaire et l'approvisionnement en crédits de l'économie et veille par ailleurs au bon déroulement des opérations bancaires de paiement à l'intérieur du pays et avec l'étranger. Avec le traité sur l'Union économique, monétaire et sociale, signé le 1er juillet 1990, la monnaie de l'ancienne RDA a été abandonnée en faveur du D-Mark. Simultanément, la loi sur le crédit a été étendue au territoire de l'ancienne RDA. La totalité des 571 établissements de crédit de la RDA sont assujettis à cette loi et à d'autres lois de surveillance bancaire.

Par le contrôle de la masse monétaire en circulation, la Bundesbank s'emploie à garantir la stabilité du Deutsche Mark et,

Billets de banque allemands.

parallèlement, à injecter dans les circuits économiques les moyens de paiement nécessaires au financement de la croissance économique. Elle recourt à cet effet, en première ligne, aux instruments de la politique de réserve minimum, de refinancement et de marché libre.

Les établissements de crédit sont tenus de maintenir auprès de la Bundesbank un pourcentage légal de couverture obligatoire — la «réserve minimum obligatoire» — sans que ces fonds soient porteurs d'intérêts. En modifiant ce pourcentage, la Bundesbank peut influer sur les possibilités de création de crédits par les établissements bancaires.

Avec la politique de refinancement, la Bundesbank supervise l'octroi de crédits aux établissements de crédit. Elle intervient soit en achetant des effets, soit en nantissant des titres. La hauteur du taux de l'escompte (pour les effets) et du taux Lombard (pour les titres) est un important facteur de manœuvre.

La Bundesbank n'est autorisée à effectuer des opérations de marché libre que pour régler le marché monétaire. En achetant des titres, elle injecte de l'argent dans l'économie et, en vendant des titres, elle rétrécit la base du crédit bancaire.

Le Système monétaire européen. Créé en 1979, le Système monétaire européen (SME) a pour mission de stabiliser les taux de change entre les monnaies des pays de la CE. Hormis l'Espagne et le Portugal, tous les pays de la CE sont membres du SME; mais, pour la Grande-Bretagne et la Grèce, il existe des dispositions spéciales. Afin de stabiliser les parités, chaque Etat membre a fixé pour sa monnaie un cours de référence par rapport à la nouvelle unité de monnaie européenne, l'écu. La valeur de l'écu est calculée sur la base d'une «corbeille» englobant toutes les monnaies des pays participant au SME. Les cours du marché de chaque monnaie peuvent s'écarter de leur cours de référence bilatéral vers le haut et vers le bas. S'ils varient au-delà de la marge de fluctuation admise, les banques d'émission interviennent pour les stabiliser. Le SME n'a d'incidence que sur les parités entre les monnaies des pays participants. Les cours par rapport aux autres monnaies (au dollar US ou au yen japonais, par exemple) peuvent donc fluctuer librement sur les marchés des changes. Il est prévu d'instituer une monnaie unique européenne au plus tard à la fin des années quatre-vingt-dix. Les chefs d'Etat et de gouvernement des Etats membres de la CE ont pris une résolution ad hoc lors du sommet européen de Maastricht, en décembre 1991.

Les établissements de crédit. En Allemagne, il existe trois types d'établissements de crédit: publics, coopératifs et privés. En 1990, on comptait 341 banques de crédit, onze banques centrales de virement, 771 caisses d'épargne, quatre banques centrales coopératives, 3.392 coopératives de crédit, 36 banques de crédit foncier ainsi que 18 établissements de crédit spécialisés, 20 caisses d'épargne logement et 16 offices de caisses de virement et d'épargne des Postes.

Le secteur des banques de crédit privées regroupe de grandes banques jouissant du statut juridique de société anonyme et qui comptent parmi leurs clients non seulement des entreprises, mais aussi de nombreux salariés. Les banques centrales de virement (les banques de Land) sont les instituts de crédit centraux des caisses d'épargne publiques établies dans les différents Länder fédérés. En leur qualité de banques des Länder, elles sont essentiellement tenues d'assurer un service de financement à l'échelon régional. Les caisses d'épargne sont généralement gérées par les communes ou les syndicats communaux. La majeure partie de leur clientèle privée

La Bourse des titres de Francfort est la plus grande d'Allemagne.

consiste en représentants des professions libérales et en salariés. De par leur statut juridique, elles sont des entreprises publiques autonomes; seule la commune est responsable vis-à-vis de la caisse d'épargne. Les banques centrales coopératives supervisent les caisses de crédit agricole Raiffeisen et les banques populaires. Ces coopératives puisent surtout leur clientèle dans l'agriculture et les petites et moyennes entreprises de l'industrie, du commerce et de l'artisanat. Plus de onze millions d'Allemands détiennent des parts dans l'une de ces coopératives.

Les banques de prêts hypothécaires sont des établissements de crédit foncier qui accordent des crédits hypothécaires et des prêts communaux et réunissent les fonds nécessaires en émettant des obligations hypothécaires et des obligations communales. Parmi les établissements de crédit spécialisés figure notamment l'Institut de crédit à la reconstruction (KfW). Les caisses d'épargne logement reçoivent les dépôts d'épargne de personnes désirant construire ou acquérir une maison ou un appartement et leur consentent des prêts à cet effet dès lors qu'une certaine somme a été épargnée.

Les activités de tous les établissements de crédit de la République fédérale sont soumises à la tutelle de l'Office fédéral de contrôle du crédit, dont le siège est à Berlin. S'il arrive qu'un établissement de crédit se trouve en difficulté, les «fonds d'urgence» des banques sont débloqués alors pour couvrir les pertes des épargnants.

Les marchés financiers. Le montant total des crédits accordés par les établissements monétaires n'a cessé d'augmenter au cours des dernières années. Fin 1990, les banques des anciens Länder fédérés avaient versé aux entreprises et aux particuliers pour plus de 2.000 milliards de DM de crédits. Parallèlement, les économies des ménages ont, elles aussi, augmenté. Ainsi, de 1980 à 1990, les dépôts d'épargne dans l'ancienne République fédérale sont passés de 491 à 678 milliards de DM. Les avoirs sur livret sont encore le placement privilégié pour la constitution d'un patrimoine par les particuliers même s'ils ne sont porteurs que d'intérêts très bas. Les titres à revenus fixes, qui représentaient un volume de 1.460 milliards de DM en 1990, offrent des intérêts supérieurs. Une part relativement importante de ces titres consiste en emprunts du secteur public, au nombre desquels figurent notamment les obligations hypothécaires, qui financent en grande partie la construction de logements.

Le négoce des actions jouit d'une popularité toute relative auprès des Allemands de l'Ouest. La plus importante bourse des titres a son siège à Francfort-sur-le-Main, où sont effectués près des deux tiers des opérations de titres des bourses allemandes. A l'échelle mondiale, la Bourse de Francfort occupe le 4ème rang derrière Tokyo, New York et Londres.

Comptes et modes de paiement. Dans les années soixante, encore, nombreux étaient les travailleurs allemands qui percevaient leur salaire en espèces. Aujourd'hui, pratiquement chaque salarié est titulaire d'un compte de virement ou de domiciliation du salaire. Plus de 30 millions d'Allemands utilisent en outre l'eurochèque comme moyen de paiement: celui-ci est accepté dans presque tous les pays d'Europe. Les cartes de crédit, quant à elles, sont de plus en plus populaires et plus de 5,4 millions d'exemplaires étaient déjà en circulation en 1991.

Bundesverband Deutscher Banken
Mohrenstr. 35 — 51
5000 Köln 1

Deutscher Sparkassen- und Giroverband
Simrockstr. 4
5300 Bonn 1

Bundesverband der deutschen Volksbanken u. Raiffeisenbanken e. V.
Heussallee 5
5300 Bonn 1

Salons et expositions

Les salons et foires commerciales allemands peuvent se prévaloir d'une longue tradition: ils se sont développés au début du Moyen Age à partir de différents marchés drainant la plupart des échanges commerciaux. Les foires étaient placées sous l'égide des princes. C'est ainsi que, le 11 juillet 1240, l'empereur Frédéric II conféra à la ville de Francfort-sur-le-Main la prérogative d'une foire et plaça sous sa protection les négociants désireux de s'y rendre. La Foire de Leipzig doit sa prospérité ultérieure à un privilège que l'empereur Maximilien lui accorda en 1507.

Aujourd'hui, la foire universelle telle qu'elle existait naguère en Allemagne a été remplacée par le salon professionnel consacré à un ou plusieurs secteurs de l'économie. L'Allemagne jouit d'un prestige mondial comme vitrine d'exposition : sur les quelque 150 grands salons professionnels d'envergure internationale, 107 se tiennent en Allemagne. En 1991, les foires et expositions d'envergure suprarégionale organisées en Allemagne ont accueilli plus de 9,7 millions de visiteurs.

Les organisateurs allemands de salons ne cessent de diversifier leur programme, affectant des fonds considérables aux travaux de transformation et de construction ainsi qu'à des concepts d'exposition toujours nouveaux. Le nombre des exposants étrangers participant aux salons allemands a enregistré une hausse d'environ 44% en 1991. Une offre internationale toujours plus grande anime la concurrence.

Salons et expositions organisés en République fédérale. Outre les grands salons, environ 130 foires régionales et une multitude de manifestations de moindre envergure sont organisées chaque année en Allemagne. Les plus grandes villes d'expositions d'Allemagne sont: Berlin, Düsseldorf, Essen, Francfort-sur-le-Main, Hambourg, Hanovre, Cologne, Leipzig, Munich, Nuremberg et Stuttgart. La Foire de Hanovre, fondée en 1947 et reconduite chaque année au printemps, possède un statut particulier. Avec environ 6.000 exposants de biens d'investissement et de consommation sur une surface de près d'un demi-million de mètres carrés, la Foire de Hanovre est le plus grand salon industriel du monde. Elle a été scindée en 1986 et organise, depuis cette date, le «CeBIT», salon spécifique à la bureautique, à l'informatique et aux techniques de télécommunications.

La Foire de Hanovre est la plus grande exposition industrielle du monde.

Francfort-sur-le-Main est, au printemps et à l'automne, le théâtre de salons des biens de consommation ayant pour priorités la céramique et la porcelaine, le verre et l'artisanat d'art ainsi que la joaillerie et la papeterie. En outre, Francfort organise toute une série d'importantes manifestations spécialisées comme le salon professionnel international «Sanitaire-Chauffage-Climatisation», qui a lieu tous les deux ans, ou l'«interstoff», un salon professionnel pour les textiles de confection. La Foire du livre, organisée chaque année en automne est, depuis longtemps, un véritable pôle d'attraction pour les éditeurs, les libraires et les auteurs du monde entier.

Cologne organise l'«ANUGA» (marché mondial de l'alimentation), la «photokina» (salon mondial de l'image), le Salon international du Meuble, l'«art-cologne» (salon des arts) et d'autres salons spécialisés dans les appareils électro-ménagers, la quincaillerie, ainsi que les cycles et les motocyclettes. Les salons qui viennent immédiatement à l'esprit lorsqu'on parle de Berlin sont la «Semaine verte» (consacrée à l'agriculture et à l'alimentation), la Bourse internationale du Tourisme, la foire des importations d'outre-mer «Partenaires du Progrès» et le Salon international de la Radiodiffusion, d'envergure mondiale. Pour la première fois depuis soixante ans, l'«IFA — le Salon international de l'Aéronautique et de l'Astronautique» — va de nouveau avoir lieu à Berlin en 1992. D'importantes manifestations organisées à Düsseldorf sont la «Drupa» (imprimerie et papier), la «GIFA» (salon spécialisé dans la fonderie), l'«INKAMA» (techniques de mesure et automation), l'«INTERPAK» (technologie de l'emballage), ainsi que le salon international de la mode «IGEDO», organisé plusieurs fois par an.

Leipzig peut se targuer d'une grande tradition comme place de foires.

A Munich, les deux plus importants salons sont la «BAUMA» (salon international des engins du bâtiment) et la «Foire internationale de l'Artisanat». Les salons spécialisés dans les ordinateurs et les composants électroniques sont un secteur en plein essor.

La réunification de l'Allemagne a fait fusionner deux formes totalement différentes de salon: le salon spécialisé décentralisé, organisé en concertation avec l'industrie, en Allemagne, et le système de foire universelle de Leipzig, dirigé par l'Etat, dans l'ancienne RDA. Leipzig a entre-temps mis au point un nouveau concept de foires privilégiant les salons spécialisés. A titre d'exemple, la traditionnelle Foire de printemps de Leipzig va poursuivre sa vocation en tant que vitrine de plusieurs salons spécialisés. Leipzig mise sur ses compétences dans le commerce avec l'Est et veut donner des impulsions à la relance économique chez ses voisins orientaux.

Salons et expositions organisés à l'étranger. L'interpénétration croissante de l'économie mondiale a eu pour effet que la promotion des exportations par le biais de la participation à des salons et des expositions à l'étranger est devenue toujours plus importante pour l'économie allemande. On recourt pour ce faire aux stands d'information des industries exportatrices, aux expositions représentatives d'articles de démonstration, d'échantillons et de modèles ou aux participations collectives d'entreprises industrielles et de services gouvernementaux. En 1990, les firmes allemandes ont participé à 136 manifestations de ce type à l'étranger. En outre, la République fédérale d'Allemagne organise régulièrement des expositions industrielles à l'étranger, comme par exemple la «TECHNOGERMA», à Séoul en 1991. En 1992, elle a participé à l'Exposition universelle de Séville. L'Allemagne accueillera vraisemblablement aussi une exposition universelle, prévue pour l'an 2000 à Hanovre. Cette exposition universelle aura pour devise «Homme-Nature-Technique».

Ausstellungs- und Messeausschuß der Deutschen Wirtschaft AUMA
Lindenstr. 8
5000 Köln 1

Les transports

Toute société industrielle moderne, comme la République fédérale d'Allemagne, a impérativement besoin d'un système de transport performant. Un tel système garantit aux citoyens la liberté de mouvement, facilite le choix de leur domicile et de leur lieu de travail et contribue à réduire les inégalités des conditions de vie. Un réseau de voies de communication bien structuré est indispensable à l'industrie, à l'artisanat et au commerce pour travailler à plein rendement et faire preuve de la souplesse nécessaire. Ceci est d'autant plus important pour l'Allemagne qu'elle est tournée vers le commerce extérieur.

La politique allemande des transports est actuellement confrontée à de lourds défis: il va falloir réhabiliter et étendre le réseau de voies de communication de l'ancienne RDA. Avec l'entrée en vigueur du Marché unique européen, en 1993, et l'ouverture de l'Europe de l'Est, l'Allemagne va devenir, plus encore qu'elle ne l'était déjà, la plaque tournante des courants économiques et de transports au cœur de l'Europe.

Le projet de circulation UNITÉ ALLEMANDE. Alors que les anciens Länder disposent d'excellentes voies de communication, le système

Dans la nouvelle gare de Kassel-Wilhelmshöhe: l'ICE.

de transport dans les nouveaux Länder doit être reconstitué de toutes pièces, modernisé et étendu. Selon les calculs actuels, cela exigera des milliards d'investissements d'ici à l'an 2000. Ce sont les liaisons Est-Ouest à l'intérieur de l'Allemagne qui ont la priorité, car elles conditionnent la croissance organique de l'Allemagne et le redressement économique des nouveaux Länder fédérés. Dans cette optique, le gouvernement fédéral a défini dix-sept projets particulièrement importants dans le domaine des transports par voies routières, fluviales et ferroviaires. Ce plan logistique intitulé «UNITÉ ALLEMANDE» doit être mis en œuvre dans les meilleurs délais. A cette fin, les procédures de planification et de prise de décision seront considérablement allégées et la construction des routes et voies ferrées projetées confiée à des compagnies privées.

Les moyens de transport. C'est, de loin, la voiture particulière qui assure les déplacements du plus grand nombre de gens en Allemagne. En 1990, elle avait à son actif 685 milliards de voyageurs/kilomètres. A titre comparatif, le bilan a été de 88 pour les moyens de transport collectifs comme le bus, le métro et le tramway, de 63 pour le train et de 18 milliards de voyageurs/kilomètres pour l'avion. Pour les transports de marchandises, le camion arrive en tête, avec 183 milliards de tonnes/kilomètres, devant le train, avec 103, et la batellerie, avec 57 milliards de tonnes/kilomètres.

La Bundesbahn et la Deutsche Reichsbahn. La Deutsche Bundesbahn (DB), les chemins de fer fédéraux, est la plus importante entreprise de transports de la République fédérale. Après la fusion projetée avec la Deutsche Reichsbahn (DR), son homologue est-allemande, les chemins de fer allemands réunifiés emploieront près de 500.000 personnes. Au cours des prochaines années, la rationalisation imposera des coupes sombres dans leurs effectifs, en particulier au sein de la DR. Actuellement, les deux compagnies disposent d'un réseau ferroviaire d'environ 40.900 km, dont près de 16.000 sont électrifiés. Le réseau de la DR, 13.000 km, doit être ramené à environ 4.800 km. Le train est et reste un moyen de transport particulièrement respectueux de l'environnement, notamment pour l'acheminement de marchandises pondéreuses, de fret combiné ainsi que de voyageurs. A elle seule, la modernisation du réseau dans les nouveaux Länder fédérés risque d'engloutir environ 40 milliards de DM. A l'Ouest, la DB a mis en service ses premiers tronçons à haute vitesse en 1991. Ils permettent aux tout nouveaux trains ICE d'atteindre jusqu'à 250 km/h de vitesse de croisière. D'autres tronçons de TGV sont en projet. Les nouveaux tronçons entre Hanovre et Wurtzbourg ainsi qu'entre Mannheim et Stuttgart rendent le train encore plus attrayant, notamment pour les personnes effectuant des voyages d'affaires. L'objectif est d'offrir une alternative à l'avion ou à la voiture sur les distances inférieures à 500 km. En 1971, déjà, les chemins de fer ont instauré le rythme horaire pour leurs trains Intercity à longues distances. Depuis 1991, plus de 630 trains de grande ligne circulent chaque jour, desservant plus de 250 villes.

Le train a une fonction importante à assumer en tant que moyen de transport collectif pour la desserte des grandes agglomérations économiques. En adoptant des horaires plus attrayants, on espère inciter le plus grand nombre possible d'automobilistes à laisser leur voiture au garage en faveur des transports en commun, notamment par respect pour l'environnement. Ces dernières années, les pouvoirs publics ont investi des milliards dans la modernisation et la construction de voies ferroviaires express (S-Bahn) à Berlin et Hambourg, dans la Ruhr, à Francfort-sur-le-Main, Cologne, Nuremberg, Stuttgart et Munich. Métros, tramways et bus viennent compléter ces S-Bahn. Un nouveau concept a déjà fait ses preuves: les «transports collectifs combinés», qui associent directement les différents moyens de transport en commun dans presque toutes les grandes agglomérations et permettent à l'usager d'emprunter le moyen de transport de son choix avec un seul et même ticket.

La route. Sur les routes d'Allemagne circulent plus de voitures que jamais. En 1990, quelque 42,5 millions de véhicules étaient immatriculés dans le pays, dont 35,5 millions de voitures de tourisme (en 1950, leur nombre n'était que de 1,9 million dans l'ancienne République fédérale, contre déjà environ 31,7 millions en 1986). Le réseau routier, villes mises à part, a une longueur totale de 221.000 km, dont 11.000 km d'autoroutes, ce qui donne à l'Allemagne le plus grand réseau autoroutier du monde après les Etats-Unis. Abstraction faite des nouveaux Länder, l'objectif actuel ne porte plus tant sur la construction de nouvelles autoroutes que sur l'élimination des goulots d'étranglement et des points noirs ainsi que sur le désenclavement des régions où les infrastructures laissaient à désirer. La plupart des voies de communication allemandes font l'objet de limitations de vitesse en fonction de leur type. Ainsi, sur les routes nationales, la vitesse est, en règle générale, limitée à 100 km/h, à seulement 50 km/h dans les agglomérations et même souvent à seulement 30 km/h dans les quartiers résidentiels. Il n'y a que sur une certaine partie des autoroutes que la vitesse n'est pas limitée.

L'Allemagne possède le deuxième réseau autoroutier du monde.

Pour beaucoup, la voiture reste indispensable pour se rendre au travail; d'autres ne veulent pas y renoncer durant leurs loisirs. Un acheminement rapide de marchandises de porte-à-porte est impossible sans camion et l'automobile demeurera donc, à l'avenir aussi, le principal moyen de transport.

Dans quelques domaines, des résultats probants ont été obtenus avec le ferroutage, les «transports système kangourou» permettant de transporter des camions par voies ferrées sur des wagons spéciaux. Pour le transport de conteneurs, également, le train est un important maillon dans la chaîne de transport où cohabitent le rail et la route. Un autre exemple en est donné par les trains autos-couchettes.

La navigation. En tant que grand pays exportateur et importateur, la République fédérale se doit de posséder aussi sa propre flotte commerciale. Celle-ci est l'une des plus modernes et des plus sûres du monde et compte 1.066 bâtiments d'un total de 5,68 millions de tonneaux de jauge brute. Les deux tiers des bâtiments ont moins de dix ans. L'Allemagne est l'un des leaders dans le secteur des porte-conteneurs et pour le trafic roll on-roll off.

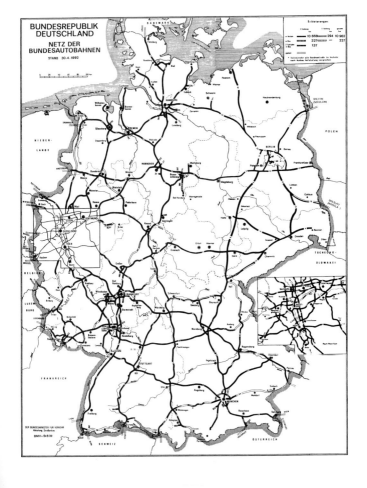

BUNDESREPUBLIK DEUTSCHLAND
NETZ DER BUNDESAUTOBAHNEN
STAND 30.4.1992

Les ports maritimes de la République fédérale d'Allemagne (les plus grands sont Hambourg, Brême/Bremerhaven, Wilhelmshaven, Lübeck et Rostock) sont parvenus à s'affirmer face à la concurrence internationale. Des ports étrangers comme Rotterdam sont, certes, avantagés sur le plan géographique, mais les ports allemands sont restés concurrentiels, car ils ont consenti d'importants investissements pour leur infrastructure et la modernisation de leurs équipements de transbordement et de manutention. Ce sont aujourd'hui des «ports rapides», où l'on peut aussi charger et décharger en un minimum de temps les grands navires de haute mer. Les ports de la Baltique, en Mecklembourg-Poméranie occidentale, escomptent jouer la carte des transports vers l'Europe de l'Est.

En Allemagne, la navigation intérieure s'appuie sur un réseau performant de voies d'eau. La plus importante sur le plan international est le Rhin, qui absorbe environ les deux tiers du trafic fluvial allemand. Environ 3.900 péniches allemandes naviguent sur les fleuves et canaux d'une longueur totale de 6.700 km.

La navigation aérienne. En Allemagne, aussi, les taux de croissance élevés de la navigation aérienne internationale mettent de plus en plus à contribution les aéroports et la sécurité aérienne. En 1990, 82 millions de passagers ont été enregistrés sur les aéroports allemands, auxquels il convient d'ajouter près de 1,8 million de tonnes de fret aérien. Le plus grand aéroport, qui est d'ailleurs l'un des plus importants d'Europe, se trouve à Francfort-sur-le-Main. Les autres aéroports sont, en particulier, ceux de Berlin-Tegel et Berlin-Schönefeld, Hambourg, Brême, Hanovre, Düsseldorf, Cologne/Bonn, Munich, Nuremberg, Stuttgart, Sarrebruck, Leipzig, Dresde et Erfurt. Ce sont surtout les aéroports de Berlin qu'il va falloir agrandir.

La Deutsche Lufthansa est l'une des grandes compagnies aériennes internationales. En 1990, elle a transporté environ 22,5 millions de passagers avec une flotte qui compte plus de 220 appareils modernes. Chaque année, plus de 15 millions de touristes allemands font appel aux services de compagnies comme Condor, LTU, Hapag-Lloyd, Aero-Lloyd, German Airlines et de compagnies de charters de moindre importance pour se rendre en vacances. Quelque 90 compagnies aériennes internationales empruntent régulièrement les aéroports allemands. Ceux-ci desservent environ 200 destinations dans plus de 90 pays.

Les aéroports allemands sont gérés par des sociétés de droit privé, les pouvoirs publics exerçant seulement un contrôle. La sécurité aérienne, en revanche, incombe à l'Office fédéral de la sécurité aérienne. Dans l'espace aérien allemand, fortement

Le carrefour aérien de l'Europe: l'aéroport de Francfort.

surchargé, les critères de sécurité des aéroports et de la sécurité aérienne doivent être optimisés en permanence pour faire face à la situation.

La politique des transports et ses perspectives. Les spécialistes des transports prévoient que la circulation continuera à augmenter en Allemagne. Selon eux, la circulation routière des voyageurs devrait encore augmenter d'environ 30% d'ici à l'an 2010. D'après leurs calculs, la circulation ferroviaire va croître de 40%, alors que le trafic aérien pourrait même plus que doubler. Les taux de croissance sont encore plus importants en ce qui concerne les transports de biens et de produits puisque, pour le transport de marchandises à longues distances par voie routière, on s'attend à une augmentation de 95%, et de 55% pour le rail. Il est donc d'autant plus urgent de faire en sorte que le système de voies de communication soit aussi respectueux de l'environnement et aussi sûr que possible, et que ses capacités soient exploitées de manière optimale.

Les Postes et télécommunications

Il y a cinq cent ans, plus exactement en 1490, les premiers cavaliers se relayaient pour acheminer le courrier entre Innsbruck et l'actuelle ville belge de Malines. Ce fut l'acte de naissance de la Poste en Allemagne. Les cérémonies du 500ème anniversaire des Postes, en 1990, ont commémoré cette date historique.

Conjointement avec cette fête du 500ème anniversaire, les Postes et télécommunications ont été complètement réorganisées en Allemagne. Les tâches jusqu'ici accomplies par le Ministère fédéral des Postes en tant qu'entreprise au service de la société ont été transférées à trois entreprises publiques nouvellement créées. Ce sont:

Deutsche Bundespost POSTDIENST

Deutsche Bundespost POSTBANK

Deutsche Bundespost TELEKOM

Une administration unique, la «Bundespost», sera néanmoins maintenue à l'avenir. Cette nouvelle structure garantit cependant aux trois entreprises une certaine autonomie et une plus grande marge de manœuvre dans leurs activités.

La défense de l'intérêt public est également assurée dans le nouveau cadre par le ministre fédéral des Postes et Télé-communications. Des décrets ad hoc et les objectifs politiques déterminés par le gouvernement fédéral garantissent l'accomplissement de prestations pour la collectivité. En outre, le ministre des Postes régit l'ensemble du marché des postes et télécommunications. Les trois entreprises des Postes accomplissent leur mission selon des critères d'économie de l'entreprise afin de satisfaire avec le plus d'efficacité possible la demande en prestations de postes, postes bancaires et télécommunications.

En se dotant de cette structure moderne, la poste veut également demeurer concurrentielle à l'échelle européenne sur un marché dynamique en pleine croissance. Ceci vaut en particulier pour le domaine des télécommunications, où de nouvelles techniques apparaissent à un rythme toujours plus rapide et où il faut satisfaire aux nouvelles exigences de la clientèle.

TELEKOM. Cette entreprise installe et exploite tous les équi-pements de télécommunications pour les échanges d'informations et de données. Au nombre de ses attributions figurent le réseau téléphonique, la radio mobile pour téléphoner sans fil et la

La station de télécommunications par satellites de Raisting, en Bavière.

communication à l'échelle mondiale par le biais de satellites. Alors que le réseau téléphonique lui-même est placé intégralement sous la régie de TELEKOM, elle doit faire face, pour le marché des appareils et des systèmes à l'intention des usagers, à la concurrence de fabricants privés. De ce fait, le consommateur n'a que l'embarras du choix: que ce soit pour les différents modèles de téléphones, pour les moyens de communication comme Eurosignal et le télex ou pour le téléfax.

En République fédérale, le réseau téléphonique est entièrement automatisé. L'abonné peut également téléphoner avec des interlocuteurs dans 212 pays du monde sans devoir passer par le service des télécommunications. Le service de téléfax est un secteur en plein essor: en 1991, 900.000 télécopieurs étaient déjà en service.

Outre le réseau général de télex de TELEKOM, avec 110.000 abonnés, les nouveaux services de transmission de textes et de données prennent de plus en plus d'importance. Un réseau de fibres optiques pour les conférences vidéo, le vidéotéléphone et la transmission de données à haute vitesse est actuellement mis en place à un rythme rapide. 500.000 km de lignes ont déjà été aménagés.

La télévision par câble est devenue le deuxième service de télécommunication par l'importance. En 1991, environ neuf millions de ménages y étaient abonnés. Le câble permet de capter des émissions de télévision d'émetteurs privés et de chaînes publiques ainsi que des émissions de radio.

La modernisation du réseau téléphonique très vétuste de l'ex-RDA est une tâche particulièrement ardue pour TELEKOM. Dans cette région, de grandes parties d'un tout nouveau réseau overlay (réseau superposé), numérique et absolument inédit, ont été mises en place et connectées en 1990 et 1991. Le réseau fonctionne avec des lignes de fibres optiques, des faisceaux dirigés et une technique de transmission numérique ultramoderne. Il relie entre eux les grands centres des nouveaux Länder et ces derniers avec les anciens Länder fédérés. D'ici à la fin 1991, 500.000 nouveaux branchements téléphoniques auront été réalisés dans les nouveaux Länder, l'économie et l'administration étant prioritaires.

Au total, le nombre des abonnés au téléphone était d'environ 33 millions dans toute l'Allemagne en 1991.

POSTDIENST. Avec environ 400.000 employés, les Postes fédérales allemandes sont la plus grande entreprise de prestations de services d'Allemagne. L'une de ses attributions consiste à acheminer lettres et colis quelle que soit la distance dans toute l'Allemagne et quelle que soit la destination respective — et ce, pour tout le monde à un tarif unique. Ce service est évidemment très onéreux et, actuellement, POSTDIENST est tributaire des subventions de TELEKOM. Dans ce domaine, la Poste veut engranger des bénéfices au plus tard en 1996. Elle fait face à la concurrence des entreprises

Les Postes fédérales en chiffres (1990/91)

	Postdienst	Telekom	Postbank
Personnel	390000	260000	27000
Lettres envoyées	13,87 milliards/an		
Envois par fret	327,3 millions/an		
Paquets	281,9 millions/an		
Branchements téléphoniques		30,5 millions	
Radiotéléphone		0,4 million	
Téléfax		0,8 million	
Branchements de câbles		9 millions	
Comptes d'épargne postaux			24 millions
Comptes courants postaux			5 millions

privées grâce à des coopérations internationales et, pour relever le gant face aux sociétés privées spécialisées dans le transport de colis, elle va inaugurer un tout nouveau concept de fret.

L'objectif suprême de la poste pour son service est que, sur 100 lettres, 90 aient atteint leur destinataire le lendemain.

POSTBANK. La POSTBANK offre un important service bancaire même si, pour des raisons juridiques, elle ne peut procéder à des opérations de crédit et de placements. Ses prestations de services sont cependant très importantes puisque près d'un Allemand de l'Ouest sur trois possède un livret de la caisse d'épargne postale lui permettant de verser de l'argent et d'en retirer à chaque guichet de poste. Le service des virements de la POSTBANK joue un rôle prépondérant dans le domaine des paiements sans circulation monétaire. Pour étendre sa clientèle, la POSTBANK veut améliorer son service et offrir de nouvelles prestations. Ainsi peut-on, depuis 1991, retirer de l'argent avec la carte POSTBANK auprès de tous les guichets de poste et aux distributeurs automatiques. Elle prévoit également de proposer ses services dans le domaine des placements en dépôt à terme fixe, des emprunts publics et de l'épargne par assurance. Dès aujourd'hui, la POSTBANK est, avec plus de cinq millions de comptes de virement et près de 24 millions de comptes d'épargne, le plus grand institut spécialisé d'Allemagne pour les opérations de dépôts et pour les opérations de paiements.

Le tourisme en Allemagne

L'Allemagne est un pays touristique qui, sur un espace relativement restreint, offre une remarquable diversité de villes et de paysages. Pour les Allemands eux-mêmes, la République fédérale est une destination touristique appréciée: près de la moitié choisissent leur propre pays pour passer leurs vacances. 13% seulement des nuitées de touristes sont imputables aux étrangers (à titre comparatif, en Autriche, ce taux est des deux tiers). Les visiteurs étrangers n'en ont pas moins laissé 17 milliards de DM dans le pays en 1990.

Quels sont les atouts de l'Allemagne? Pendant plusieurs siècles, l'aire linguistique allemande a été une alliance assez lâche de multiples Etats souverains avec un grand nombre de petites et de

Garmisch-Partenkirchen en hiver.

L'Elbsandsteingebirge dans la «Suisse saxonne».

plus grandes résidences ou capitales. Dans la plupart de ces Etats s'est développée une vie culturelle autonome. Les témoignages en sont aujourd'hui, dans tout le pays, des monuments architecturaux et des bibliothèques, des musées et des collections d'art, des jardins et des théâtres. Ce sont des destinations de voyage appréciées par les connaisseurs et amateurs d'art.

Mais la diversité des paysages, elle aussi, est un atout. Au Nord, ce sont les côtes et les îles. Mais l'on visite aussi volontiers les plateaux de lacs du Holstein et du Mecklembourg, les montagnes du Mittelgebirge et des Alpes. Au Sud s'y ajoutent le lac de Constance et les lacs de Bavière. Les vallées du Rhin et du Main, de la Moselle et du Neckar, du Danube et de l'Elbe déroulent sous les yeux du voyageur un tapis de paysages romantiques. Plus de 80 routes touristiques à l'écart des grandes artères de circulation permettent de découvrir des paysages qui ont su conserver leur originalité et aussi d'approcher les curiosités les plus diverses. Elles sillonnent des régions particulièrement pittoresques du pays et invitent à partir en randonnée ou à flâner avant de déguster les spécialités culinaires locales. La route de vacances la plus célèbre est la Route romantique, qui fait notamment revivre le Moyen Âge à Rothenburg ob der Tauber, Dinkelsbühl et Nördlingen.

Même dans les localités qui ne figurent pas sur les guides de voyage, le visiteur retrouvera les traces d'une longue histoire. En Bavière, il sera séduit par la gaieté du baroque et, au Nord, par la sévérité du gothique de brique. Dans plus d'une ville, le temps semble s'être arrêté. Le visiteur pourra apprécier l'hospitalité et la proverbiale «Gemütlichkeit» allemande, notion traduite imparfaitement par des termes comme bon accueil et bien-être. Lors des innombrables fêtes régionales ou locales dédiées au terroir et aux costumes folkloriques, lors des semaines du vin ou autres festivités populaires, le touriste aura de multiples occasions de lier connaissance avec la population.

Ces dernières années, la gastronomie et l'hôtellerie ont atteint un niveau des plus flatteurs. L'offre va des séjours à la ferme et du logement chez l'habitant, peu onéreux, aux hôtels internationaux de grand standing et aux parcs de loisirs sophistiqués, en passant par les pensions de familles. Dans les nouveaux Länder fédérés, l'offre

L'Allemagne du Sud possède de nombreux lacs romantiques.

Un horizon infini: le littoral du Mecklembourg-Poméranie occidentale.

touristique présente encore certaines lacunes, mais celles-ci sont comblées les unes après les autres. Ces régions, tout particulièrement, espèrent que le tourisme donnera une impulsion décisive à leur économie.

Dans la gastronomie, les connaisseurs n'hésitent entre-temps plus à parler du «miracle culinaire allemand». Contrairement à une opinion préconçue, la cuisine allemande ne consiste pas seulement en jarret de porc salé à la choucroute. Le gourmet découvrira de plus en plus de restaurants qui ne craignent pas la concurrence française ou italienne. Il suffit pour s'en convaincre de voir combien d'étoiles ou de toques leur sont attribuées par les plus grands guides culinaires internationaux. Mais il existe aussi, parallèlement, une cuisine régionale allemande remarquablement diversifiée pour ses mets et ses boissons.

A l'instar des autoroutes, les routes nationales et régionales sont également en très bon état. Les grandes lignes de la Bundesbahn sont desservies par des trains confortables qui disposent tous d'un wagon-restaurant et, pour la majorité des trains circulant la nuit, également de wagons-lits. Ceux qui le désirent peuvent aussi circuler en train autos-couchettes. Les Chemins de fer fédéraux allemands proposent toute l'année des «voyages de ville à ville» à tarif réduit et offrent d'autres réductions intéressantes, par exemple aux mineurs et aux personnes âgées ainsi qu'aux participants à des voyages organisés. L'amateur de marche à pied a le choix entre de brefs circuits ou même des itinéraires plus longs. Et pourquoi ne pas partir à la découverte de l'Allemagne à bicyclette?

Les formalités auxquelles doivent se soumettre les visiteurs étrangers sont réduites au strict minimum. Les ressortissants de nombreux Etats peuvent aujourd'hui séjourner en Allemagne pendant une durée maximum de trois mois sans posséder de visa. Aucun plafond n'est fixé pour l'entrée et la sortie de devises.

Nouvelles stratégies touristiques. Comme partout dans le monde, le tourisme de masse a, en Allemagne aussi, fait subir des préjudices à la nature dans certaines régions de vacances. Les plus alarmants sont une augmentation exponentielle de l'intensité du trafic, la dislocation du paysage par les voies de communication ou la pollution aquatique et atmosphérique. Depuis des années, l'Etat intervient pour refréner cette tendance et éviter que d'autres dommages ne soient causés à l'environnement en adoptant des lois relatives à la protection des sites et de la nature. De plus en plus souvent, les lieux de villégiature jouent la carte du tourisme «doux», qui ménage l'environnement. L'une des priorités consiste à ralentir l'urbanisation du paysage qu'entraîne la construction de maisons de vacances et d'hôtels.

La Centrale allemande pour le tourisme. Outre les agences de voyages commerciales, la Centrale allemande pour le tourisme (DZT) œuvre à l'étranger, par des campagnes et activités, en faveur des voyages en République fédérale d'Allemagne. La DZT est membre d'organisations internationales comme l'European Travel Commission (ETC) et elle publie d'innombrables brochures d'information sur l'Allemagne traduites dans de nombreuses langues.

Les partenaires sociaux

Les ouvriers et les employés, ainsi que les fonctionnaires et les apprentis constituent, et de loin, la grande majorité de la population active, soit 35,5 millions de travailleurs possédant un emploi, autrement dit les salariés, en Allemagne. Ces travailleurs dépendants font pièce à 2,5 millions de travailleurs indépendants, qui sont aussi des employeurs (les chiffres s'appliquent aux anciens Länder fédérés). Outre les 600.000 membres de leurs familles qui les assistent, les indépendants emploient en majorité des salariés. Ce ne sont pas les seuls employeurs: les sociétés anonymes, l'Etat fédéral, les Länder, les communes et d'autres institutions publiques font de même.

Employeurs et salariés sont tenus de coopérer même s'il existe entre eux des conflits d'intérêts. Le régime de la liberté des salaires fait autorité en République fédérale: cela signifie qu'employeurs et salariés ont le droit de conclure des accords tarifaires sans faire appel à l'Etat. Certes, c'est l'Etat qui, avec sa législation, fixe les conditions générales applicables, mais il ne définit pas le montant de la rémunération d'un travailleur ou d'un employé dans un secteur déterminé de l'industrie. Les négociations à ce sujet — et à bien d'autres encore, par exemple la durée des congés — incombent aux partenaires salariaux: les syndicats et les fédérations patronales.

Les syndicats. La plus importante organisation syndicale est la Confédération allemande des syndicats (DGB), qui compte environ 10,7 millions d'adhérents regroupés dans 16 syndicats individuels. Les syndicats de la DGB ont la particularité de souscrire au principe du syndicat industriel: ils accueillent donc les ouvriers et employés d'une branche de l'industrie, du commerce, de l'artisanat ou d'un ou plusieurs autres secteurs de l'économie, indépendamment de leur position professionnelle dans une entreprise. Ceci explique, par exemple, qu'un chauffeur et un comptable employés dans une même imprimerie peuvent être membres du Syndicat industriel (IG) de l'Imprimerie et du Papier. Une autre grande centrale syndicale, derrière la DGB, est le Syndicat des employés allemands (DAG), qui compte environ 575.0000 adhérents. Par principe, seuls les employés peuvent y adhérer, mais, en revanche, ils peuvent être issus des secteurs les plus divers de l'économie. La Fédération des fonctionnaires allemands (DBB), forte d'environ un million de membres, est la plus puissante organisation de fonctionnaires;

certes, en raison des particularismes du statut de fonctionnaire, elle n'est pas habilitée à mener des négociations salariales, pas plus qu'elle ne peut lancer des mots d'ordre à la grève; mais elle possède néanmoins toutes les caractéristiques d'un syndicat et exerce une influence décisive. Avec ses différents syndicats affiliés, la Fédération syndicale chrétienne d'Allemagne (CGB) compte environ 310.000 adhérents.

Dans le contexte de l'unification allemande, la Fédération libre des syndicats allemands (FDGB) de l'ancienne RDA s'est dissoute. Les différents syndicats affiliés est-allemands ont fusionné avec leurs organisations soeurs des anciens Länder. En RDA, la FDGB n'était pas un organe indépendant de défense des intérêts des salariés, mais un pilier du régime. La FDGB se définissait comme l'«école du communisme».

Les syndicats allemands sont indépendants vis-à-vis des partis politiques et des diverses confessions. Personne n'est contraint d'adhérer à un syndicat; le système du «closed shop» — qui stipule qu'en vertu des accords passés entre syndicats et patronat, les usines ne peuvent employer que du personnel syndiqué — est inconnu en République fédérale. Le taux de syndicalisation, c.-à-d. le pourcentage des syndiqués par rapport aux salariés d'un secteur économique donné, est très variable; en moyenne, il est cependant inférieur à 50%.

Les syndicats individuels de la DGB (1990)

Syndicats industriels ou syndicats (anciens Länder fédérés)	Effectifs (en 1000)	Taux de la DGB (%)
Bâtiment – carrières – dragage	462,7	5,8
Mines et énergie	322,8	4,1
Chimie – papier – céramique	675,9	8,5
Cheminots	312,3	3,9
Education et sciences	189,1	2,4
Horticulture, agriculture, sylviculture	44,1	0,6
Commerce, banques et assurances	404,7	5,1
Bois et matières plastiques	152,7	1,9
Cuir	42,6	0,5
Médias	184,7	2,3
Métaux	2726,7	34,4
Alimentation – gastronomie – hôtellerie	275,2	3,5
Police	162,7	2,1
Postes	478,9	6,0
Textile – confection	249,8	3,1
Services publics, transports	1252,6	15,8
Confédération allemande des syndicats (DGB)	7937,9	100

Les syndicats mettent de nombreux centres d'enseignement à la disposition de leurs adhérents. La DGB est responsable de l'organisation du Festival de la Ruhr, qui se tient chaque année à Recklinghausen. Elle décerne à cette occasion un prix culturel très renommé.

Les fédérations patronales. L'union centrale des nombreuses fédérations patronales organisées sur le plan professionnel est la Fédération des syndicats patronaux allemands (BDA). A l'instar de la DGB, elle ne souscrit elle-même aucun accord tarifaire, mais joue un rôle de coordinateur et défend les principaux intérêts de ses membres. Avec environ 90 %, le taux de syndicalisation des employeurs se situe largement au-dessus de celui des salariés. La BDA regroupe la totalité des secteurs de l'économie — de l'industrie aux transports, en passant par le commerce, l'artisanat, les banques, les assurances et l'agriculture. Elle ne représente toutefois les chefs d'entreprise que dans leur fonction d'employeurs, c.-à-d. en tant qu'interlocuteurs des syndicats. La défense de tous les autres intérêts — notamment les intérêts économiques et fiscaux — est assurée par d'autres fédérations. Citons, à titre d'exemple, la Fédération des industries allemandes (BDI), l'Union centrale de l'artisanat allemand et la Fédération allemande du commerce de gros et du commerce extérieur.

Les conventions collectives. Il existe deux catégories principales de conventions collectives, que les syndicats individuels négocient avec les fédérations du patronat, mais aussi avec des employeurs particuliers. La convention sur les traitements et les salaires régit le

Sortie des équipes dans une usine automobile de Hesse.

régime de rémunération des ouvriers et des employés. Elle a en général une validité d'un an. La convention collective générale (ou convention-cadre) règle les questions d'ordre général telles que la durée du travail, la durée des vacances, le délai de préavis de licenciement, la majoration des heures supplémentaires et bien d'autres choses encore. Ces conventions ont la plupart du temps une validité de plusieurs années. Parallèlement, il existe d'autres conventions collectives régissant des prestations particulières.

Les parties contractantes aux conventions collectives ont carte blanche quant à la teneur de ces conventions collectives. Elles sont seulement tenues de respecter les dispositions légales minima dans la mesure où celles-ci existent. A titre d'exemple, la durée légale maximum de travail hebdomadaire est toujours de 48 heures. En réalité, aux termes des conventions collectives, presque tous les salariés ont une semaine de travail de moins de 40 et parfois même de seulement 35 heures. Il en va de même pour les congés, la loi prévoyant 18 jours alors que les conventions collectives accordent six semaines et plus de vacances. En vertu des conventions collectives, presque tous les salariés perçoivent une prime de vacances et une gratification de fin d'année. Dans de nombreux secteurs de l'économie, les salaires et les traitements ainsi que les autres prestations sont sensiblement supérieurs à ceux prévus conformément aux conventions collectives.

Les conflits sociaux. En Allemagne, les revendications salariales ne peuvent s'exprimer que pour la passation de conventions collectives, raison pour laquelle un conflit social ne peut éclater qu'entre les partenaires sociaux. Pendant la durée de validité d'une convention collective, les conflits sociaux concernant les points arrêtés par les accords salariaux sont illicites. Pour cette raison et pour d'autres motifs, les conflits sociaux en Allemagne ont toujours été rares par rapport aux autres pays industrialisés. De plus, les partenaires sociaux ont souvent prévu une procédure d'arbitrage. Les statuts de la majorité des syndicats prévoient également une consultation parmi leurs adhérents, qui ne peuvent décider une grève qu'à la majorité des trois quarts.

Au droit de grève reconnu aux syndicats correspond le lock-out, accordé au patronat, lequel lui permet de fermer provisoirement les entreprises. Le droit au lock-out a été confirmé, avec certaines réserves, par la Cour constitutionnelle fédérale comme moyen légal de conflit social. Il n'en reste pas moins contesté dans l'opinion publique. L'Etat adopte une position de neutralité vis-à-vis des conflits sociaux. Pour cette raison, les grévistes et les travailleurs victimes d'un

Manifestation d'ouvriers sur la place du Römerberg, à Francfort.

lock-out ne reçoivent aucune allocation de chômage. Les syndiqués sont dédommagés de leur manque à gagner grâce aux indemnités versées par les caisses de grève syndicales, les salariés qui n'ont pas adhéré au syndicat ne touchant rien. Durant un conflit social, ils doivent alors vivre de leurs économies ou solliciter une assistance sociale.

La coopération. Employeurs et salariés ne se font pas seulement face comme parties contractantes aux conventions collectives; ils collaborent aussi de multiples manières. (collaboration quotidienne au sein de l'entreprise, rencontres de représentants de leur fédération respective). Des représentants des deux partenaires sociaux sont membres des commissions qui font passer les examens de fin d'apprentissage. Dans les tribunaux du travail siègent des juges honoraires choisis parmi les employeurs et les salariés.

La loi sur l'organisation des entreprises et la cogestion

Le XIXème siècle a été, en Allemagne, le théâtre de la transition de la société agricole à la société industrielle, mutations qui ont déclenché de graves tensions sociales. La nouvelle classe des travailleurs de l'industrie, dont les effectifs ont augmenté rapidement, vivait à l'origine dans une profonde misère et était pratiquement dépourvue de toute protection et sans aucun droit. A l'aide de ses organisations qui se sont constituées peu à peu, la classe ouvrière a pu cependant, graduellement, au prix d'un long combat acharné, améliorer sensiblement sa situation matérielle et sa protection sociale . Dans les entreprises, les salariés sont néanmoins demeurés, jusqu'à une date avancée de notre siècle, en position de totale dépendance; le pouvoir de disposition des possédants était quasiment illimité. Aujourd'hui, le monde du travail en Allemagne est caractérisé par les possibilités, garanties légalement, de la loi sur l'organisation des entreprises et de la cogestion. Depuis l'unification de l'Allemagne, ces dispositions sont aussi entrées en vigueur dans les nouveaux Länder fédérés.

La loi sur l'organisation des entreprises. La loi de 1952 sur l'organisation du travail dans les entreprises régit le fonctionnement des entreprises, en particulier le droit de cogestion et de participation de chaque salarié, la défense des salariés au sein de l'entreprise et les droits des syndicats dans le cadre de l'organisation des entreprises. Ces droits de participation s'étendent pratiquement à la totalité des activités au sein de l'entreprise. Ils concernent les questions sociales, personnelles et économiques. De cette manière, la loi sur l'organisation du travail dans les entreprises fait participer les salariés aux décisions prises au sein de leur entreprise. Elle instaure des conditions démocratiques dans les entreprises et augmente les possibilités d'humanisation du monde du travail.

Les droits de chaque salarié. Chaque salarié jouit d'une multitude de droits bien précis. Au nombre de ceux-ci figurent les droits d'information et de consultation pour les questions ayant directement trait à son poste de travail personnel. Le salarié peut ainsi exiger d'être informé sur les répercussions des nouvelles techniques sur son poste de travail, avoir accès à son dossier personnel, se faire expliquer l'évaluation du rendement de son travail ou la composition de sa rémunération.

Le comité d'entreprise. Le comité d'entreprise défend les intérêts des salariés vis-à-vis de leurs employeurs. Un comité d'entreprise peut être élu dans toute entreprise de l'économie privée dont les effectifs comportent au moins cinq salariés. Les salariés de moins de 18 ans ainsi que les apprentis âgés de moins de 25 ans peuvent désigner un comité analogue pour la défense des jeunes et des apprentis. Le comité d'entreprise est élu par l'ensemble des salariés âgés de plus de 18 ans, mais, pour se porter candidat, il faut faire partie de l'entreprise depuis au moins six mois. On prend également en considération les périodes durant lesquelles le salarié a travaillé dans une autre entreprise de la même société ou du même groupe. Les salariés étrangers ont également le droit de vote et peuvent aussi être élus.

En temps normal, les membres du comité d'entreprise exercent leur fonction parallèlement à leur activité professionnelle. Les grandes entreprises sont les seules pour lesquelles un ou plusieurs membres du comité d'entreprise doivent être exemptés de leur activité professionnelle.

A l'échelon des entreprises, on peut créer un comité central d'entreprise et, à celui du groupe, un comité d'entreprise de groupe.

Dans les administrations et les entreprises de l'Etat fédéral, des Länder, des communes et dans les diverses institutions de droit public, le pendant de la loi sur l'organisation du travail dans les entreprises est la loi sur la défense du personnel. L'organe de défense des intérêts des fonctionnaires s'appelle le conseil du personnel; sa mission et ses prérogatives sont analogues à celles du comité d'entreprise.

Les cadres supérieurs ne peuvent être défendus par le comité d'entreprise. Par cadres, on entend par exemple les fondés de pouvoir supérieurs ou les employés possédant un statut analogue occupant une position hiérarchique élevée. Dans les entreprises comptant au minimum dix cadres, ceux-ci peuvent élire une commission de porte-parole aux termes de la loi sur les commissions de porte-parole. A l'instar de la loi sur l'organisation du travail dans les entreprises, la création de commissions de porte-parole au niveau de l'entreprise et du groupe est également prévue. Une commission de porte-parole ne peut être instituée qu'à la condition que, lors du premier scrutin, la majorité des cadres s'y déclarent favorables.

Quelles sont les tâches et la composition du comité d'entreprise ?
Le comité d'entreprise a surtout pour mission de veiller au respect des lois, décrets, règlements pour la prévention des accidents du travail, conventions collectives et accords d'entreprise en vigueur pour les salariés. Une fois par trimestre, le comité d'entreprise doit convoquer une assemblée d'entreprise.

L'assemblée d'entreprise permet des discussions entre le comité d'entreprise et les salariés de l'entreprise. Le comité d'entreprise doit, lors de chaque assemblée, présenter un rapport sur ses activités. Les salariés rassemblés peuvent prendre position sur les décisions du comité d'entreprise et également déposer des motions.

L'importance numérique et la composition du comité d'entreprise sont fonction du nombre et de la qualité des personnes employées dans l'entreprise. Ainsi

— les entreprises comptant de 5 à 20 salariés possédant le droit de vote élisent un seul représentant (= comité d'entreprise),

— les entreprises comptant de 21 à 150 salariés possédant le droit de vote élisent trois délégués (= comité d'entreprise),

— les entreprises comptant de 51 à 150 salariés possédant le droit de vote élisent cinq délégués (= comité d'entreprise).

Pour les entreprises de plus grande envergure, le nombre des délégués titulaires au comité d'entreprise augmente en rapport.

Si une entreprise possède plusieurs comités d'entreprise, il faut alors élire un comité central d'entreprise. Il en va de même s'il existe plusieurs organes de défense des jeunes et des apprentis.

Dans les entreprises de plus de 100 salariés, il est prévu de créer une commission économique. La commission économique dispose de nombreux droits d'information et de consultation sur les questions économiques. Ses membres sont nommés par le comité d'entreprise.

Lorsque le comité d'entreprise se compose d'au moins trois membres, les ouvriers et les employés doivent y être représentés au prorata de leur proportion respective dans l'entreprise. Lorsque le comité d'entreprise se compose de neuf personnes ou plus, il doit constituer une commission de comité d'entreprise qui exécute les affaires courantes. Dans certaines conditions, les membres des syndicats présents représentés au comité d'entreprise peuvent participer aux réunions du comité d'entreprise.

D'importants droits de cogestion s'appliquent aux questions de l'organisation de l'entreprise, de la durée de travail, y compris l'instauration du chômage partiel ou des heures supplémentaires, à la fixation des congés, à la forme, l'organisation et l'administration d'organes sociaux, dont l'action est limitée à l'entreprise, à la compagnie ou au groupe, au contrôle du comportement ou du rendement des salariés, aux dispositions relatives à la prévention des accidents du travail, aux maladies professionnelles et aux questions de protection de la santé dans le cadre des dispositions légales, à l'attribution ou au retrait de logements d'entreprise, ainsi qu'aux questions relatives à la structure des salaires, à la fixation des barèmes, à l'établissement des taux de rémunération à la tâche et de primes ainsi qu'aux rémunérations correspondantes.

Le comité d'entreprise a d'importants droits de concours et de regard sur l'organisation des postes de travail, le déroulement et l'environnement du travail ainsi que la planification du personnel et la formation professionnelle.

En cas de changements affectant l'entreprise (par exemple restriction, arrêt ou transfert de l'entreprise), le comité d'entreprise peut imposer, dans certaines conditions, la création d'un «plan social» dans le but de compenser ou d'atténuer les inconvénients économiques dont les salariés pourraient être victimes.

Par principe, lors de toute mesure ponctuelle concernant le personnel comme les recrutements, les classifications ou modifications de classifications professionnelles ou les mutations, l'employeur doit obtenir l'accord du comité d'entreprise. Dans des conditions déterminées et régies par la loi, le comité d'entreprise peut refuser de donner cet accord. Si, dans cette hypothèse, l'employeur veut cependant mettre en application la mesure refusée, il doit alors saisir le tribunal du travail.

L'employeur doit également consulter le comité d'entreprise avant tout licenciement. S'il omet de le faire, le licenciement ne prend pas effet. En cas de licenciements normaux, le comité d'entreprise dispose d'un droit de veto. Lorsque le comité d'entreprise manifeste son désaccord pour l'une des raisons prévues par la loi et que, en outre, l'intéressé engage lui-même une action auprès du tribunal du travail, l'employeur ne peut mettre à pied ce dernier tant que la cour n'a pas statué. Seul le tribunal du travail peut dégager l'employeur de cette obligation. Une objection justifiée formulée par le comité d'entreprise renforce considérablement la position du salarié, y compris lors d'un procès de protection contre le licenciement.

La loi sur l'organisation du travail dans les entreprises et les régimes d'élection adoptés à cette fin sont aussi effectifs dans les nouveaux Länder. Depuis l'entrée en vigueur du traité d'unification, il en va de même pour la loi sur les commissions de porte-parole, qui régit les droits de concours des organes de défense des cadres supérieurs. Une commission de porte-parole est élue lorsqu'au moins dix cadres supérieurs sont employés dans l'entreprise.

La cogestion. La cogestion des salariés dans les entreprises est un pilier du système social de la République fédérale d'Allemagne. Elle est animée par la conviction que la légitimation démocratique ne doit pas se circonscrire au seul secteur de l'Etat, mais doit s'exercer à tous les niveaux de la société. Presque chaque décision prise au sein de l'entreprise a des conséquences pour le personnel de celle-ci, qu'il s'agisse de la stratégie des ventes, de l'évolution de la production, des investissements, de mesures de rationalisation ou d'autres sujets. C'est pourquoi l'on insiste pour que les salariés puissent fournir leur concours à l'émanation de la volonté au sein de l'entreprise par le truchement de leurs représentants. De cette manière, la volonté des salariés et de leurs syndicats d'assumer une part de responsabilité grâce à la cogestion a marqué de son sceau et a raffermi les statuts de la société existant dans les anciens Länder de la République fédérale.

Grâce à leurs délégués présents au conseil de surveillance, les salariés d'une moyenne ou grande entreprise possédant le statut juridique de société anonyme, de société à responsabilité limitée, de société en commandite par actions, de coopérative ou de société d'assurance mutuelle peuvent influer sur la politique de l'entreprise.

La cogestion au sein du conseil de surveillance ne se circonscrit pas aux questions sociales, elle englobe bien au contraire tous les domaines de l'action au sein de l'entreprise.

Ainsi, à titre d'exemple, le conseil de surveillance peut-il nommer et révoquer les membres de la direction de l'entreprise (= directoire); il

Formes de cogestion et leur champ d'application

Pas de cogestion	3,4 millions de salariés	Petites entreprises (moins de 5 salariés)
Cogestion intra-entreprise (loi de représentation du personnel)	3,6 millions	Fonction publique
Cogestion intra-entreprise (loi sur l'organisation des entreprises)	9,3 millions	Reste de l'économie
Participation à un tiers	0,6 million	Petites sociétés de capitaux
Cogestion d'après le modèle charbon-acier	0,5 million	Industrie charbonnière et sidérurgique
Cogestion selon la loi de 1976	4,0 millions	Grandes sociétés de capitaux

peut aussi faire valoir ses droits d'information sur toutes les questions de l'entreprise et soumettre à son accord d'importantes décisions de l'entreprise, relatives, par exemple, aux investissements importants ou aux mesures de rationalisation.

La cogestion dans l'industrie minière est régie par la loi sur la cogestion dans l'industrie minière de 1951 et par la loi complémentaire de 1956 sur la cogestion. La cogestion dans les grandes entreprises d'autres secteurs de l'économie est réglementée par la loi sur la cogestion de 1976. Depuis le 1er juillet 1990, les quatre lois sur la cogestion sont également valides dans les nouveaux Länder fédérés.

La cogestion dans les grandes entreprises. Les sociétés anonymes ne faisant pas partie de l'industrie minière (mines et sidérurgie) et qui comptent, à elles seules ou conjointement avec leurs filiales dépendantes, plus de 2.000 salariés tombent sous le coup de la loi sur la cogestion de 1976. Aux termes de cette loi, le conseil de surveillance doit être constitué à parts égales de représentants des actionnaires et des salariés. En réalité, les représentants des actionnaires ont une légère prééminence, car, en cas d'égalité de voix répétée au conseil de surveillance, le président du conseil de surveillance, qui est dans la pratique toujours un représentant des actionnaires, peut instaurer une décision à la majorité du fait qu'il détient une seconde voix. Les représentants des salariés ne disposent pas de droit de veto en ce qui concerne la nomination du directeur des affaires sociales.

Composition du conseil de surveillance. Les conseils de surveillance des entreprises assujetties à la cogestion se composent de membres issus en nombre égal de représentants des actionnaires et de représentants des salariés. Cette parité numérique est
— dans les entreprises comptant jusqu'à 10.000 salariés, de 6:6,
— dans les entreprises comptant entre 10.000 et 20.000 salariés, de 8:8, et
– dans les entreprises comptant plus de 20.000 salariés, de 10:10.

Les statuts de l'entreprise peuvent prévoir qu'un conseil de surveillance devant se constituer de 12 membres aux termes de la loi puisse en comporter 16 ou 20 et qu'un conseil de surveillance devant se composer de 16 membres puisse être élargi à 20 membres. Une partie des sièges au conseil de surveillance des salariés est réservée aux syndicats représentés dans l'entreprise (ou éventuellement dans le groupe) et ce, à raison de
-2 sièges dans l'entreprise pour un conseil de surveillance de 12 ou 16 membres, -3 sièges dans l'entreprise pour un conseil de surveillance de 20 membres.

Elections des membres du conseil de surveillance représentant les salariés. Tous les membres du conseil de surveillance représentant les salariés — aussi bien les membres du conseil de surveillance membres de l'entreprise et représentants des salariés que les représentants des syndicats — sont élus par un vote direct ou par des délégués.

-Dans les entreprises comptant jusqu'à 8.000 salariés, le vote direct est prévu par la loi; en divergence de cette règle, les salariés peuvent décider à la majorité une élection par les délégués.

-Dans les entreprises comptant plus de 8.000 salariés, le vote par les délégués est prévu par la loi; en divergence de cette règle, les salariés peuvent opter à la majorité pour le vote direct.

Election des représentants des actionnaires. Les représentants des actionnaires (= représentants du capital) au sein du conseil de surveillance sont respectivement élus lors de l'assemblée générale des actionnaires par les actionnaires, quand il s'agit de sociétés anonymes, ou par les associés lors de l'assemblée générale des associés, lorsqu'il s'agit d'une société à responsabilité limitée.

Election du président. Lors de la première séance respective (= réunion constitutive) du conseil de surveillance, les membres de cet organe élisent le président du conseil de surveillance et ses adjoints. Une majorité des voix aux deux tiers est nécessaire. Si elle ne peut être obtenue, un second scrutin permet de faire élire le président par les représentants des actionnaires et ses adjoints par les membres du conseil de surveillance représentant les salariés.

Le directoire. Le conseil de surveillance nomme les membres du directoire et est aussi habilité à les révoquer. Pour les élections des membres du directoire, une majorité aux deux tiers est également nécessaire. Lorsque l'on ne peut obtenir cette majorité, on constitue une commission de médiation.

Si cela ne suffit toujours pas pour obtenir la majorité absolue, le président du conseil de surveillance dispose d'une seconde voix lors d'un nouveau scrutin.

La nomination du directeur des affaires sociales en tant que membre à part entière de la direction de l'entreprise se déroule selon la même procédure. Le directeur des affaires sociales se voit confier en premier lieu, à titre de prérogative, des attributions dans le domaine du personnel et des affaires sociales.

La cogestion dans l'industrie minière. La cogestion dans l'industrie minière est la forme la plus ancienne et la plus approfondie de cogestion au sein des entreprises. La cogestion dans l'industrie minière est en vigueur pour les sociétés anonymes du secteur des mines ainsi que de l'industrie sidérurgique et métallurgique pour les entreprises comptant plus de 1.000 salariés.

Le conseil de surveillance. Dans ce secteur, le conseil de surveillance se compose d'un nombre égal de représentants des salariés et de représentants des actionnaires ainsi que d'un membre «neutre». Les conseils de surveillance des entreprises assujetties à la loi sur la cogestion dans l'industrie minière se composent de 11 membres, nombre qui peut être majoré à 15 ou 21 pour les entreprises de plus grande importance. Lorsqu'un conseil de surveillance se compose de onze membres, cinq membres doivent être respectivement nommés par les représentants des actionnaires et par les salariés. Parmi les cinq membres du conseil de surveillance représentant les salariés, deux doivent appartenir à l'entreprise et trois (n'en faisant pas partie) sont proposés au comité d'entreprise par les organisations centrales des syndicats représentés dans l'entreprise. Tous les représentants des salariés sont, dans un premier temps, élus par le comité d'entreprise et sont ensuite proposés à l'assemblée générale des actionnaires en vue de leur élection au conseil de surveillance. L'élection elle-même par l'assemblée générale des actionnaires n'est qu'un acte formel, dans la mesure où celle-ci n'a pas les moyens de les refuser. Le conseil de surveillance propose ensuite un membre neutre, que l'on appelle le «onzième membre». Lors de la prise de décisions au sein du conseil de surveillance, sa voix peut faire pencher la balance.

Le directoire, le directeur des affaires sociales. Les membres du directoire sont nommés et révoqués par le conseil de surveillance. Un directeur des affaires sociales doit être membre du directoire. Il ne peut être nommé ni révoqué sans l'accord de la majorité des membres du conseil de surveillance représentant les salariés. Les directeurs des affaires sociales sont donc, en quelque sorte, les protagonistes de la cogestion au sein de la direction de l'entreprise.

La cogestion dans les petites et moyennes entreprises. Pour les sociétés anonymes qui comptent de 500 à 2.000 salariés, le conseil de surveillance doit se composer pour un tiers de représentants des salariés. Cette participation au tiers n'offre guère aux salariés de possibilités d'influer sur les décisions, mais elle leur donne en revanche accès à d'importantes informations.

La sécurité sociale

Tel qu'il se présente actuellement, le système de la sécurité sociale en République fédérale d'Allemagne est l'émanation d'une longue évolution. Il est reconnu, à l'étranger également, comme étant très performant. Le taux des prestations sociales dans le produit national brut (proportion des prestations sociales) avoisine 30%. En 1990, les prestations sociales ont atteint un montant de 710 milliards de DM. Avec ces prestations, l'Etat accomplit une mission qui lui est dictée par la Loi fondamentale. En vertu de l'article 20, la République fédérale est un Etat fédéral démocratique et social. Cet Etat est astreint à protéger chacun de ses citoyens contre l'insécurité sociale et à faire devenir réalité la justice sociale. Cette obligation de l'Etat se traduit par un réseau très vaste de dispositions sociales, qui vont de l'assistance en cas de maladie, d'accident et de vieillesse jusqu'aux allocations familiales, en passant par les allocations de logement et de chômage.

L'évolution de la sécurité sociale. Les origines de l'assurance sociale en Allemagne remontent au Moyen Âge, époque à laquelle les mineurs créèrent des caisses communes pour venir en aide à leurs membres victimes d'accidents du travail ou se trouvant dans le besoin. Mais ce n'est que vers la fin du XIXème siècle que s'est constitué un vaste système d'assurance sociale. L'impulsion lui a été donnée par le développement industriel de l'Allemagne, qui a entraîné une progression extraordinaire du nombre des travailleurs de l'industrie. Ces derniers étaient pratiquement démunis de toute protection et leurs faibles revenus ne leur permettaient pas de constituer des réserves, si bien qu'en cas de maladie ou d'accident, ils étaient réduits à la misère. Cette question sociale préoccupait la politique intérieure allemande. C'est le chancelier du Reich de l'époque, Otto von Bismarck, qui prit l'initiative d'une législation sociale progressiste. Mais ses motivations étaient également politiques, car il voulait couper l'herbe sous le pied à un mouvement ouvrier toujours plus puissant. Avec le recul, on ne peut que reconnaître à l'unanimité que cette législation a néanmoins posé la première pierre d'un système moderne d'assurance sociale, qui a aussi été pris pour exemple par d'autres Etats industrialisés.

Trois lois adoptées en 1883, 1884 et 1889 ont institué trois branches d'assurance qui constituent, aujourd'hui encore, la base de l'assurance sociale allemande: l'assurance maladie, l'assurance accidents et l'assurance invalidité-vieillesse. A cette époque, par exemple, les retraités devaient atteindre l'âge de 70 ans pour bénéficier d'une pension de retraite — la pension annuelle maximale était de 190,40 marks.

En 1911, ces diverses assurances ont été regroupées dans l'Ordonnance du Reich sur les assurances — en vigueur aujourd'hui encore —, qui a introduit en outre l'assistance aux ayants droit survivants sous forme de pensions allouées aux veuves et aux orphelins. L'assurance invalidité-vieillesse a été étendue à tous les employés. En 1923, une assurance spécifique a été instituée pour les mineurs. L'assurance chômage a été créée en 1927 et, à partir de 1938, les artisans ont aussi pu bénéficier de l'assurance sociale dans la mesure où ils n'avaient pas contracté une assurance privée.

Les prestations de l'assurance sociale ont été considérablement étendues et améliorées après la Seconde Guerre mondiale. A titre d'exemple, une assistance vieillesse légale a été instaurée en 1957 pour les agriculteurs. Avec la grande réforme des retraites, en 1957, celles-ci ont été indexées sur l'évolution générale des revenus: plus le revenu moyen des salariés croît, plus les retraites croissent elles aussi. D'autres réformes des retraites ont vu le jour en 1972 et 1992. Depuis 1990, le filet exhaustif de la sécurité sociale profite également aux retraités, victimes de la guerre ou handicapés de l'ex-RDA. L'Union monétaire, économique et sociale, ainsi que le traité d'unification, ont, en 1990, apporté les garanties qu'après une période transitoire, tous les citoyens pourront bénéficier de la même sécurité sociale dans l'Etat social commun qu'est l'Allemagne.

L'assurance vieillesse. L'assurance légale vieillesse est l'une des clefs de voûte du régime d'assurance sociale en République fédérale. Elle veille à ce que les travailleurs ne se trouvent pas dans le besoin et puissent, au contraire, garder un niveau de vie convenable, même après avoir quitté la vie professionnelle.

Tous les ouvriers et employés sont astreints par la loi à contracter une assurance vieillesse. Les membres des professions libérales que leur appartenance à une catégorie professionnelle déterminée n'oblige pas à s'assurer peuvent demander à adhérer à l'assurance légale. Quiconque n'est pas soumis à l'obligation de s'assurer peut adhérer à titre volontaire à l'assurance vieillesse. Les cotisations au titre de l'assurance vieillesse (actuellement 17,7% du revenu brut) sont prélevées jusqu'à hauteur d'un plafond déterminé et payées respectivement pour moitié par le salarié et son employeur. L'assurance vieillesse verse des pensions de retraite ainsi que des pensions pour incapacité de travail partielle ou permanente. A la mort de l'assuré, les ayants droit survivants reçoivent un pourcentage déterminé de sa pension. Pour prétendre à une pension, il est nécessaire de satisfaire à un certain «délai de carence», c.-à-d. qu'il faut avoir été assuré pendant une période minimum. En général, la pension de retraite est accordée à partir de 65 ans révolus. Dans certaines conditions, on peut déjà la percevoir dès l'âge de 63 ans ou de 60 ans. Les femmes peuvent en bénéficier à l'âge de 60 ans. Le montant de la pension est fonction, en premier lieu, du montant des rémunérations du travail ayant fait l'objet d'une assurance. Avec la réforme des retraites de 1992, les salariés âgés ont maintenant davantage d'options pour leur passage de la vie active à la retraite. Ils ont la possibilité de toucher une retraite partielle tout en continuant de travailler à mi-temps.

La réforme des retraites de 1992 permet d'adapter le système aux futures mutations des conditions démographiques et économiques et garantit le financement des pensions de retraite jusqu'au-delà de l'an 2000. Cette réforme a été guidée par les principes
- de l'indexation sur les salaires et les cotisations,
- de la garantie du niveau de vie et
- de la participation des retraités aux progrès de l'économie.

Pour la grande majorité des salariés, la retraite est souvent l'unique source de revenus à l'automne de leur vie. A l'avenir aussi, la retraite devra donc permettre à ceux qui auront cotisé pendant de longues années de préserver le niveau de vie qu'ils ont atteint durant leur phase d'activité professionnelle.

Depuis la réforme des retraites de 1957, la retraite d'un salaire moyen à l'Ouest après 45 ans s'est élevée à un montant d'environ 70% du revenu net moyen des salariés. En 1991, une retraite type était d'environ 1.750 DM. Depuis le 1er juillet 1990, dans les nouveaux Länder fédérés également, la retraite d'un salarié moyen ayant accumulé 45 ans d'assurance s'élève à 70% des revenus moyens des salariés de cette partie du pays. Chaque année, les retraites dans les nouveaux Länder augmentent en fonction des salaires de la population active de ces Länder. De ce fait, un alignement aussi rapide que possible des retraites est-allemandes sur le niveau des retraites ouest-allemandes a déjà été amorcé. Depuis le 1er janvier 1992, un droit des retraites uniforme est en vigueur en Allemagne.

Depuis sa création, il y a plus de cent ans, l'assurance retraite a sans cesse dû être adaptée aux situations nouvelles et ceci restera vrai à l'avenir également. A titre d'exemple, la proportion croissante des personnes âgées en Allemagne a suscité un débat sur l'instauration d'une assurance soins censée garantir une assistance adéquate aux personnes âgées réclamant des soins.

Verser des pensions n'est pas la seule attribution de l'assurance retraite. Elle doit aussi préserver, améliorer et rétablir la capacité de travail des assurés. Ainsi leur permet-elle de faire des séjours en sanatorium.

Les pensions versées par les entreprises. Beaucoup d'entreprises versent volontairement à leur personnel une assurance retraite complémentaire, qui constitue un précieux supplément à l'assurance invalidité-vieillesse légale. Conformément à la loi de 1974 sur les pensions versées par les entreprises, les membres de la firme conservent leurs droits à une pension d'entreprise promise même s'ils quittent la firme avant d'avoir atteint la limite d'âge, mais à condition d'être âgés d'au moins 35 ans au moment de leur départ et si la promesse de pension leur a été faite au moins dix ans auparavant ou, en cas de douze ans d'ancienneté dans l'entreprise, au moins trois ans. Si l'employeur se trouve en état d'insolvabilité, la pension n'est pas perdue pour autant, car elle alors versée par un fonds créé spécialement à cette fin.

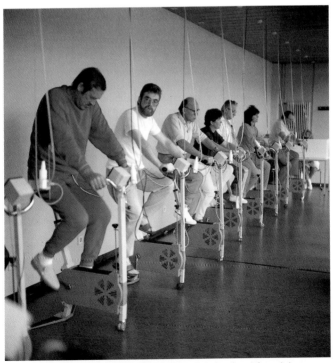

La rééducation est aussi un aspect de la sécurité sociale.

L'assurance maladie. Presque tous les habitants de la République fédérale sont assurés contre la maladie, comme assujettis obligatoires ou volontaires de l'assurance maladie légale ou comme membres d'une assurance maladie privée. L'assurance sociale maladie prévoit l'obligation de cotiser pour tous les travailleurs ainsi que pour les employés et certaines autres catégories professionnelles jusqu'à un certain plafond de revenus. Une assurance volontaire est possible dans certaines conditions. Les retraités, chômeurs, apprentis et étudiants sont également assurés contre la maladie. Selon leur appartenance à telle ou telle profession, les salariés sont assurés auprès des caisses d'assurance maladie locales, d'entreprise ou corporatives, de la caisse d'assurance maladie des gens de mer, des assurances fédérales des travailleurs de la mine, des caisses d'assurance maladie de l'agriculture ou des caisses libres agréées d'assurance maladie. Tous les assurés ont liberté de choix entre les médecins de caisse et dentistes de caisse (médecins et dentistes conventionnés) agréés. Pour les assujettis à l'assurance et les employés assurés à titre volontaire, les cotisations d'assurance sont versées respectivement pour moitié par les assurés et par les employeurs. En 1991, le taux de cotisation moyen était de 12,3% de la rémunération brute.

L'assurance maladie couvre les frais de traitements médicaux et dentaires, les fournitures de médicaments, remèdes et expédients ainsi que les traitements en établissement hospitalier. Lorsqu'une cure est nécessaire, elle prend en charge une partie ou la totalité des coûts. Les autres prestations dispensées par l'assurance maladie sont l'allocation de maternité, les prestations en nature fournies aux membres de la famille du cotisant en cas de maladie et les soins des malades à domicile. En cas de maladie, le salarié a droit, pendant une durée maximum de six semaines, à la poursuite du paiement de son salaire et de son traitement par l'employeur. Certaines conventions collectives ont encore étendu cette période. En vertu de celles-ci, les caisses maladie versent durant un maximum de 78 semaines une allocation maladie équivalant à 80% du salaire normal.

Les prestations des caisses occasionnent chaque année des dépenses élevées. Pour que l'assurance maladie puisse continuer à être financée, certaines prestations ont été restreintes; le taux de participation personnelle des assurés a été augmenté. Les caisses s'efforcent de renforcer la prise de conscience des coûts médicaux de la part des assurés.

L'assurance accidents. L'assurance légale contre les accidents garantit protection et assistance en cas d'accidents du travail et de maladies professionnelles. En République fédérale, tous les salariés sont légalement assurés contre les accidents. Il en va de même pour les agriculteurs. Les autres travailleurs indépendants peuvent contracter une assurance volontaire. Les étudiants, les écoliers et les enfants placés dans un jardin d'enfants sont également couverts par la protection de l'assurance.

Les principaux organismes d'assurance accidents sont les caisses professionnelles d'assurances sociales, qui regroupent respectivement toutes les entreprises d'une branche professionnelle dans une région donnée. Les ressources nécessaires sont réunies à l'aide de cotisations à la charge des entreprises. Le droit aux prestations est reconnu en cas d'accidents du travail entraînant des blessures corporelles ou le décès de l'assuré et en cas d'affections ou de décès imputables à une maladie professionnelle de l'assuré. Sont également considérés comme tels les accidents qui se produisent sur le trajet entre le domicile de l'assuré et son lieu de travail. Lorsqu'un assuré subit un accident, l'assurance accidents supporte l'intégralité des frais consécutifs au traitement médical. S'il se retrouve dans l'incapacité de travailler, il perçoit une indemnité aux victimes d'accidents. S'il est frappé d'une incapacité permanente de travail ou s'il meurt des suites d'un accident ou d'une maladie professionnelle, l'assurance accidents verse une pension, un

Les prestations sociales (1991, en milliards de DM)

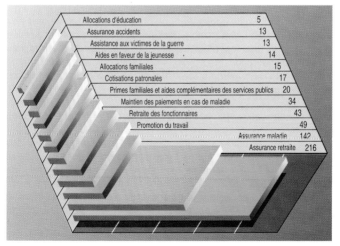

Allocations d'éducation	5
Assurance accidents	13
Assistance aux victimes de la guerre	13
Aides en faveur de la jeunesse	14
Allocations familiales	15
Cotisations patronales	17
Primes familiales et aides complémentaires des services publics	20
Maintien des paiements en cas de maladie	34
Retraite des fonctionnaires	43
Promotion du travail	49
Assurance maladie	142
Assurance retraite	216

capital-décès et une rente à ses ayants droit. Comme pour l'assurance vieillesse, ces pensions sont «dynamiques», autrement dit indexées sur l'évolution générale des revenus.

L'assistance professionnelle accordée dans le cadre de l'assurance accidents comprend la formation professionnelle destinée à restaurer la capacité de travail et une aide pour la recherche d'un emploi. Les caisses professionnelles d'assurances sont en outre tenues de prendre des mesures pour la prévention des accidents et la lutte contre les maladies professionnelles. Elles doivent aussi surveiller l'application de ces dispositions dans les entreprises.

Les allocations familiales. L'éducation et la formation des enfants représentent pour chaque famille une lourde charge financière. C'est pour assurer la péréquation de ces charges familiales qu'a été promulguée la loi fédérale instituant les allocations familiales. Actuellement, toute personne ayant à charge un ou plusieurs enfants de moins de 16 ans — ou de moins de 27 ans si l'enfant reçoit une formation scolaire ou professionnelle — perçoit une allocation familiale pour chacun d'eux. A l'heure actuelle, les allocations familiales sont de 50 DM par mois pour le premier enfant, de 130 DM pour le deuxième, de 220 DM pour le troisième et de 240 DM pour tout enfant supplémentaire. Pour les parents aux revenus supérieurs, les taux sont minorés à partir du deuxième enfant. Outre les allocations familiales, le droit fiscal prévoit également des allégements pour les contribuables ayant des enfants à charge. Depuis 1986, il existe également une prime pour les mères ou pères au foyer, de 600 DM par mois pour chaque enfant, qui est allouée durant les six premiers mois. Ensuite, des plafonds de revenus sont pris en considération. Pour 1993, il est projeté de verser une prime pour la mère ou le père au foyer durant les deux premières années de vie de l'enfant.

L'assistance aux victimes de la guerre (indemnité sociale). L'assistance aux victimes de la guerre a pour but de dédommager — tout au moins sur le plan financier — les invalides de guerre, les veuves et orphelins de guerre. Les victimes de la guerre reçoivent des pensions dont le montant est indexé sur le développement de l'économie. Les invalides de guerre bénéficient également de traitements thérapeutiques et de mesures d'encouragement sur le plan professionnel. Dans cet esprit, un soutien analogue est apporté aux soldats de la Bundeswehr et aux victimes d'actes de violence dont la santé est compromise ainsi qu'à leurs ayants droit.

La santé publique

La République fédérale d'Allemagne possède un système de santé publique très diversifié et à forte composante sociale. La santé est en premier lieu l'affaire de chaque individu. Mais c'est aussi une mission qui incombe à l'Etat et à la société. Indépendamment de leur statut social et économique, tous les citoyens doivent avoir les mêmes chances de conserver et de recouvrer la santé. Le système allemand de la santé publique est un système décentralisé qui mise sur le pluralisme et l'autogestion.

L'espérance de vie des habitants de la République fédérale d'Allemagne n'a cessé d'augmenter au cours des quarante dernières années. Elle est de 72 ans pour les hommes et de 78 ans pour les femmes. Ce progrès est surtout le résultat d'une médecine curative toujours plus performante. On espère que le recul desdites «maladies de civilisation» amènera une nouvelle augmentation de l'espérance de vie. C'est pourquoi l'on veut intensifier les mesures préventives, au nombre desquelles figurent l'amélioration de l'éducation à la santé, des examens de dépistage réguliers ainsi que des conseils pour un mode de vie sain.

Comme dans tous les Etats industrialisés très développés, ce sont les maladies de civilisation qui représentent le principal danger pour la santé en Allemagne : la moitié des décès est imputable aux maladies cardio-vasculaires. Le cancer constitue la deuxième cause de mortalité. Certaines maladies comme par exemple les allergies, mais aussi les maladies caractéristiques de la vieillesse telles que les déficiences du système nerveux central, sont de plus en plus répandues. Les maladies jadis fréquentes comme la tuberculose, le choléra, la diphtérie ou les pneumonies — autrement dit les maladies contagieuses — ont beaucoup perdu de leur caractère effrayant grâce aux progrès réalisés par la médecine. Le sida, en revanche, représente un nouveau défi.

Médecins et hôpitaux. En 1990, on dénombrait environ 195.000 médecins en exercice dans les Länder de l'ancienne République fédérale d'Allemagne et quelque 42.000 dans les nouveaux Länder. On comptait un médecin pour 321 habitants dans les anciens Länder et pour 379 dans les nouveaux Länder.

Ces chiffres situent la République fédérale parmi les pays du monde les mieux nantis sur le plan médical, mais avec une assistance inégalement répartie. Cela vaut notamment pour la répartition des médecins libéraux, qui constituent l'épine dorsale du système des soins médicaux dispensés à la population. Dans les campagnes et à la périphérie des villes, le manque de praticiens se fait encore parfois ressentir, mais, comme le nombre des médecins augmente sans cesse, cette lacune devrait être rapidement comblée. Moins de la moitié des médecins exercent en clientèle particulière; les autres travaillent dans les hôpitaux, dans l'administration ou dans la recherche.

Les quelque 3.600 hôpitaux de la République fédérale disposent de plus de 830.000 lits. Les établissements hospitaliers sont gérés par l'Etat et les communes (plus de la moitié des lits d'hôpitaux), par des associations reconnues d'utilité publique, pour la plupart religieuses (plus de 40% des lits) et, pour le reste, par des entreprises privées.

L'approvisionnement en médicaments. En République fédérale, on attache une très grande importance au fait que les médicaments offrent une parfaite sécurité d'utilisation. La loi sur les médicaments stipule que seuls les médicaments ayant été soumis au préalable à une procédure d'homologation par les autorités publiques portant sur leur qualité, leur efficacité et leur innocuité peuvent, en principe, être remis au consommateur. Mais, même après leur homologation, les médicaments sont soumis, dans l'intérêt des consommateurs, à un contrôle permanent visant à déceler rapidement les éventuels dangers et à les écarter par des mesures appropriées. La loi comporte des dispositions détaillées sur les mesures de sécurité qui doivent entourer la production de médicaments et précise quels remèdes ne peuvent être vendus qu'en pharmacie et lesquels ne peuvent être délivrés que sur ordonnance d'un médecin. L'Institut de contrôle des médicaments dépendant de l'Office fédéral de la Santé publique, à Berlin, mais aussi les autorités de contrôle des Länder assument d'importantes fonctions dans la surveillance et la régulation de l'offre ainsi que dans la distribution de médicaments. Lorsqu'un médicament douteux s'avère nocif pour la santé d'un malade, celui-ci peut se retourner contre le fabricant et lui réclamer des dommages-intérêts.

La prévention. «Mieux vaut prévenir que guérir»: c'est aussi ce vieil adage qui guide l'actuelle politique de la santé publique. Pour rester en bonne santé, chaque citoyen doit apprendre, sous sa propre responsabilité, à se prémunir contre les maladies et à se protéger en évitant les facteurs de risque. C'est pourquoi on a institué, dans de nombreux domaines, des examens de prévention et de dépistage précoce. Une multitude d'institutions œuvrant à l'échelle de l'Etat fédéral et des Länder ainsi que les associations libres d'utilité publique dispensent quantités d'informations sur l'éducation à la santé et proposent des cours et des programmes de consultation, en particulier

- pour la prévention lors des grossesses et des naissances, pour les nourrissons et les enfants en bas âge ainsi que pour l'éducation à la santé à l'école;

- pour la lutte contre les comportements représentant un danger pour la santé, tels que l'abus d'alcool et de tabac, l'abus de médicaments et de drogues, une mauvaise alimentation et une suralimentation ainsi que le manque d'activités physiques, qui sont les causes bien connues des maladies cardio-vasculaires et qui jouent parfois un rôle pour le cancer et d'autres maladies fréquentes;

- pour l'aide aux malades chroniques et aux handicapés et pour aider les membres de leurs familles à vivre avec la maladie ou le handicap.

Dans de nombreux domaines, on propose des examens pour la prévention des maladies ou leur dépistage précoce, par exemple,

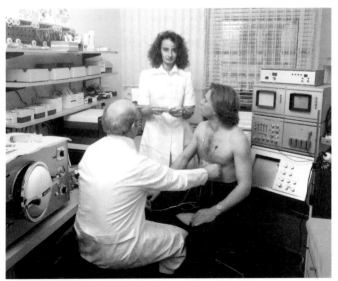

Appareils modernes de diagnostic dans un cabinet médical.

depuis 1971, un programme de dépistage précoce du cancer pour les femmes et les hommes. La lutte contre le sida, le syndrome immunodéficitaire acquis, requiert les efforts les plus résolus. En concertation avec l'Organisation mondiale de la Santé et les pays de la CE, le gouvernement fédéral a mis sur pied un programme de lutte contre le sida qui a un double objectif: protéger contre une contamination HIV, d'une part, et conseiller et assister largement les malades et les personnes séropositives, d'autre part. Un but important des travaux de vulgarisation et d'information consiste également à œuvrer de façon à ce que les victimes ne soient pas ni mises au ban de la société ni discriminée par celle-ci. Tant que l'on ne disposera ni de vaccin ni de thérapie efficaces, la vulgarisation et les conseils resteront le seul moyen de lutter contre la propagation de la maladie. On veut ainsi motiver l'individu et le rendre capable d'adopter un comportement responsable pour sa protection personnelle et pour la protection d'autrui.

Les malades et les membres de leurs familles ont souvent besoin d'aides dépassant le simple traitement médical dispensé par le médecin ou l'hôpital. Des conseils détaillés et un échange d'expériences avec des personnes souffrant de la même maladie prédominent dans ce contexte. De nombreux groupes d'auto-assistance, qui se sont constitués comme regroupements volontaires de malades chroniques et d'handicapés, se sont attelés à cette tâche. Ils ont aujourd'hui un statut bien établi dans le système de la santé publique. A titre d'exemple parmi beaucoup d'autres, nous pouvons citer:
- l'Aide allemande contre le sida,
- la Société allemande de lutte contre la sclérose en plaques,
- la Ligue allemande de lutte contre les rhumatismes,
- l'Auto-assistance des femmes après le cancer,
- les associations de parents de malades psychiques, par ex. de toxicomanes, et
- les Alcooliques anonymes.

Activités internationales. L'Allemagne participe activement à la coopération internationale dans le domaine de la santé publique. Aucun pays du monde ne pourrait relever à lui seul des défis aussi rudes que les grandes maladies de civilisation, les maladies contagieuses comme le sida ou les menaces pesant sur la santé du fait des pollutions de l'environnement. Explorer ces maladies et vaincre celles-ci et leurs causes exige une coopération à l'échelle internationale. En outre, la République fédérale estime de son devoir de venir en aide, sur le plan financier et par des conseils compétents, aux pays en développement dans la mise en place et la modernisation de leurs systèmes de santé publique.

En sa qualité de membre de l'Organisation mondiale de la Santé (OMS), la République fédérale est présente au sein de plusieurs importants organes de commande. Chaque année, plus de 35 congrès internationaux sont organisés conjointement par la République fédérale et l'OMS sur des questions d'actualité. Plus de 30 organismes scientifiques ont été élevés au rang de centres de collaboration avec cette organisation. La République fédérale est le quatrième bailleur de fonds de l'OMS.

Au sein de la Communauté européenne, la République fédérale coopère activement à la politique communautaire de santé publique; parmi les principales activités de la CE figure aujourd'hui aussi l'obtention d'un niveau élevé de protection sanitaire dans les pays membres. Quelques exemples de ces activités européennes communes sont le programme «L'Europe contre le cancer» — un programme de recherches sur la santé —, la carte d'identité européenne en cas d'accident, un programme d'action sur la toxicologie comportant un échange de données entre les centres de désintoxication et la coopération dans la lutte contre le sida, l'alcoolisme et la toxicomanie. Avec les nouvelles prérogatives laissées à la CE en matière de santé publique, dans le cadre de l'«Union politique européenne», cette coopération va encore être considérablement approfondie.

Les coûts. La tâche majeure, dans l'Allemagne d'aujourd'hui, en matière de politique de la santé consiste à mettre en place un système sanitaire performant dans les nouveaux Länder fédérés. Simultanément, il faut s'engager à garantir, sur l'ensemble du territoire de la République fédérale d'Allemagne, un financement économiquement approprié et socialement acceptable des prestations médicales. Des succès décisifs ont déjà été atteints dans la voie de la stabilisation des dépenses au titre de la santé avec la réforme de la santé entamée en 1989. Cependant, le gouvernement fédéral a l'intention de prendre d'autres mesures pour continuer à améliorer la productivité de l'assurance maladie légale, qui couvre environ 90% de la population. Avec des dépenses totales d'environ 140 milliards de DM, l'assurance maladie légale finance à elle seule approximativement la moitié de toutes les dépenses au titre de la santé publique dans les anciens Länder fédérés.

La protection de l'environnement

L'Etat, l'économie, les citoyens, tous sont confrontés à un grand défi: les bases naturelles de notre vie sont en danger. La nécessité de les protéger et de les préserver est considérée comme étant de plus en plus importante dans l'opinion publique. La grande majorité des Allemands sont favorables à ce que l'on augmente les efforts de protection de l'environnement. Dans les anciens Länder fédérés, le souci d'un environnement intact se classe même avant la crainte de perdre son emploi et la pénurie de logements. L'économie, elle aussi, a admis entre-temps l'importance que revêt la réconciliation de l'économie et de l'écologie: si elle ne protège pas l'air, l'eau et le sol, elle se verra privée à terme de toutes ses bases de production. L'économie et l'industrie proposent une technique ultramoderne pour réparer les dommages subis par l'environnement. Plus de 4.000 firmes se sont entre-temps spécialisées dans les technologies de l'environnement. Les hautes technologies «made in germany» de protection de l'environnement sont ainsi devenues un nouveau produit exporté dans le monde entier.

Le politique de protection de l'environnement. La création d'un Ministère fédéral de la Protection de l'Environnement, de la Protection de la Nature et de la Sécurité des Réacteurs, en 1986, se concevait comme un signal politique. L'Office fédéral de protection de l'environnement, dont le siège est à Berlin, existe, quant à lui, déjà depuis 1974. Les Länder fédérés ont également créé leur Ministère de Protection de l'Environnement. Dès le début, l'actuel gouvernement fédéral a aussi voulu donner des impulsions à la politique de protection de l'environnement, y compris à l'échelle internationale et, en particulier, dans le cadre de la CE. Sa politique de protection de l'environnement se laisse guider par trois principes:

- le principe de la prévention: les nouveaux projets préparés par l'Etat et l'économie sont conçus de manière à éviter a priori l'émergence de tout problème écologique;
- lo principe du «pollueur-payeur»: ce n'est pas à la collectivité, mais à celui qui pollue l'environnement ou lui porte préjudice d'en assumer les responsabilités;
- le principe de la coopération: pour résoudre les problèmes écologiques, l'Etat, l'économie et les citoyens doivent travailler main dans la main.

C'est à l'Etat qu'il incombe de fixer le cadre pour l'action des entreprises et des individus afin que soient préservées les bases naturelles d'existence. Ces dernières années ont vu la création d'un arsenal juridique exhaustif de protection de l'environnement, qui ne cesse d'être perfectionné. Mais les mesures nationales, à elles seules, ne suffisent pas, car la pollution atmosphérique ignore les frontières et les fleuves pollués traversent de nombreux pays.

L'objectif de la politique menée par le gouvernement fédéral consiste donc à mettre en œuvre, dans les nouveaux Länder fédérés également, dans un délai de dix ans, les normes de protection de l'environnement déjà en vigueur dans les anciens Länder. Cela exigera des investissements se chiffrant en milliards.

La préservation de la salubrité de l'air. Comme les autres pays industrialisés, l'Allemagne n'est pas épargnée par la pollution atmosphérique, qui a son origine dans le fonctionnement des centrales thermiques, dans l'industrie, le commerce et l'artisanat, dans la circulation automobile et dans le chauffage des habitations. La pollution de l'environnement se manifeste de façon particulièrement brutale dans les dommages subis par les forêts. Environ 64 % des arbres sont faiblement ou fortement endommagés, seuls 36 % étant considérés comme en bonne santé. C'est pourquoi la santé de l'homme, les sols et les eaux, les édifices et les monuments culturels précieux doivent être protégés contre toute aggravation des dommages causés par la pollution atmosphérique.

Un programme exhaustif de lutte contre la pollution atmosphérique a été adopté. On veut ainsi attaquer à la racine, et résorber de façon draconienne, les facteurs de pollution de l'air, par exemple les polluants émis par les centrales thermiques et de chauffage collectif et les gaz d'échappement des automobiles. Des mesures administratives comme le «Décret sur les installations de grande chauffe» et l'«Instruction technique Air» ont contraint les exploitants de centrales thermiques à moderniser radicalement leurs installations. Les émissions d'anhydre sulfureux et d'oxydes d'azote imputables à l'industrie ont déjà régressé d'entre 20 et 30 % et, d'ici au milieu des années quatre-vingt-dix, on espère atteindre un taux de diminution de 40 %. Les émissions d'anhydre sulfureux, dont sont essentiellement responsables les centrales, ont baissé d'environ 75 % de 1982 à 1990.

Dans le domaine de la circulation routière, la pollution atmosphérique due aux oxydes d'azote a considérablement régressé depuis l'introduction du pot catalytique dépolluant les gaz d'échappement. En 1993 au plus tard, tous les véhicules neufs de la

Communauté devront posséder ce système optimal de dépollution des gaz. Un autre moyen de diminuer les émissions est offert par l'essence sans plomb, que l'on peut trouver dans toutes les stations-service allemandes.

La salubrité de l'air est aussi un devoir international. La pollution en anhydre sulfureux en République fédérale provient en effet, pour moitié, des pays voisins. Inversement, le vent disperse la moitié des polluants produits en Allemagne vers les pays étrangers. C'est pourquoi la Convention de Genève sur la salubrité de l'air, adoptée en 1983, revêt une grande importance.

Deux problèmes d'envergure mondiale sur le plan de la protection du climat sont les gaz comme le dioxyde de carbone, qui provoquent ce que l'on appelle l'effet de serre, et la destruction croissante de la couche d'ozone par les chlorofluorocarbones (CFC). La République fédérale joue un rôle de pionnier dans ce domaine. D'ici à 1995, la production de CFC sera complètement stoppée en Allemagne et, d'ici à l'an 2005, on veut réduire de 25 % les émissions de dioxyde de carbone.

La protection des eaux et des mers. Ici aussi, des dispositions plus sévères ainsi que la construction de nouvelles stations d'épuration, en particulier d'installations de traitement biologique, et d'égouts par l'industrie et les communes, se sont avérées nécessaires pour que l'on obtienne des améliorations probantes. Elles entendent lutter en

La mer du Nord est aussi surveillée par avion.

Les stations d'épuration modernes comme celles de cette usine chimique diminuent la pollution des fleuves et des lacs.

particulier contre la pollution organique des eaux de surface. Si, au début des années soixante-dix, des fleuves fortement pollués comme le Rhin ou le Main étaient pratiquement morts sur le plan biologique, de nombreuses espèces de poissons y sont entre-temps réapparues. En revanche, la nécessité d'un assainissement pour les lacs et les voies d'eau de l'ex-RDA ne fait pas l'ombre d'un doute.

L'un des instruments de travail pour progresser dans ce domaine est la loi relative à la taxe sur les eaux usées, qui a amené les communes et l'industrie à réduire de manière appréciable les polluants dans les eaux usées. On veut aussi protéger en particulier la nappe phréatique contre les produits phytosanitaires toxiques, domaine dans lequel il existe, depuis 1986 et 1989, des plafonds sévères pour le prélèvement d'eau potable. L'utilisation de produits phytosanitaires va, elle aussi, continuer à faire l'objet de restrictions.

Par les fleuves et l'air, de nombreux polluants aboutissent dans la mer, lorsqu'ils ne peuvent être neutralisés sur terre. Mais la navigation maritime et l'exploitation du pétrole sont également responsables de la pollution des mers. Or ces problèmes ne pourront trouver une solution qu'à l'issue d'une action solidaire de tous les Etats riverains. Lors des conférences internationales pour la protection de la mer du Nord organisées en 1984, 1987 et 1990, des mesures ont été adoptées, à l'initiative de l'Allemagne, afin de réduire les déversements de polluants dans la mer du Nord. Leur objectif est d'interdire tout déversement de polluants et de mettre un terme rapidement à l'incinération de déchets en haute mer, comme cela est déjà le cas en République fédérale.

Autres succès: les déversements d'acide dilué dans la mer du Nord ont été totalement suspendus en 1989. L'acide dilué et les déchets de ce genre sont désormais traités sur la terre ferme, dans des installations de recyclage spécialisées.

La protection de la nature et des sites naturels. Le taux de la surface d'habitat en lotissement et de la surface de trafic dans la partie occidentale de la République fédérale est passé d'environ 8 à quelque 12 % de la superficie du pays entre la fin des années cinquante et la fin des années quatre-vingt. La part de paysages naturels a diminué en proportion. La protection de ces sites ainsi que de la faune et de la flore locales devient donc de plus en plus urgente. Le programme fédéral de protection de la nature, qui régit la planification du territoire, a été enrichi, au même titre que le décret sur la protection des espèces. Depuis, dix contrées étendues présentant un intérêt particulier ont été classées comme «parcs nationaux» en Allemagne; il convient d'y ajouter une multitude de parcs naturels et de zones protégées. En Allemagne, l'application des conventions internationales comme la directive-CE sur la protection des oiseaux, la Convention de Washington sur la protection des espèces ou la Convention de Berne sur la préservation des animaux sauvages et des plantes sauvages d'Europe est strictement surveillée et respectée.

Dans de nombreux endroits, les sols sont contaminés par les métaux lourds et certains produits chimiques, par suite, entre autres, d'une agriculture intensive. Pour cette raison, le gouvernement fédéral prépare des mesures exhaustives visant à préserver le sol comme réservoir et filtre pour le régime des eaux, mais aussi comme sphère de vie pour les plantes et les animaux.

La femme et la société

Aux termes de la Loi fondamentale, «les hommes et les femmes sont égaux en droits». Cet impératif de la constitution ne laisse pas transparaître la moindre ambiguïté; et pourtant, il décrit plutôt un vœu pieu que la réalité de la société. Les idées préconçues quant à ce qui «incombe» aux femmes et ne leur incombe pas ne s'estompent que lentement. Aujourd'hui encore, les femmes n'ont toujours pas les mêmes chances que les hommes dans la société, la politique et la vie professionnelle. Beaucoup de femmes assument une lourde charge dans la famille et dans leur métier. Au fil des années, toutefois, le statut social de la femme a pu être amélioré graduellement. Et pourtant, elles sont majoritaires: en Allemagne vivent près de 3 millions de plus de femmes que d'hommes.

L'égalité des droits. L'impératif de l'égalité des droits n'a été pris en considération que progressivement dans la politique quotidienne. C'est en 1957 qu'a été instaurée l'égalité des droits de la femme et de l'homme dans le régime juridique des biens en matière matrimoniale, et en 1977 qu'a été adoptée la réforme du droit conjugal et familial, qui accorde aux femmes davantage de droits lorsqu'elles se marient ou divorcent. Ainsi le principe de la faute a été aboli en faveur du principe de la ruine du ménage. Depuis cette date, une péréquation des droits à pension garantit que les conjoints divorcés partagent leurs droits de retraites au terme de la vie professionnelle.

La femme dans la vie professionnelle. La «loi sur l'égalité de traitement des hommes et des femmes sur le lieu de travail» est en vigueur depuis 1980. Cette loi interdit toute discrimination sexuelle dans le monde du travail. Le droit du travail comporte des dispositions particulières de protection des femmes enceintes et des dispositions réglementant les travaux physiques éreintants. Le travail de nuit n'est autorisé pour les femmes que dans des cas exceptionnels.

La formation des jeunes filles et des femmes s'est nettement améliorée et les femmes ont libre accès à tous les centres de formation. En 1988, près de la moitié des Allemands de l'Ouest ayant passé l'équivalent du baccalauréat étaient des femmes et plus de 40 % des étudiants sont du sexe féminin. De même, le nombre des jeunes filles ayant achevé avec succès leur formation professionnelle a considérablement augmenté depuis les années cinquante.

En Allemagne, la moitié des femmes âgées de 15 à 65 ans exercent aujourd'hui une profession. Leur travail dans l'économie, la santé publique et les organismes d'éducation est devenu indispensable. Mais les désavantages n'en ont pas disparu pour autant: les femmes sont plus vite réduites au chômage et l'on propose moins de postes d'apprentissage aux jeunes filles. Les salaires moyens des ouvriers et employés du sexe masculin sont nettement supérieurs à ceux des femmes. Les femmes effectuant le même travail que les hommes, ou un travail équivalent, ont obtenu devant les tribunaux le droit à une rémunération identique. Néanmoins, les postes de travail font l'objet d'une classification différente quant à leur catégorie. L'activité féminine demeure sous-estimée comme «travail physique non épuisant» et est moins bien rémunérée. Dans la fonction publique, en revanche, le principe «à travail identique, salaire identique» est devenu réalité. Tous les fonctionnaires, employés et ouvriers perçoivent la même rémunération dans la catégorie respective de traitement ou de salaire.

La discrimination dont font l'objet les femmes dans le monde du travail puise aussi en partie son origine dans le fait que leur vie professionnelle se déroule différemment de celle des hommes. Jadis, beaucoup de femmes ont appris des professions réclamant une qualification moindre parce qu'elles ne considéraient l'exercice d'un métier que comme une occupation provisoire en attendant de fonder une famille. Aujourd'hui, de plus en plus de femmes veulent recommencer à exercer leur métier après une période de leur vie qu'elles ont consacrée à la famille et à l'éducation des enfants. Des programmes publics de réinsertion les y encouragent. Beaucoup optent aussi pour le travail à temps partiel, que le gouvernement fédéral favorise parce qu'il le considère économique et judicieux sur le plan de la politique sociale. Malheureusement, avec 13 % des postes, on dispose de beaucoup trop peu de places de travail à temps partiel sur le marché de l'emploi. Le gouvernement fédéral a l'intention de prendre d'autres mesures législatives pour se rapprocher de son objectif d'égalité de traitement intégrale des femmes dans la société. Ainsi prépare-t-il en ce moment une loi sur l'égalité des droits, qui veut encore encourager plus fortement la compatibilité entre la famille et le travail.

La femme et la famille. En Allemagne, sur 27 millions de couples, neuf millions sont restés sans enfant. Le taux des naissances continue à régresser. Les familles avec trois enfants ou plus se raréfient alors que, parallèlement, le nombre des familles avec un ou deux enfants augmente. La promotion des familles est un objectif

Avocate.

Ouvrière à la chaîne.

Technicienne en électricité.

Enseignante.

Laborantine.

Secrétaire.

important du gouvernement fédéral sur le plan de la politique de la société. Il encourage le travail au sein de la famille, qui est une activité à part entière. C'est ce que souligne une loi sur la prime de la mère ou du père au foyer et le congé d'éducation. L'Etat verse ainsi, en vertu de cette loi, une allocation mensuelle de 600 DM pour chaque enfant pour une durée de 18 mois. Cette loi prévoit un congé d'éducation, qui sera d'une durée de trois ans à partir de 1993. Durant cette période, le parent qui abandonne provisoirement ses activités professionnelles pour élever son enfant bénéficie d'une protection particulière contre un éventuel licenciement. De plus, le temps consacré à l'éducation des enfants — trois ans pour chaque enfant à partir de 1993 — sera pris en compte dans le calcul de l'assurance vieillesse.

La femme dans la politique. En Allemagne, les femmes détiennent le droit de vote et d'éligibilité depuis 1918. Si le taux des femmes actives dans la politique est en augmentation, il reste néanmoins encore modeste. Certains partis possèdent des dispositions prévoyant qu'un «quota de femmes» vienne grossir le nombre des adhérentes présentes dans les organes de direction.

Depuis 1961, au moins une femme a été membre de chaque gouvernement fédéral et ce nombre est actuellement de quatre. A deux reprises, une femme a été élue présidente du Bundestag. Depuis 1991, il existe un Ministère fédéral spécifique pour la Femme et la Jeunesse. Dans tous les gouvernements de Land, des femmes occupent des fonctions de ministre ou de commissaire pour les questions féminines. Dans près de 1.000 communes, des «services pour l'égalité de le femme» ont été créés tout spécialement à l'intention des femmes.

Parallèlement à l'égalité des droits sur le plan juridique, un mouvement féminin s'est développé en Allemagne, mouvement qui possède de puissantes composantes féministes. Ce mouvement fustige toute discrimination; c'est pour une large part à ce mouvement féminin extérieur aux organisations de défense de la femme préexistantes que l'on doit l'idée de créer les foyers de refuge pour les femmes. Dans ces foyers, les femmes maltraitées par leur partenaire trouvent protection et logis pour elles-mêmes et leurs enfants.

Plus do quarante ans après l'apparition de l'impératif de l'égalité dans la Loi fondamentale, cette égalité des droits est réalisée presque totalement sur le plan juridique. Il n'existe plus aucune loi qui discrimine directement les femmes ou leur prescrive un rôle déterminé. Mais on déplore encore des discriminations sociales qui ont surtout leur origine dans les structures traditionnelles du monde du travail.

La jeunesse

Près d'un habitant sur quatre de la République fédérale d'Allemagne est âgé de moins de 20 ans. Largement 18 millions de jeunes gens vivent en Allemagne, dont plus de deux millions sont des étrangers. On ne peut cependant parler de «la» jeunesse, car les espérances, les expériences et les comportements des jeunes sont trop différents. Ceci est encore plus vrai depuis la réunification de l'Allemagne. Les jeunes de l'ex-RDA ont grandi dans un environnement totalement différent de celui de leurs camarades du même âge dans la partie occidentale de la République fédérale. Ils doivent s'adapter à un nouvel environnement, ce qui ne va pas sans certaines difficultés. Mais leur philosophie et les espérances qu'ils placent dans l'avenir n'en sont pas pour autant moins positives que celles des jeunes de la partie occidentale de l'Allemagne.

Que veut la jeunesse? On a beaucoup dit et beaucoup écrit sur la jeunesse en Allemagne. On a parlé de «déchéance des valeurs», de «génération de je-m'en-foutistes» ou de «mentalité no-future». Une multitude d'études sur la jeunesse ont cependant démontré que, si la jeunesse s'est donné de nouvelles valeurs, elle n'en reste pas moins attachée aussi aux valeurs traditionnelles. Et des notions comme «le travail», «la famille» ou «la fidélité» figurent toujours tout en haut de l'échelle des valeurs. Pour plus de 90 % des jeunes interrogés, la sûreté de l'emploi est l'une des principales préoccupations. Pour les jeunes d'aujourd'hui, préserver la paix et protéger l'environnement est particulièrement importants.

Des préoccupations différentes. Les jeunes des nouveaux Länder redoutent le plus le chômage et la déchéance sociale tandis qu'à l'Ouest, ils s'inquiètent davantage des destructions de l'environnement. Dans toute l'Allemagne, la jeunesse est devenue plus critique. Dans l'ex-RDA, beaucoup de jeunes ont contribué, par leurs contradictions et protestations, à instaurer le tournant pacifique. La jeunesse de l'Est et de l'Ouest adopte une attitude résolument critique sur de nombreuses questions sociales et politiques, mais elle n'est, par principe, pas caractérisée par l'agressivité.

Conflit de générations? A intervalles réguliers, la notion de conflit entre les générations est sur toutes les lèvres. En 1988, toutefois, un sondage a révélé que 90 % des jeunes Allemands ont un interlocuteur — dans la majorité des cas, ce sont leurs parents — quand ils ont des soucis et des difficultés. Malgré tout, en Allemagne, les divergences de vues entre les générations se sont peut-être manifestées de façon plus brutale qu'ailleurs. Il faut en rechercher les causes dans les césures de l'histoire allemande: dans ce pays cohabitent beaucoup de gens qui ont fait des expériences très différentes. Certains sont encore nés sous l'Empire et ont été témoins de la République de Weimar, de la dictature nationale-socialiste, de la détresse des premières années de l'après-guerre et de la dictature est-allemande. La génération intermédiaire incarne le redressement de l'Allemagne, devenue une des grandes nations industrielles. La jeunesse d'aujourd'hui ne souffre en règle générale d'aucun manque et bénéficie des avantages offerts par un système éducatif moderne qui lui prodigue les enseignements les plus variés. Les progrès techniques, une plus grande mobilité, des voyages fréquents et de plus en plus de libertés dans de nombreux domaines permettent aux plus jeunes d'acquérir leur individualité plus tôt que les générations précédentes, ce qui se vérifie également dans d'autres pays industrialisés occidentaux. On a déjà vu des conflits de générations dans le premier tiers du siècle, lorsque le mouvement allemand de la jeunesse s'est soulevé contre le monde bourgeois des adultes et

Le succès des festivals de rock ne se dément pas.

a recherché le contact avec la nature. Et, de même que d'autres pays occidentaux, la République fédérale a été ébranlée, à la fin des années soixante, par la révolte de la jeunesse. Au cours des années quatre-vingt, cette révolte s'est poursuivie à travers les mouvements pour l'écologie, la paix et les modes de vie alternatifs. Avec sa sensibilité aux problèmes d'un environnement menacé ainsi que son engagement pour la paix et un ordre mondial équitable, la jeunesse allemande ne fait pas front contre les générations plus âgées; ses exigences se prêtent toutefois moins au compromis et sa confiance dans la politique est moindre. Cela a engendré malaises, troubles et protestations, ce qui constitue un grand défi, et ce, pas seulement pour les hommes politiques. La commission instituée par le Bundestag sous la devise: «Protestations des jeunes dans l'Etat démocratique» a analysé ces troubles et a conclu que l'une de leurs causes les plus profondes réside dans l'hermétisme et le manque de personnalité de la société industrielle moderne et de ses modes de vie bureaucratiques.

Les organisations de jeunes. On compte en République fédérale d'Allemagne environ 80 associations de jeunesse suprarégionales, auxquelles viennent s'ajouter un nombre croissant de groupes auto-administrés. La majorité de ces associations adhèrent à la Fédération des mouvements de la jeunesse (Bundesjugendring), notamment la Communauté de travail de la jeunesse protestante, l'Association de la jeunesse catholique allemande, les mouvements de jeunesse des syndicats et le Cercle des scouts allemands. Les associations de jeunes des grands partis sont affiliées à la Fédération de la jeunesse politique (Ring politischer Jugend). La plupart des associations de jeunesse bénéficient du soutien financier de la Fédération, des Länder et des communes. Les non-membres sont également les bienvenus dans les manifestations de la plupart des associations de jeunes. Les jeunes qui ne veulent pas se lier à un groupement, mais qui désirent néanmoins avoir des contacts avec les jeunes de leur âge ont à leur disposition de nombreux centres de loisirs. En général, on trouve dans ces centres des assistants sociaux auxquels les jeunes peuvent s'adresser s'ils en ressentent le besoin.

La ville allemande d'Altena, en Westphalie, possède la plus ancienne auberge de jeunesse du monde dont la fondation remonte à 1912. Aujourd'hui, on compte en Allemagne 782 auberges de jeunesse, qui enregistrent, chaque année, plus de dix millions de nuitées, dont près d'un million est à porter à l'actif de visiteurs étrangers.

L'Etat et la jeunesse. Par sa politique à l'égard de la jeunesse, l'Etat s'est fixé pour objectif d'encourager le libre épanouissement des jeunes. Les jeunes doivent apprendre à organiser leur existence en engageant leur propre responsabilité. C'est dans cet esprit que l'Etat veut aider les jeunes à prendre leurs intérêts en mains. La politique à l'égard de la jeunesse n'est pas seulement la politique de la jeunesse, c'est aussi et surtout une politique sociale. Pour que les jeunes puissent se sentir chez eux dans la vie quotidienne, il faut avant tout que la société elle-même garde un visage humain.

L'Etat prend soin de la jeunesse par des mesures de protection comme la loi sur la protection de la jeunesse ou la loi d'aide à l'enfance et à la jeunesse, avec des aides et offres sociales de participation bénévole. Pour tout ce qui concerne l'aide à la jeunesse, l'Etat cède volontairement le pas aux associations, aux Eglises, aux fondations et autres institutions indépendantes. Les communes et les cercles offrent de nombreuses possibilités d'éducation des adultes en dehors de l'école. Ils encouragent la multitude d'organisations non publiques de jeunesse et de bienfaisance. Les ressources financières nécessaires au titre de l'aide à la jeunesse sont réunies en grande majorité par les Länder et les communes.

Le chômage des jeunes constitue un problème préoccupant. S'il est en recul, il ne représente pas moins un défi permanent pour l'Etat et l'économie. Le principal instrument utilisé par le gouvernement fédéral pour sa politique à l'égard de la jeunesse est le Plan fédéral de la jeunesse (Bundesjugendplan). Ce plan permet de subventionner à hauteur de plus de 200 millions de DM chaque année les travaux en faveur de la jeunesse en dehors de l'école. Il soutient par exemple des projets d'éducation politique et culturelle ainsi que des programmes internationaux d'échanges de jeunes. Les contacts internationaux entre les jeunes sont un vecteur de compréhension. Ainsi, chaque année, plus de 100.000 Allemands et Français participent à quelque 4.000 manifestations de l'Office franco-allemand pour la jeunesse. De même, un échange de jeunes germano-polonais a été créé.

Deutscher Bundesjugendring
Haager Weg 44,
5000 Bonn 1

Le sport

Le sport est une activité de loisirs très populaire en Allemagne. L'enthousiasme pour le sport ne trouve pas seulement un exutoire dans les retransmissions télévisées de manifestations sportives. Les pratiquants ont aussi le choix entre plus de 75.000 associations qui se sont regroupées au sein de la Fédération allemande des sports (Deutscher Sportbund). Un Allemand sur quatre est membre d'une association sportive. Et, parallèlement aux plus de 21 millions de membres de clubs, douze millions d'hommes pratiquent un sport sans adhérer à une association même si, à en croire un slogan publicitaire, c'est en tant que membre d'un club que l'on prend le plus de plaisir à pratiquer le sport.

Le sport en Allemagne est caractérisé par son autonomie. Les organisations sportives régissent elles-mêmes les questions qui les intéressent. L'Etat n'intervient, et encore seulement sous forme de subventions, que lorsque leurs possibilités financières sont épuisées. La coopération dans un esprit de partenaires avec les fédérations sportives fait partie des principes de la politique menée par l'Etat à l'égard du sport. Cela vaut maintenant aussi pour les nouveaux Länder fédérés, où l'on a commencé à mettre en place des structures sportives indépendantes. A l'inverse de l'ancienne République fédérale, le sport en RDA était dirigé par l'Etat et les sportifs de compétition assumaient une tâche importante dans la «compétition des systèmes». Aujourd'hui, le «fair play» et l'«esprit de partenaire» ont la priorité sur la victoire à tout prix. A l'avenir, dans les nouveaux Länder aussi, la priorité portera sur le sport démocratique avec les clubs comme base. C'est à partir de cet humus que pourra se développer le sport de compétition.

La Fédération allemande des sports. L'organisation qui coiffe le sport est la Fédération allemande des sports (DSB), qui se compose de 19 fédérations sportives de Land et de nombreuses fédérations spécialisées. Plus de deux millions d'hommes travaillent à titre bénévole dans ces associations: en tant que moniteurs, assistants ou membres de la direction. Ils permettent l'exercice des disciplines sportives les plus diverses au sein des associations.

A l'étranger, on qualifie souvent l'Allemagne de «champion du monde pour la construction d'équipements sportifs». De fait, les anciens Länder fédérés disposent d'un réseau considérable d'équipements pour le sport de masse et de loisirs ainsi que pour le sport de compétition. A litre d'exemple les sportifs disposent d'environ 50.000 terrains de sport, y compris ceux des écoles, ainsi que de près de 30.000 salles de sport et de gymnastique et de 7.700 piscines couvertes ou de plein air. Dans les nouveaux Länder fédérés, par contre, il y a encore des carences notables à combler dans le domaine des équipements pour le sport de masse.

Les sportifs allemands de haut niveau peuvent mettre à profit 44 centres fédéraux d'entraînement et 22 centres olympiques, sans compter de nombreux centres régionaux.

Les disciplines sportives les plus populaires. Avec plus de 5,2 millions d'adhérents, la Fédération allemande de football (DFB) est,

L'équipe de football allemande championne du monde en 1990.

et de loin, la fédération qui totalise le plus grand nombre de membres en Allemagne. Le football est pratiqué par des milliers de sportifs dans les clubs d'amateurs et il attire aussi plusieurs centaines de milliers de spectateurs dans les stades lors des matchs des ligues professionnelles qui sont organisés chaque semaine. Le championnat du monde de football, en 1990 en Italie, qui a permis à l'équipe nationale d'Allemagne de remporter pour la troisième fois le titre mondial, a encore accru la popularité de ce sport.

Des disciplines sportives comme le tennis, le golf ou l'équitation font de plus en plus d'adeptes. Les succès remportés dans le monde entier par des vedettes comme Steffi Graf, Boris Becker et Michael Stich ont rendu le tennis encore plus populaire. Le sport de masse fait d'autant plus d'adeptes que les sportifs professionnels sont médiatiques; en Allemagne, leurs domaines de prédilection sont le football, le tennis et l'équitation.

Le sport au service de l'homme. La majorité des citoyens ne pratiquent pas un sport par souci de réaliser des performances. Pour eux, la joie de se dépenser physiquement et les activités au sein d'un groupe sont plus importantes. Le sport est propice à la santé et compense également le manque d'activités physiques caracté-ristique de notre monde industrialisé. Chaque année, de plus en plus de gens s'adonnent au sport et les programmes des clubs sont de plus en plus diversifiés. Dans un club classique, on peut aujourd'hui jouer au football, au handball, au volley-ball, au basket, au tennis et au ping-pong et l'on peut pratiquer l'athlétisme. Les clubs de sports nautiques sont également très populaires; à cela s'ajoutent des offres pour les handicapés, les seniors et les mères accom-pagnées de leurs enfants.

Le sport de masse et de loisirs, c'est également les actions lancées par la DSB «Trimm dich» («Dépense-toi») et «Sport für alle» («Le sport pour tous»), dans le cadre desquelles sont organisées des épreuves de course à pied, de natation, de cyclisme, de ski et de marche à pied. Chaque année, des millions d'amateurs de sport participent à ces compétitions. Les emblèmes sportifs en or, argent et bronze décernés par la DSB sont très recherchés. Tous les ans, quelque 700.000 Allemands passent les épreuves permettant de les obtenir.

Le sport de compétition. Le sport moderne de haute compétition présuppose, de la part des athlètes, un entraînement quotidien, une assistance de tous les instants et une certaine sécurité financière. C'est pourquoi, parallèlement aux fédérations, la Fondation allemande de l'aide au sport («Stiftung Deutsche Sporthilfe»), créée

Les marathons connaissent une popularité croissante.

en 1967, les prend en charge. Elle se définit comme une œuvre d'assistance sociale du sport et veut accorder aux sportifs, à titre de compensation pour leur engagement de plusieurs années, l'appui financier leur garantissant un entraînement exempt de tout souci. Mais elle veut aussi aider les athlètes à accéder ultérieurement à une profession qualifiée. La fondation n'est pas un organisme public. Ses ressources proviennent de dons de particuliers, du produit de la vente de timbres spéciaux pour le sport et des recettes de la loterie télévisée («la Spirale de la chance»).

L'aide publique au sport. L'Etat vient en aide aux organisations sportives de différentes manières. L'Etat fédéral encourage essentiellement le sport de haute compétition. Cela se traduit par des subventions pour les programmes d'entraînement et de compétition, l'assistance médico-sportive, la formation et le paiement d'entraîneurs, la construction d'équipements sportifs et la recherche dans le domaine des sports. Dans la Bundeswehr, également, les talents sportifs bénéficient d'une aide. Le sport pour handicapés et les activités internationales des fédérations sportives spécialisées sont aussi encouragés. Enfin, l'Etat finance l'envoi de professeurs de sport dans le tiers monde, où ils sont des entraîneurs et des conseillers très appréciés.

Les loisirs et les vacances

Les voyages sont une des occupations favorites des Allemands durant leurs loisirs. En 1991, 70 % environ des Allemands âgés de 14 ans avaient fait un voyage de vacances d'une durée d'au moins cinq jours. Ce taux était encore plus élevé pour la population des nouveaux Länder, qui avait un grand retard à combler dans ce domaine. En effet, durant des dizaines d'années, ils n'avaient qu'exceptionnellement le droit de se rendre dans les pays occidentaux. Seuls les voyages à l'intérieur de la communauté des Etats orientaux leur étaient permis.

Une prospérité toujours plus grande et une durée de travail toujours plus réduite accordent à la population active toujours plus de vacances et de loisirs. En 1991, le temps de travail annuel n'était en moyenne plus que de 1.557 heures.

Or, en Allemagne, il n'en a pas toujours été ainsi. Vers la fin du siècle dernier, encore, une minorité de salariés savaient ce qu'étaient les vacances. Il a fallu attendre 1903 pour que, dans des branches comme la métallurgie et les brasseries, de premières ébauches de congés annuels fissent leur apparition. La durée en était de trois jours. En 1930, les salariés allemands avaient droit en moyenne à des congés annuels allant de trois à quinze jours. Et ce n'est qu'en 1974 que l'ancienne République fédérale a instauré des congés minimums obligatoires de 18 jours. Aujourd'hui, la plupart des conventions collectives prévoient six semaines de vacances ou plus. A cela s'ajoute que la majorité des entreprises versent des allocations de congés.

Où vont les Allemands? De nombreux Allemands passent leurs vacances dans leur propre pays. Mais la majorité des vacanciers sont attirés par les pays méridionaux, plus chauds. En 1990, ils ont dépensé à l'étranger plus de 50 milliards de DM, les touristes étrangers en Allemagne ayant dépensé, quant à eux, environ 17 milliards de DM. Parmi les destinations étrangères, l'Italie, l'Espagne, l'Autriche, la France, la Suisse et les Etats-Unis figurent en tête du classement.

Les vacanciers allemands n'ont que l'embarras du choix, les agences de voyages leur proposant une gamme toujours plus étendue. Mais leurs habitudes et leurs désirs se sont modifiés au fil du temps. Alors que, jadis, le farniente et les bains de soleil avaient la préférence, aujourd'hui, beaucoup de gens préfèrent les vacances

Un terrain de camping sur le Main: beaucoup d'Allemands passent leurs vacances dans leur pays.

actives avec beaucoup d'activités physiques. Ils recherchent une nature vierge et non hypothéquée par les dommages de l'environnement, ce qui vaut d'ailleurs aussi pour leur choix de loisirs le week-end.

De nombreuses associations et fédérations, l'Etat, les Eglises et les communes proposent à la population des «catalogues de loisirs», qui regroupent terrains de sport, piscines en plein air et couvertes, bibliothèques, cours dispensés par les universités populaires sur des hobbies particuliers ou cercles culturels et scientifiques.

Selon les sondages, le ménage allemand «moyen» consacre aujourd'hui environ 20% de ses revenus à ses loisirs, tendance à la hausse. Ce phénomène n'a pas échappé à l'économie, et une véritable «industrie des loisirs» a engendré un secteur économique en plein essor.

La Société allemande pour les loisirs, fondée en 1971, s'intéresse elle aussi au thème des loisirs. Cette association a pour but de réaliser des études de fond sur les comportements en période de loisirs, mais elle diffuse aussi informations et documentations et conseille. 30 organisations coiffant différents secteurs de la vie sociale en font partie.

Associations, fédérations et mouvements de défense des particuliers

Il est rare qu'un Allemand ne soit pas membre d'au moins une association. La vie des associations en République fédérale est donc très intense et variée. En Allemagne, on compte 300.000 associations. Près d'un Allemand sur quatre est membre d'un club sportif et les chorales totalisent plus de deux millions d'adhérents. Tireurs et philatélistes, éleveurs de chiens et amis du terroir, fans de carnaval, jardiniers du dimanche se retrouvent au sein de milliers d'associations. On y cultive le passe-temps commun, mais aussi les contacts sociaux.

Quelques associations peuvent avoir un certain poids dans la politique locale. Les associations locales de tireurs ou d'amis du terroir regroupent des personnes de différentes appartenances politiques ; des contacts spontanés se nouent, qui rejaillissent parfois sur la vie de la collectivité. Mais elles n'ont pas de vocation politique spécifique.

Les fédérations. Un tout autre rôle est joué par les associations qui ont pour objectif de défendre des intérêts matériels bien précis de leurs adhérents. Parmi celles-ci figurent notamment les grandes fédérations des salariés et des employeurs, mais aussi beaucoup d'autres à buts professionnels, économiques ou sociaux. Ainsi, à titre d'exemple, les propriétaires de maisons, les locataires, les victimes de guerre ou les automobilistes se sont-ils regroupé au sein de fédérations. Les minorités,elles aussi, se sont organisées pour se faire entendre. Les fédérations s'appuient sur un personnel compétent et ont recours aux relations publiques pour briguer les faveurs de l'opinion. La compétence technique de nombreuses fédérations est parfois mise à contribution par le législateur, notamment pour la préparation de nouvelles lois. Leur influence est décisive, mais il serait exagéré de parler d'une «domination des fédérations» en République fédérale d'Allemagne.

Les mouvements de défense des particuliers. Les «mouvements de défense des particuliers», qui prolifèrent en Allemagne depuis le début des années 70, sont une nouvelle forme d'association. Ils sont le plus souvent le fait de citoyens qui se regroupent pour obtenir gain de cause lorsqu'ils s'estiment insuffisamment informés et entendus par les autorités et le Parlement. Fréquemment, ces mouvements de défense se créent spontanément et ont pour cadre un problème concernant la vie personnelle de leurs membres (sauvegarde de vieux arbres condamnés par des travaux routiers, absence de terrains de jeux ou opposition

Les initiatives de citoyens (menant des discussions acharnées) sont aussi une caractéristique de la démocratie.

à l'agrandissement d'un aéroport). Souvent, des initiatives de citoyens ont des objectifs contradictoires. Ainsi, certaines préconisent la construction d'une rocade pour alléger la circulation, quand d'autres refusent le même projet pour des motifs de protection de l'environnement.

Dans de nombreux cas — en particulier à l'échelon local —, les mouvements de défense des particuliers ont obtenu gain de cause. Ils ont présenté des idées nouvelles, donné des exemples d'engagement civique et, à ce propos, souvent fait la preuve d'un esprit de compromis. Il arrive aussi que certains mouvements de défense des particuliers agissent à l'échelle de la République fédérale. Les plus connus sont ceux des ennemis de l'énergie nucléaire et du mouvement pour la paix.

Le gouvernement fédéral accueille favorablement et soutient les activités de groupements qui s'occupent des anomalies et des problèmes survenant dans la société. Le droit fondamental de la liberté de réunion autorise tous les Allemands à organiser des manifestations pacifiques et à y participer. Mais c'est aux gouvernements et aux parlements, légitimés de façon démocratique, qu'il incombe en dernier ressort de statuer sur les projets litigieux. Lors de la prise de décisions, ces organes sont astreints à tenir compte du bien public. C'est pourquoi il est important que les citoyens et les mouvements de défense participent le plus tôt et le plus activement possible à la préparation de décisions gouvernementales, notamment au stade de la planification. Une telle participation est ainsi prévue par un certain nombre de lois, par exemple par la loi fédérale sur le bâtiment.

La religion et les Eglises

«La liberté de croyance, de conscience et la liberté de profession de foi religieuse et philosophique sont inviolables. Le libre exercice du culte est garanti.» Chaque citoyen de la République fédérale d'Allemagne ressent ces dispositions de la Loi fondamentale (article 4) comme un droit fondamental naturel.

En Allemagne, plus de 58 millions d'hommes et de femmes appartiennent à l'une des deux confessions chrétiennes. Près de 30 millions sont protestants et plus de 28 millions appartiennent à l'Eglise catholique romaine, tandis qu'une minorité seulement adhère à d'autres communautés chrétiennes.

La constitution de Weimar de 1919 consacra la séparation de l'Eglise et de l'Etat, mais sans rompre entièrement les liens historiques. La situation juridique ainsi créée subsiste pour l'essentiel encore aujourd'hui, car la Loi fondamentale a repris les dispositions afférentes énoncées par la constitution de Weimar.

En Allemagne, il n'y a pas d'Eglise nationale, ce qui signifie qu'il n'y a aucun lien entre l'administration de l'Etat et celle des Eglises. Les Eglises possèdent le statut de collectivités indépendantes de droit public. Elles entretiennent des rapports coopératifs avec l'Etat; ces rapports sont réglés non seulement par la constitution, mais aussi par des concordats et des contrats. L'Etat garantit les droits patrimoniaux des Eglises; il leur verse des subventions pour la rémunération des membres du clergé et prend en charge, en totalité ou en partie, les dépenses de certaines institutions religieuses comme les jardins d'enfants, les hôpitaux ou les écoles libres. Les Eglises ont le droit de prélever des impôts auprès de leurs membres, impôts qui sont en règle générale encaissés par l'administration des finances. La relève du clergé est formée en majeure partie dans les universités publiques; les Eglises disposent d'un droit de regard garanti par écrit en ce qui concerne la désignation des titulaires des chaires de théologie.

L'engagement social et caritatif des Eglises constitue un pan essentiel de la vie publique. Leurs activités sont irremplaçables dans les hôpitaux, les maisons de retraite et les hospices, pour la consultation et l'assistance ainsi que dans les écoles et les centres de formation.

L'Eglise protestante. L'Eglise évangélique d'Allemagne (EKD) est une fédération de 24 églises régionales luthériennes, réformées et

Les assises protestantes sont un événement qui fait la une des médias.

unies, qui disposent d'une large autonomie. Depuis 1991, l'EKD constitue de nouveau un groupement à l'échelle de toute l'Allemagne. Les frontières des circonscriptions territoriales religieuses coïncident avec celles des Länder fédérés. Leurs organes législatifs suprêmes sont le Synode et la Conférence des

Messe catholique.

Eglises, l'organe administratif suprême étant le Conseil de l'EKD. L'Office des Eglises, qui a son siège à Hanovre, est le service administratif central de l'EKD.

Les Eglises protestantes sont membres du Conseil oecuménique des Eglises (Conseil mondial des Eglises). Il existe une étroite coopération avec l'Eglise catholique romaine.

L'Eglise catholique. Jusqu'en 1990, l'Eglise catholique de la République fédérale consistait en cinq provinces religieuses découpées en 22 diocèses, dont cinq archevêchés. Fin 1990, la fusion de la Conférence épiscopale de Berlin, fondée en 1950, avec la Conférence épiscopale allemande y a ajouté, en provenance des nouveaux Länder, deux évêchés, trois conseils épiscopaux et une administration apostolique.

Les archevêques et les évêques de la République fédérale délibèrent sur les questions d'intérêt commun au sein de la Conférence épiscopale allemande, dont le secrétariat est installé à Bonn.

Les impulsions données par le concile Vatican II quant à la participation des laïcs catholiques aux activités de l'Eglise sont mises en pratique par les représentants élus des laïcs. Les visites du Pape Jean-Paul II en République fédérale, en 1980 et 1987, ont été accueillies chaleureusement. Elles ont donné d'importantes impulsions au mouvement oecuménique et au dialogue entre l'Etat et l'Eglise.

Les autres communautés religieuses. Parmi les autres communautés religieuses figurent notamment les Eglises dites libres. Deux des plus grandes Eglises libres protestantes, les Méthodistes et la Communauté évangélique, ont fusionné en 1968 pour former l'Eglise évangélique méthodiste. Il faut citer également la Fédération des Communautés évangéliques libres (les Baptistes). L'Eglise des Vieux Catholiques a été constituée, vers 1870, lors du schisme de l'Eglise romaine catholique après le premier concile du Vatican. Les communautés de Mennonites, la «Société des Amis» (les Quakers) et l'Armée du Salut sont réputées pour leurs activités sociales.

En 1933, le Reich allemand comptait environ 530.000 juifs. Aujourd'hui, après la politique d'extermination pratiquée par les nazis, les communautés juives ne comptent plus que 30.000 membres. La plus importante se trouve à Berlin, avec 6.800 membres, suivie de la communauté de Francfort-sur-le-Main, avec près de 5.000 membres. Des communautés juives riches en traditions ont également pu s'établir à nouveau à Dresde et à Leipzig après 1945 et s'y imposer. En outre, une quinzaine de milliers de juifs n'appartenant pas à ces communautés vivent en République fédérale d'Allemagne.

Le Conseil central des juifs en Allemagne est l'organisation qui coiffe les communautés juives. En 1979 a été fondée à Heidelberg une école supérieure d'études juives, qui jouit aujourd'hui d'une renommée internationale.

La présence de nombreux travailleurs étrangers et de leurs familles a eu pour effet d'accroître l'importance de communautés religieuses qui n'étaient jusqu'alors guère représentées en Allemagne. Cela vaut pour l'Eglise grecque-orthodoxe et, tout particulièrement, pour l'islam. Aujourd'hui, près de 1,7 million de musulmans, pour la plupart des Turcs, habitent en République fédérale.

Les actions communes. De 1933 à 1945 et antérieurement, nombre de protestants et de catholiques ont lutté contre le national-socialisme. Nous pouvons citer ici à titre d'exemple le pasteur Martin Niemoeller et l'évêque Clemens August comte von Galen. La responsabilité politique commune est apparue clairement dans le cadre de la Résistance. Les Eglises ont joué aussi un rôle déterminant dans la révolution pacifique en RDA.

Les Eglises en Allemagne assument aujourd'hui de très larges responsabilités sur le plan public, notamment en éditant des mémoires et des ouvrages en tout genre. Le Congrès des catholiques allemands et le Congrès de l'Eglise protestante d'Allemagne sont deux mouvements qui ont une grande importance.

Les Eglises soutiennent de grandes oeuvres de charité, à savoir la Fédération allemande Caritas, pour l'Eglise catholique, et la Diakonisches Werk, pour l'Eglise protestante. Les deux Eglises sont également engagées dans l'aide au développement. Les grandes oeuvres caritatives des Eglises sont financées par les dons volontaires des fidèles. Ainsi l'action protestante «Brot für die Welt» («Du pain pour le monde») et les oeuvres catholiques «Misereor» et «Adveniat» collectent-elles chaque année des milliards, qui sont reversés au tiers monde. Cela constitue une aide précieuse aux cas désespérés ; une grande partie des ressources est affectée à la promotion de mesures de développement à long terme.

Ces derniers temps, les Eglises se sont aussi exprimées sur des questions d'actualité comme la paix et le désarmement, la politique d'immigration et d'asile, la politique du marché du travail et la protection de l'environnement.

Les médias et l'opinion publique

Aux termes de son article 5, la Loi fondamentale garantit la liberté d'opinion et la liberté de la presse ainsi que le droit de s'informer librement aux sources généralement accessibles. La censure n'existe pas. L'Institut international de la Presse, à Londres, qui porte toujours un regard critique sur la liberté de la presse dans le monde, décrit la République fédérale comme l'un des rares pays dans lesquels l'Etat respecte la position puissante d'une presse indépendante.

Quel est le rôle des médias? On a qualifié la presse — et, de façon générale, tous les médias — de «quatrième pouvoir» aux côtés des pouvoirs législatif, exécutif et judiciaire. Et, de fait, tous les grands moyens d'information jouent un rôle très important dans la société moderne. Avec leur offre d'informations et d'opinions, ils veulent mettre le citoyen en mesure de comprendre et de contrôler l'action des parlements, des gouvernements et des administrations. Cette mission confère aux médias de lourdes responsabilités, ce qui a d'ailleurs fait constater à la Cour constitutionnelle fédérale : «Une presse libre, non dirigée par les pouvoirs publics, et qui n'est pas soumise à la censure, est un élément essentiel de l'Etat libéral. En particulier, une presse paraissant régulièrement est nécessaire à toute démocratie moderne. Dès lors que le citoyen est appelé à prendre des décisions, il doit être amplement informé, mais aussi connaître les opinions des autres et être en mesure de peser le pour et le contre.»

La diversité des médias. Le citoyen a le choix entre une multitude de médias qui se font mutuellement concurrence. La presse quotidienne dans les anciens Länder, à elle seule, a vendu à la fin de 1991 29 millions d'exemplaires par jour. Actuellement, 25 millions de téléviseurs et plus de 28 millions de postes de radio ont été déclarés. En moyenne, les Allemands âgés de plus de 14 ans passent près de cinq heures par jour à lire le journal (une demi-heure), écouter la radio (deux heures et demie) ou suivre le programme de télévision (deux heures). Et ce chiffre ne cesse d'augmenter. Seuls 5 % de la population ne sont touchés par aucun média. La grande majorité a régulièrement recours à deux moyens d'information ou plus. La plupart des gens prennent connaissance des informations politiques tout d'abord en regardant la télévision et les approfondissent ensuite par la lecture des quotidiens. Les citoyens s'informent le plus souvent de ce qui se passe autour de chez eux en lisant la presse locale. Les jeunes lisent moins régulièrement

Une source d'information sans lacune: un kiosque à journaux.

le journal. Mais la télévision, elle-même, perd de son attrait sur le public.

D'où viennent les informations? Les médias obtiennent leurs informations soit par le canal d'agences de presse étrangères et nationales, soit par l'intermédiaire de leurs propres correspondants. Les stations de radio et de télévision sont représentées dans tous les endroits importants du monde. Il en est de même pour les grands journaux. Diverses agences de presse proposent des services complets avec des informations en allemand sur le pays. Le leader sur ce marché est la Deutsche Presseagentur (dpa). Mais il faut mentionner aussi le Deutscher Depeschendienst (ddp), Associated Press (AP), Reuter (rtr), l'Agence France Press (afp) et l'Allgemeiner Deutscher Nachrichtendienst (ADN), qui existait déjà du temps de la RDA. Avec son service de base, dpa renseigne la presque totalité des quotidiens allemands. Pour leurs services en allemand, AP, rtr et afp peuvent s'appuyer sur le réseau mondial de leurs sociétés-mères aux Etats-Unis, en Grande-Bretagne et en France. Les bons journaux sont abonnés au minimum à deux services, les stations de radiodiffusion jusqu'à cinq.

Outre les agences à la gamme thématique limitée, il existe aussi de nombreuses agences spécialisées et des services de presse. Parmi ceux-ci figurent par exemple l'Evangelischer Pressedienst (epd/Service de presse protestant), la Katholische Nachrichtenagentur (KNA/Agence d'information catholique) ou le Sport-Information-Dienst (sid/Service d'informations sportives). Une agence comme les Vereinigte Wirtschaftsdienste (vwd/Services économiques unis) renseigne également les entreprises ou les fédérations professionnelles.

Outre les agences, les services de presse des fédérations professionnelles, autorités, partis, entreprises, etc. alimentent les médias en bulletins d'information, et ce par le truchement de conférences de presse, de communiqués de presse, de correspondances, de services photographiques et d'interviews accordées aux journalistes. En outre, c'est le lot quotidien des journalistes de mener leurs propres investigations sur les thèmes de leur choix. En Allemagne, la loi astreint les autorités à donner des informations aux journalistes. Rien qu'à Bonn, près de 1.000 correspondants sont accrédités. Les quelque 550 journalistes allemands sont regroupés au sein de la Conférence de presse fédérale, leurs plus de 400 collègues étrangers au sein de l'Association de la presse étrangère. Ces deux organismes oeuvrent en totale indépendance des autorités. L'Office de presse et d'information du gouvernement fédéral (BPA) se conçoit comme un intermédiaire entre le gouvernement et l'opinion publique. Le directeur de cet organisme est aussi le porte-parole du gouvernement fédéral. Contrairement à l'usage dans bien d'autres pays, le porte-parole du gouvernement est toujours l'hôte de la Conférence de presse fédérale lorsqu'il s'adresse aux journalistes de Bonn. C'est le porte-parole du gouvernement qui se déplace auprès de la presse, et non l'inverse. Cela vaut même pour les conférences de presse que le chancelier fédéral et les ministres fédéraux organisent conjointement avec la Conférence de presse fédérale. Le BPA a en outre pour mission d'informer le président fédéral et le gouvernement fédéral ainsi que le Bundestag sur l'image que l'étranger se fait de l'Allemagne et de leur rendre compte de l'opinion publique en République fédérale et à l'étranger. Pour cela, l'Office dépouille des informations de 27 agences de presse, étudie plus de 100 programmes de radio et 25 programmes de télévision en allemand ainsi que dans 22 langues étrangères.

Les sondages d'opinions. Les prises de positions dont les médias se font l'écho sont souvent désignées par l'expression «opinion déclarée». Mais cette «opinion déclarée» ne coïncide généralement pas avec la conviction de la majorité de la population. Il peut exister entre les deux des différences considérables.

Les sondages d'opinions étudient les attitudes, les opinions et autres caractéristiques de la population à l'aide de méthodes scientifiques. Ils font appel, pour ce faire, à des échantillons représentatifs, d'un ordre de grandeur de 1.000 ou 2.000 personnes, qui permettent d'obtenir des résultats fiables sur l'ensemble de la population. Des sondages d'opinions sont menés systématiquement, en Allemagne, par un certain nombre d'instituts privés, mais ce sont les sondages d'opinions à caractère politique qui éveillent le plus l'intérêt du public. Les grands journaux et magazines allemands ainsi que la télévision publient à intervalles réguliers les résultats de sondages d'opinions sur le baromètre politique, la popularité des partis et des grands leaders politiques ainsi que sur des thèmes d'actualité tels que le nucléaire, le chômage, l'asile politique. Depuis 1989/90, le processus d'unification des deux parties de l'Allemagne est un thème qui revient en permanence dans les sondages réalisés régulièrement. Le gouvernement fédéral et les gouvernements de Land, ainsi que les partis politiques, font eux aussi appel aux sondages d'opinions pour observer de quelle manière évolue l'attitude de la population et en font un instrument de planification à moyen et à long terme de leur politique et de vérification des mesures politiques.

Ce sont les sondages d'opinions réalisés à l'occasion des élections qui suscitent le plus grand intérêt auprès du public, lorsque les partis cherchent à mesurer leurs chances et à prévoir, à l'aide de sondages, l'issue des élections. Même si les sondages ont atteint entre-temps un très haut niveau de précision, il s'agit cependant toujours d'«instantanés». Il est difficile de faire des pronostics exacts, d'autant plus lorsque l'issue prévisible d'une élection est très serrée.

Les organismes de sondage atteignent un niveau supérieur de précision avec leurs enquêtes réalisées le jour des élections devant des bureaux de vote représentatifs. Pour les fourchettes des soirées d'élections, par contre, qui permettent de supputer en permanence le résultat du scrutin à la télévision, on utilise les résultats électoraux parvenant les uns après les autres d'un échantillon de circonscriptions électorales. Avec l'analyse des modifications subies par ces résultats électoraux en fonction des régions, des bastions des partis et des couches de la population, les analystes peuvent compléter les résultats de leurs sondages et, ainsi, contribuer à expliquer l'issue des élections pour l'opinion publique.

Le savoir-faire acquis durant ce dernier quart de siècle par les analystes électoraux allemands ne s'est pas traduit uniquement par des rapports explicatifs que les hommes politiques se doivent de lire, mais est aussi mis à profit dans les pays voisins de l'Allemagne pour l'observation de la consultation électorale à l'intention de l'opinion publique.

La presse

Lire le journal est une activité très populaire en Allemagne et, malgré l'apparition de la télévision, les médias imprimés sont parvenus à conserver les faveurs du public et même à étendre leur part de marché. Pour la densité des journaux (nombre de journaux pour 1.000 habitants), l'Allemagne occupe le quatrième rang mondial derrière le Japon, la Grande-Bretagne et la Suisse.

Le paysage journalistique allemand. Ce sont les quotidiens locaux et régionaux qui dominent le paysage journalistique allemand. Dans les anciens et les nouveaux Länder fédérés, quelque 410 journaux avec près de 1.700 éditions locales et régionales, faisant travailler plus de 150 rédactions autonomes, paraissent chaque jour ouvrable. Le tirage de vente de l'ensemble des quotidiens est de 28,8 millions d'exemplaires. Les journaux plus modestes offrent, eux aussi, chaque jour à leurs lecteurs un aperçu quotidien des principaux événements de la politique nationale et internationale, de l'économie et de la culture, ainsi que des sports et des événements locaux. Plus des deux tiers des journaux sont vendus par abonnement, le reste étant vendu au numéro. C'est le marché des journaux vendus dans la rue comme le «Bild». Avec plus de 4,5 millions d'exemplaires chaque jour, «Bild» est le quotidien allemand qui réalise le plus fort tirage. Pour les journaux vendus par abonnement, la «Westdeutsche Allgemeine Zeitung», dont le tirage est d'environ 700.000 exemplaires, est le numéro un. Si les grands journaux suprarégionaux n'ont pas un tirage aussi élevé, l'influence qu'ils exercent sur les faiseurs d'opinions dans la politique et l'économie est d'autant plus grande. Ces journaux sont la «Frankfurter Allgemeine Zeitung» et «Die Welt», la «Süddeutsche Zeitung» et le «Frankfurter Rundschau».

D'autres vecteurs d'opinions suprarégionaux importants sont les hebdomadaires «Die Zeit», «Rheinischer Merkur» et «Deutsches Allgemeines Sonntagsblatt». Ces journaux proposent des articles de fond ainsi que des analyses et des reportages. Ce programme est complété par les journaux du dimanche.

A l'intention des étrangers vivant en Allemagne, un grand nombre de journaux étrangers publient des éditions spéciales pour l'Allemagne.

La presse périodique. Le marché allemand des revues est extrêmement diversifié: il totalise en effet plus de 20.000 titres. L'un des leaders à l'échelle internationale en est le magazine d'information «Der Spiegel», dont le tirage dépasse le million d'exemplaires. Initialement, le «Spiegel» s'est inspiré du «news-magazine» américain «Time». Les quelque 600 titres des revues grand public, d'un tirage total supérieur à 117 millions d'exemplaires par numéro, constituent un segment majeur. Parmi ces revues figurent des illustrés comme «Stern» ou «Quick», ainsi que des publications spécialisées détaillant les programmes de radio et de télévision. Les publications à «Special Interest» voient le nombre de leurs lecteurs augmenter en permanence. Ces revues se consacrent à un thème spécifique, allant du tennis ou de la voile jusqu'à l'informatique ou l'électronique de divertissement.

Le groupe des revues spécialisées est important en nombre, bien que ces journaux réalisent de plus faibles tirages. A cela s'ajoutent des hebdomadaires politiques, des revues destinées à la clientèle, les journaux d'annonces et les publications officielles. Un tiers du marché des périodiques est à porter à l'actif de publications des associations et fédérations. «ADAC-Motorwelt», organe de l'Automobile Club général d'Allemagne, est, avec 9 millions d'exemplaires, la revue à plus fort tirage de toute l'Allemagne.

Cette offre d'information est complétée par les journaux d'annonces locaux et les journaux des milieux «alternatifs». Les kiosques des grandes villes proposent en outre des journaux et revues en langues étrangères.

La concentration dans la presse. Le nombre des journaux indépendants en Allemagne n'a cessé de régresser depuis le milieu des années cinquante. Sur différents marchés régionaux, les maisons d'édition dominantes sur le plan économique et technique ont pu évincer leurs concurrents. Ceci explique qu'aujourd'hui, dans de nombreuses villes, l'habitant n'ait plus le choix entre deux journaux locaux ou plus. Un grand nombre des journaux encore publiés ne disposent d'ailleurs plus d'une «rédaction complète». Abstraction faite des événements locaux, ils reçoivent leurs articles d'une rédaction extérieure au journal. Les mutations structurelles externes vont de pair avec des changements internes sur le plan technique, consécutifs à la propagation de l'informatique et des techniques d'imprimerie ultramodernes. Ceci a permis d'abaisser les coûts de production, mais il n'en demeure pas moins que les journaux, comme la grande majorité des médias imprimés, ne peuvent se passer financièrement du produit de la publicité, qui permet de couvrir une grande partie des coûts.

Les avis sont toujours partagés sur la question de savoir si la disparition de la diversité et de l'indépendance qu'a engendrée cette concentration met en péril la liberté de la presse.

Les grandes maisons d'édition. Le développement économique sur le marché de la presse a favorisé l'émergence d'importantes maisons d'édition. Dans le secteur de la presse quotidienne, nous pouvons citer en premier lieu Axel Springer AG, dont la part de marché des journaux, d'environ un cinquième, est toutefois le fait du tirage élevé de «Bild». Sur le marché des journaux du dimanche, Axel Springer AG n'a pratiquement aucun concurrent avec «Welt am Sonntag» et «Bild am Sonntag». Les groupes d'édition «West-

---

Tirage de quelques importantes publications de presse

Quotidiens (en 1991, en partie avec journaux annexes)

Bild (Hambourg)	4506700
Westdeutsche Allgemeine (Essen)	724900
Hannoversche Allgemeine (Hanovre)	513000
Sächsische Zeitung (Dresde)	499400
Rheinische Post (Düsseldorf)	396000
Frankfurter Allgemeine (Francfort)	391000
Süddeutsche Zeitung (Munich)	389000
Südwestpresse (Ulm)	370000
Augsburger Allgemeine (Augsbourg)	363000
Berliner Morgenpost (Berlin)	337000
B.Z. (Berlin)	336000
Hessische/Niedersächsische Allgemeine (Kassel)	290000
Kölner Stadtanzeiger (Cologne)	285000
Berliner Zeitung (Berlin)	275000
Rheinpfalz (Ludwigshafen)	247000
Westdeutsche Zeitung (Düsseldorf)	246000
Braunschweiger Zeitung (Braunschweig)	240000
Märkische Allgemeine (Potsdam)	235000
Ostsee-Zeitung (Rostock)	228000
Lausitzer Rundschau (Cottbus)	227000
Ruhr-Nachrichten (Dortmund)	225000
Die Welt (Bonn)	224000
Frankfurter Rundschau (Francfort)	190000
Die Tageszeitung (Berlin)	61000

Hebdomadaires et journaux d'actualité du dimanche

Bild am Sonntag (Hambourg)	2665000
Die Zeit (Hambourg)	495000
Welt am Sonntag	406000
Bayernkurier (Munich)	158000
Rheinischer Merkur (Bonn)	112000
Deutsches Allg. Sonntagsblatt (Hambourg)	93000

News-magazine

Der Spiegel (Hambourg)	1083000

deutsche Allgemeine Zeitung», «Süddeutscher Verlag», la maison d'édition DuMont Schauberg et la «Societäts-Verlag» détiennent aussi une puissance économique et journalistique concentrée.

Les maisons d'édition opérant dans le secteur des publications périodiques, notamment les revues de grand public, sont beaucoup plus importantes sur le terrain de la puissance économique et de l'efficacité journalistique potentielle. Le groupe des maisons d'édition Bauer et le groupe Burda sont les deux principaux protagonistes de ce secteur, dans lequel le groupe de maisons d'édition Axel Springer AG est également représenté. Le groupe de presse le plus important d'Allemagne par son chiffre d'affaires et, simultanément, le numéro deux mondial, est Bertelsmann AG, dont les activités couvrent l'ensemble de la planète. Ce groupe contrôle des clubs de livres et de disques, des maisons d'édition de livres, de journaux et de revues, des entreprises dans le domaine de la production musicale, du cinéma, de la télévision et de la radio ainsi que des imprimeries.

Le droit de la presse. Le droit de la presse est régi par les lois des Länder sur la presse. Ces lois concordent sur les points essentiels, dont l'obligation de l'enseigne d'imprimeur, l'obligation d'exactitude journalistique et le droit de refus de témoigner dont jouissent les journalistes, qui ne peuvent être contraints de nommer leurs informateurs ou leurs sources, ainsi que le droit de réplique aux personnes concernées. Le «Conseil allemand de la presse», qui examine les infractions à l'obligation d'exactitude journalistique et à l'éthique, se conçoit comme un organe d'auto-contrôle des éditeurs et des journalistes. Ses avis ne sont toutefois pas engageants.

Mise en place d'une presse libre. Dans l'ex-RDA, la presse a été pour le SED, le parti unique au pouvoir, un instrument déterminant de manipulation des consciences. Tous les journaux étaient soumis à la censure. L'organe central du SED, «Neues Deutschland», garantissait l'uniformisation thématique. Après la chute du Mur, la presse de l'ex-RDA a développé sa propre dynamique et a appris à mettre à profit les nouvelles libertés. Les maisons d'édition et les journalistes d'Allemagne de l'Ouest se sont engagés pour mettre sur pied une presse libre. De nouveaux journaux ont été fondés et tous les anciens journaux des partis ont été privatisés. Si la presse à caractère local a aussi réussi à préserver ses acquis dans cet environnement nouveau, presque toutes les anciennes revues, de nombreux quotidiens ou hebdomadaires récemment fondés ou même implantés depuis plus longtemps ont cependant dû abandonner. Il va donc falloir attendre encore quelques années pour que le paysage journalistique est-allemand se stabilise.

La radio et la télévision

En Allemagne, la radiodiffusion — qui désigne à la fois la radio et la télévision — n'est pas entre les mains de l'Etat. Le système de la radiodiffusion et sa liberté d'expression sont réglementés et garantis par la loi. L'Etat fédéral a la compétence législative pour les postes et télécommunications, autrement dit pour l'aspect technique. La législation relative à la création d'établissements de radiodiffusion incombe en revanche aux Länder. L'une des caractéristiques du paysage audiovisuel allemand est le «système dualiste de radiodiffusion», se traduisant par une coexistence réglée de la radiodiffusion de droit public et de son homologue privé. Ce système repose en grande partie sur un jugement rendu par la Cour constitutionnelle fédérale en 1986, qui a attribué à la radiodiffusion de droit public la «couverture» de base, tandis que les émetteurs privés devaient assumer une «couverture complémentaire» à l'intention des auditeurs et téléspectateurs. Pendant de nombreuses années, l'Allemagne n'a connu que la radiodiffusion de droit public jusqu'à ce que, début 1984, les premières stations privées de radio et de télévision soient autorisées.

Les établissements de radiodiffusion de droit public. En 1991, on dénombrait en République fédérale onze établissements de radiodiffusion de Land, deux établissements de droit fédéral ainsi que la Deuxième chaîne de télévision allemande (Zweites Deutsches Fernsehen/ZDF), qui est née d'une convention d'Etat signée par tous les Länder. Le plus grand émetteur est le Westdeutscher Rundfunk (Cologne), avec 4.400 collaborateurs, le plus petit étant Radio Brême, avec environ 650 salariés.

Les autres stations sont le Bayerischer Rundfunk (Munich), le Hessischer Rundfunk (Francfort-sur-le-Main), le Norddeutscher Rundfunk (Hambourg), le Saarländischer Rundfunk (Sarrebruck), l'émetteur Sender Freies Berlin (Berlin), le Süddeutscher Rundfunk (Stuttgart), le Südwestfunk (Baden-Baden), le Ostdeutscher Rundfunk (Potsdam) et le Mitteldeutscher Rundfunk (Leipzig). Certains émetteurs couvrent les Länder dans lesquels ils ont leur siège, mais d'autres sont des stations communes à plusieurs Länder. Chaque émetteur diffuse plusieurs programmes de radio: en outre, les établissements de radiodiffusion des Länder sont associés au sein d'un organisme commun, l'Arbeitsgemeinschaft der öffentlich-rechtlichen Rundfunkanstalten Deutschlands (ARD — Communauté de travail des organismes de droit public de radiodiffusion d'Allemagne). Ils émettent en commun un programme de télévision appelé officiellement «Deutsches Fernsehen», mais que l'on dénomme généralement «premier programme» et auquel ils fournissent un certain pourcentage d'émissions, programme qui peut être capté sur l'ensemble du territoire fédéral. En outre, les stations de radio produisent leur propre «troisième programme» pour la télévision. Le ZDF, dont le siège est à Mayence, émet sur l'ensemble du territoire fédéral le «deuxième programme». Le ZDF est actuellement une véritable station de télévision, la plus grande d'Europe.

Deutschlandfunk (DLF — Radio Allemagne) et Deutsche Welle (DW — la Voix de l'Allemagne), à Cologne, sont des émetteurs de radio à vocation particulière. DLF est financé par le gouvernement fédéral et les établissements de radiodiffusion de Land, alors que le financement de DW est pris totalement en charge par l'Etat fédéral. Jusqu'à la réunification de l'Allemagne, ces deux émetteurs avaient pour mission de donner une image complète de l'Allemagne en Allemagne même et à l'étranger. Ils émettent en allemand et dans plusieurs dizaines de langues étrangères. A l'avenir, la Voix de l'Allemagne continuera d'assumer cette tâche, reprenant pour ce faire les rédactions de langues étrangères de DLF et la station de télévision RIAS. DLF se concentrera sur un programme d'information national et opérera, à Cologne, en tant qu'organisation affiliée à l'ARD et au ZDF. Tel est aussi le sort réservé à l'émetteur Deutschlandsender Kultur (DS), émanation de l'ex-radiodiffusion est-allemande, qui est appelé à émettre un programme culturel national. Le «troisième larron» sera un programme d'information national de RIAS-Hörfunk Berlin. RIAS était jadis l'abréviation de «Radio du secteur américain» de Berlin. La responsabilité des programmes et de l'émission était détenue par le United States Information Service, bien que le directeur général de RIAS fût allemand. A l'avenir, DLF, SA et RIAS émettront un programme d'information commun.

Actuellement, les médias électroniques dans les nouveaux Länder fédérés sont en pleine mutation. De nouveaux établissements de radiodiffusion de Land ont été créés, et des dispositions transitoires ont été adoptées pour les anciens émetteurs publics de la RDA. Depuis fin 1990, ARD et ZDF peuvent être captés partout et ont installé des studios régionaux dans les nouveaux Länder. Dès que ces derniers auront adopté leurs propres lois sur la radiodiffusion et les médias et qu'ils disposeront de fréquences suffisantes pour la radiodiffusion privée, l'est de l'Allemagne sera également couvert par

Les émissions télévisées sont souvent tournées en présence du public.

une radiodiffusion qui n'aura pas lieu de craindre la concurrence avec les normes occidentales.

Autonomie de gestion et liberté d'émission. En règle générale, le contrôle et la direction des établissements de radiodiffusion et de télévision de droit public sont assumés par trois organes: le conseil de radiodiffusion ou, le cas échéant, de télévision, le conseil d'administration et, enfin, le directeur général.

Les membres du conseil de la radiodiffusion représentent tous les groupes importants de la société et, en tant que tels, défendent les intérêts de la collectivité et exercent le contrôle de la radiodiffusion de droit public à travers la collectivité. Ils sont élus par les parlements des Länder ou nommés directement par les partis politiques, les communautés religieuses et les organisations de l'économie et de la culture. Le conseil de la radiodiffusion (ou, le cas échéant, le conseil de la télévision) prête son concours aux directeurs généraux pour les grandes questions relatives au programme et veille au respect des principes légaux applicables au programme. Le conseil d'administration établit le budget, contrôle la gestion de l'établissement sur le plan économique et prend position sur les questions de la technique. Ses membres sont élus par le conseil de la radiodiffusion; à leur tour, ils élisent le directeur général, qui doit être confirmé par le conseil de la radiodiffusion. Le directeur général gère l'établissement de radiodiffusion conformément aux résolutions adoptées par le conseil de la radiodiffusion et le conseil d'administration. Il a aussi la responsabilité du programme. C'est lui qui représente l'établissement à l'extérieur.

Cette construction a pour but de garantir l'indépendance de la radiodiffusion vis-à-vis de l'Etat. Or, dans la pratique, cela n'exclut pas toujours l'exercice d'une influence politique. Bien que les représentants des partis n'aient pas la majorité dans les organes de la radiodiffusion, une certaine règle de partage proportionnelle entre les partis s'est néanmoins instaurée dans de nombreux établissements, ce qui suscite régulièrement la critique du public lors de la nomination des titulaires de postes de direction selon des critères politiques.

Les établissements de droit public sont astreints à ne privilégier aucune tendance politique dans leurs programmes et à préserver l'équilibre de leurs productions. Ceci n'affecte cependant pas la règle de la «liberté interne de la radiodiffusion», autrement dit le droit de professer des opinions marquées. Toutefois, les établissements se doivent d'accorder à tous la même chance d'exprimer librement leur opinion.

Les programmes. Chaque émetteur de radiodiffusion produit jusqu'à cinq programmes de radio, qui diffusent une multitude d'émissions très variées: informations politiques, reportages régionaux, variétés, musique, sport, émissions théâtrales, etc. La plupart des émetteurs retransmettent également des séries d'émissions scientifiques et littéraires. Dans de nombreuses villes, leurs orchestres, choeurs et ballets viennent enrichir la vie culturelle. Des émissions spéciales destinées aux salariés étrangers sont diffusées dans leur langue respective.

Dans le domaine de la télévision, les reportages politiques, les documentaires sur la République fédérale et l'étranger ainsi que les pièces de théâtre télévisées, les films et les variétés, se taillent la part du lion dans les programmes de l'ARD et du ZDF. Ces deux organismes disposent d'un vaste réseau de correspondances et de studios dans de nombreux pays pour la réalisation de leurs reportages à l'étranger.

Les troisièmes programmes de télévision sont diffusés au niveau régional par l'ARD et donnent en conséquence la priorité aux aspects régionaux. Leur éventail s'étend de la politique régionale à la culture. Ces chaînes ont une vocation plus spécifiquement éducative et formatrice: la majorité des établissements de l'ARD diffusent un programme de télévision scolaire régulier auquel viennent s'ajouter des cours de perfectionnement pour différentes filières de formation.

La très grande majorité des émissions sont diffusées en couleurs. La télévision en couleurs a été instaurée en 1967, l'Allemagne utilisant le système PAL mis au point dans ce pays. Aujourd'hui, plus de 80 % des téléviseurs recensés sont des téléviseurs couleur.

Le financement. Les dépenses des établissements de radiodiffusion de droit public sont couvertes en majeure partie par les redevances des téléspectateurs et auditeurs de radio. Le produit de la redevance des téléspectateurs est partagé à raison de 70 % pour l'ARD et 30 % pour le ZDF. L'ARD et le ZDF n'en sont pas moins tous deux tributaires des recettes publicitaires. La durée des spots publicitaires est plus limitée pour les établissements de droit public que pour les émetteurs privés. Ils doivent maintenant se partager le gâteau de la publicité avec les serveurs de programmes privés. Les prix des droits de retransmission télévisée, notamment pour les manifestations sportives comme les matchs de football et de tennis, ont connu une véritable explosion. En revanche, la possibilité d'obtenir une augmentation des redevances est limitée, compte tenu du fait que les parlements de Land doivent toujours lui donner leur accord.

Les chaînes privées. Les établissements de droit public ont senti souffler le vent de la concurrence dans toute l'Allemagne à partir de 1985 lorsque «SAT 1», de Mayence, a été le premier émetteur de télévision privé d'Allemagne à diffuser des programmes. En 1986, cette chaîne a été rejointe par «RTL plus Allemagne», de Cologne. Tous deux ont maintenant un large public: début 1991, «RTL plus» était capté par les deux tiers des ménages, et «SAT 1» par un peu plus de 62 %. «Pro 7» et «Tele 5» sont d'autres émetteurs privés. «RTL plus» et «SAT 1» donnent la priorité au sport, aux variétés et aux téléfilms, mais proposent également des magazines politiques de grande tenue, «Pro 7» séduisant surtout son public par les téléfilms et «Tele 5» s'étant spécialisé dans les «game-shows», autrement dit des émissions de variétés réclamant la participation des téléspectateurs.

Les émissions de la radiodiffusion privée sont transmises par câble et relayées par satellite, mais elles peuvent aussi être captées par les fréquences terrestres. Les satellites permettent aussi de recevoir dans l'ensemble du pays toute une série de programmes télévisés étrangers. Les émetteurs de télévision privés sont gérés par des consortiums dans lesquels sont notamment impliqués les groupes de médias. Leur financement est assuré exclusivement par les recettes publicitaires.

Dans le domaine de la radio, on comptait déjà une centaine d'émetteurs privés en 1991, mais un petit nombre seulement était en mesure de proposer un programme complet pour l'ensemble d'un Land fédéré. Selon la volonté du législateur, les émetteurs de radio locaux ont une double mission: la diversité et la proximité des citoyens. Selon la Cour constitutionnelle fédérale, la radio privée ne peut pas plus que les établissements de droit public influer de manière unilatérale sur les opinions. Leur programme doit garantir un «degré minimum de diversité de l'opinion».

Un paysage audiovisuel en pleine mutation. Les nouvelles possibilités de réception ont considérablement modifié le paysage audiovisuel allemand. En 1991, environ 16 millions de ménages allemands étaient raccordés au réseau de câble à bande large de la Poste, mis en place depuis 1982. La moitié environ de ces ménages regardent ou écoutent les programmes de télévision ou de radio transmis par câble. L'objectif pour les années quatre-vingt-dix consiste à faire en sorte que 80 % des quelque 30 millions de ménages allemands soient câblés.

La réception directe par satellite est entre-temps devenue une concurrence sérieuse pour le câble. Elle est une véritable alternative économique et ce, pas seulement pour les ménages qui n'ont pas encore de branchement par câble. Pour capter les émissions, il suffit de posséder une petite antenne parabolique.

Les possibilités de retransmission par satellite confrontent la politique allemande des médias à des questions dont la portée déborde les frontières de la République fédérale. On se demande par exemple si l'on verra perdurer les programmes nationaux ou si l'on verra apparaître des concepts européens, voire mondiaux. En 1991, deux organisations supranationales publiques et une organisation privée géraient la majorité des quinze satellites qui approvisionnent l'Europe avec environ 70 programmes de télévision et de radio. Parmi les programmes diffusés par satellite figure aussi «3sat», un programme commun à ZDF, à la radiodiffusion autrichienne et à la Société suisse de radio et de télévision. A cela s'ajoute «1plus», qui est diffusé par l'ARD.

Les auditeurs et téléspectateurs d'Allemagne ont entre-temps l'embarras du choix face à une diversité de programmes sans précédent. Parmi les nouveaux médias que l'on peut capter, par exemple avec un simple téléviseur, figurent aussi des services comme le Btx, le «Bildschirmtext» de la Poste. Le Btx permet de dialoguer, via la ligne de téléphone, avec les serveurs les plus divers. On peut ainsi consulter les cours de la Bourse ou même procéder à des versements sur son compte courant. Les établissements de droit public proposent le «Videotext», un service émis avec le signal télévisé normal. Le Videotext peut être visualisé à volonté sur l'écran du téléviseur et propose informations, prévisions météorologiques, conseils aux consommateurs et bien d'autres choses encore.

La diversité culturelle dans l'Etat fédéral

Nulle part ailleurs, la structure fédérale n'a laissé des traces plus tangibles que dans la vie culturelle. Jamais l'Allemagne n'a connu une métropole centrale comme Paris l'a été pour la France ou Londres pour l'Angleterre. L'autonomie culturelle extrêmement prononcée des Länder a permis l'émergence de petits et grands centres culturels ayant leur caractère personnel. La vie culturelle et scientifique s'épanouit même dans les plus petites villes et communes.

A l'avenir, Berlin est appelée à jouer un rôle essentiel sur le plan culturel en tant que capitale et siège du gouvernement de l'Allemagne unifiée. Mais les autres villes d'Allemagne n'en perdront pas pour autant leur signification comme creusets culturels. L'Etat fédéral est la garantie de ce que la diversité culturelle puisse continuer de s'épanouir, ce qui est d'autant plus vrai qu'elle est maintenant complétée par le riche legs culturel des nouveaux Länder fédérés.

Il suffit, pour se convaincre de cette diversité, de passer brièvement en revue les lieux où les différentes institutions et activités culturelles ont leur siège en Allemagne. Les deux bibliothèques centrales de l'Allemagne se trouvent à Francfort-sur-le-Main et à Leipzig. C'est Hambourg qui présente la plus grande densité de médias, Cologne et Düsseldorf étant deux grands foyers de la vie artistique moderne. Mais c'est Berlin qui possède le plus grand nombre de théâtres, tandis que les archives d'Etat centralisées de la République fédérale se trouvent à Coblence. On trouvera des académies des sciences à Düsseldorf ou Göttingen, mais aussi à Halle ou Heidelberg, Leipzig ou Mayence et Munich. Les musées les plus réputés se trouvent à Berlin, Munich, Nuremberg, Cologne et Stuttgart. Les deux plus importantes archives de la littérature se trouvent à Marbach, une petite ville du Wurtemberg, et à Weimar, en Thuringe.

L'Allemagne est donc un pays avec de multiples foyers culturels. On ne peut, par conséquent, pas dire qu'il existe une «province» qui soit à l'écart de la culture. Nul ne doit couvrir des centaines de kilomètres pour assister à une bonne pièce de théâtre ou écouter de la bonne musique. Dans les villes de taille moyenne, on trouve des bibliothèques d'une richesse étonnante ou d'intéressantes collections d'œuvres d'art. Cela remonte à l'époque à laquelle l'Allemagne se composait d'une multitude de principautés dont les souverains avaient tous l'ambition de faire de leur résidence une métropole culturelle. Une autre explication a été l'existence d'une bourgeoisie imbue de son statut, qui a su encourager, dans sa ville, les arts et les sciences.

La majorité des organismes culturels de la République fédérale sont entretenus par les communes. A quelques rares exceptions près, la législation culturelle est la compétence exclusive des Länder. Chaque Land fédéré organise son enseignement plus ou moins comme il l'entend. Mais la médaille du fédéralisme culturel a aussi son revers. Les programmes et les diplômes scolaires varient fréquemment d'un Land à l'autre. De plus, des problèmes peuvent survenir quand une famille déménage dans un autre Land fédéré et ses enfants ont des difficultés d'acclimatation.

Mais les Länder fédérés s'efforcent de coopérer étroitement. Dans ce domaine, la Conférence permanente des ministres de l'Education et des Affaires culturelles des Länder assume d'importantes tâches de coordination. L'Etat fédéral et les Länder coopèrent aussi dans la planification-cadre pour la construction et la modernisation des écoles supérieures ainsi que pour leur financement. La Commission Etat fédéral-Länder pour la planification de l'enseignement et la promotion de la recherche a été créée spécialement pour assumer les tâches d'avenir. Au sein de cet organe, l'Etat fédéral et les Länder encouragent en commun les essais-pilote dans tous les domaines de l'enseignement.

Tous ces organes ont pour objectif d'instaurer le degré d'homogénéité nécessaire indispensable à un enseignement moderne et efficace sans que l'on doive renoncer pour autant à la diversité féconde qui fait l'unicité de la vie culturelle allemande.

Les écoles

Les fondements de l'école. En République fédérale d'Allemagne, les Länder fédérés sont compétents pour la majeure partie de l'enseignement. Cela est vrai surtout pour les écoles d'enseignement général et professionnel, pour la formation des adultes et la formation continue ainsi que pour l'enseignement supérieur.

La scolarité est obligatoire de 6 ans révolus à 18 ans, soit une durée de douze années, dont neuf années (dix dans quelques Länder) dans une école à temps plein et, ensuite, dans une école technique à temps partiel. La fréquentation de toutes les écoles publiques est gratuite. Une partie du matériel scolaire, en particulier les livres, est également remise aux élèves à titre gratuit.

Aux termes de la Loi fondamentale, l'instruction religieuse est une matière d'enseignement régulière, mais non obligatoire. A partir de quatorze ans, l'élève peut décider lui-même s'il veut y participer. Les écoles confessionnelles — c'est-à-dire les écoles où l'ensemble de l'enseignement fait référence à des croyances religieuses déterminées — sont en perte de vitesse ces derniers temps. La majorité des Länder fédérés ont institué l'école communautaire chrétienne. Il s'agit d'écoles dans lesquelles seule l'instruction religieuse est dispensée séparément selon les confessions. En règle générale, les garçons et les filles fréquentent des classes mixtes. Des écoles privées, soutenues financièrement par les Länder et relevant de divers organismes, viennent compléter l'offre de l'enseignement.

Le jardin d'enfants. Le jardin d'enfants est une création allemande, qui a été adoptée par de nombreux pays (le mot lui-même, Kindergarten, a parfois été repris tel quel dans d'autres langues), mais qui ne fait pas partie du système scolaire public. Le travail pédagogique y est centré sur l'apprentissage du langage, l'épanouissement de la personnalité de l'enfant ainsi que l'éducation sociale et le jeu. La plupart du temps, les enfants ne fréquentent le jardin d'enfants que le matin et, l'après-midi, ils sont de nouveau dans leur famille. Mais il existe aussi des jardins d'enfants et garderies d'enfants ouverts toute la journée.

La fréquentation du jardin d'enfants est volontaire et, le plus souvent, les parents doivent fournir une participation aux frais. Les plus de 24.000 jardins d'enfants que comptent les anciens Länder fédérés sont gérés et financés par les communes et les Eglises, des associations de bienfaisance, des entreprises ou des particuliers.

Aujourd'hui, plus de 80% des enfants âgés de trois à six ans fréquentent un jardin d'enfants. Dans l'ex-RDA, près de 95% des enfants étaient gardés dans des jardins d'enfants, le plus souvent publics. A cela s'ajoutaient les pouponnières pour les enfants âgés de moins de trois ans. Ceci s'expliquait par le taux élevé de mères est-allemandes exerçant une profession.

Le système scolaire. Les enfants entrent à l'école primaire à l'âge de six ans. L'enseignement élémentaire est en général étalé sur quatre ans ou, comme à Berlin, sur six ans. Dans la majorité des Länder fédérés, les enfants ne reçoivent pas de notes lors des deux premières années de scolarité, mais des jugements généraux. Après les quatre années communes passées à l'école primaire, les élèves se retrouvent dans une autre forme d'école. Ils y fréquentent tout d'abord un cycle d'orientation (5ème et 6ème année), durant lequel eux-mêmes et leurs parents peuvent encore remettre en question ou modifier leur option pour un type d'école déterminé.

A la suite de l'école primaire, un tiers des enfants environ fréquentent la Hauptschule (l'école secondaire du premier cycle) à l'issue de l'école élémentaire. Ceux qui la quittent après neuf ou dix ans s'engagent généralement dans la formation professionnelle (et fréquentent parallèlement, jusqu'à 18 ans, une école professionnelle). De nombreuses possibilités de spécialisation professionnelle dans l'artisanat et l'industrie s'offrent aux jeunes gens qui ont passé avec succès l'examen sanctionnant la Hauptschule. Le programme de la Hauptschule est de plus en plus exigeant. A titre d'exemple, presque tous les élèves suivent aujourd'hui des cours dans une langue étrangère (le plus souvent l'anglais) et des cours d'initiation à la vie professionnelle, ce qui leur facilite l'accès à la formation professionnelle.

La Realschule (école secondaire du premier cycle conduisant au deuxième cycle) est à la jonction entre la Hauptschule et l'école supérieure. Elle couvre en général six années, de la 5ème à la 10ème, et est sanctionnée par un examen de fin d'études du premier cycle de l'enseignement secondaire. Ce diplôme donne le droit de fréquenter une école de perfectionnement professionnel ou un lycée d'enseignement technique. Cet enseignement est considéré comme la clef d'une carrière moyenne dans l'économie ou la fonction publique. Un tiers des élèves atteignent ce niveau d'études.

Le Gymnasium, lycée en neuf ans (de la 5ème à la 13ème classe), est l'école secondaire traditionnelle en Allemagne. Son ancienne articulation en lycée classique, moderne et mathématique-scientifique a aujourd'hui pratiquement disparu. Aujourd'hui, dans les anciens Länder fédérés, le second cycle réformé (de la 11ème à la 13ème classe), qui s'est substitué au système de cours des classes traditionnelles, est de règle. Ce système a pour but de permettre aux élèves d'étudier les matières qui les intéressent particulièrement et, ainsi, de leur faciliter l'accès à l'enseignement supérieur. Parallèlement aux lycées avec second cycle réformé, il existe aussi des types d'écoles particuliers tels que le lycée de sciences économiques ou le lycée technique.

Structure de base du système éducatif

Formation continue
(formation continue générale et professionnelle sous les formes les plus variées)

Etudes à qualification professionnelle

Universität/Technische Universität, Pädagogische Hochschule Fachhochschule Verwaltungsfachhochschule Kunsthochschule Gesamthochschule

Qualification professionnelle	Allgemeine Hochschulreife	
Fachschule	**Abendgymnasium/ Kolleg**	

	Qualification professionnelle				Allgemeine Hochschulreife	
13	Mittlerer Bildungsabschluß			Fachhochschulreife	**Gymnasiale Oberstufe**	13
12	Formation professionnelle en entreprise et formation professionnelle en alternance (Duales System)	Berufs-aufbau-Schule	Berufs-fach-Schule	Fach-ober-Schule	(Gymnasium, Berufliches Gymnasium, Fachgymnasium, Gesamtschule)	12
11						11
10	Berufsgrundbildungsjahr					10

Certificats de fin d'études à la Hauptschule après 9 ou 10 ans/Realschulabschluss

		10ème année					
10							10
9					**Gymnasium**		9
8	Ecole spéciale	**Hauptschule**	**Realschule**		**(Lycée)**	Gesamt-schule	8
7							7
6			Orientierungs-Stufe				6
5			(en fonction de la forme d'école ou indépendamment du type d'école)				5

4				4
3	Ecole spéciale	**Ecole primaire**		3
2				2
1				1

Année scolaire	Jardin d'enfants spécial	**Jardin d'enfants**	

Le diplôme de fin d'études des lycées, l'équivalent du baccalauréat, habilite son détenteur à faire des études supérieures scientifiques. Toutefois, le nombre des bacheliers a tellement augmenté qu'il n'y a pas un nombre suffisant de places d'études correspondant aux vœux de ceux qui veulent étudier. Il existe depuis un certain temps des restrictions d'admission, le «numerus clausus».

Le système scolaire à trois filières a fait l'objet de critiques fréquentes: on lui reproche de poser les jalons de façon prématurée pour beaucoup d'enfants. C'est pour y remédier que l'on a conçu les phases d'orientation ou d'encouragement, car on veut ainsi préparer les enfants au bon choix de l'école dans la 7ème classe.

Un autre projet-pilote est l'école intégrée, qui regroupe les trois formes d'écoles jusqu'ici séparées. Elle assure en règle générale la formation des enfants de la 5ème à la 10ème classe. Quelques écoles intégrées possèdent leur propre phase supérieure, qui est conçue comme celle des lycées. Selon ses facultés, l'élève peut suivre des cours avec des exigences plus élevées ou moindres. Les cours d'initiation à la profession font partie du programme. Les diplômes obtenus dans les écoles intégrées sont reconnus dans tous les Länder fédérés.

Ecoles, classes et élèves des écoles d'enseignement général durant l'année scolaire 1989/90

Type d'école	Ecoles	Classes	Elèves		Taux d'écoliè-res (%)
			Nombre	Taux(%)	
Ancienne République fédérale					
Classes préliminaires, jardins d'enfants	3 249	4 854	67 512	1,0	42,6
Ecoles primaires	13 585	112 264	2 449 711	36,4	49,0
Cycle d'orientation	1 124	9 045	210 085	3,1	48,6
Hauptschulen	5 889	49 496	1 043 976	15,5	45,3
Realschulen	2 573	35 380	857 218	12,7	52,4
Lycées	2 462	40 600	1 545 577	23,0	51,0
Ecoles intégrées	314	8 129	224 536	3,3	46,6
Ecoles libres Waldorf	108	1 459	48 465	0,7	51,9
Ecoles spéciales	2 762	25 369	246 278	3,7	38,1
Ecoles du soir	246	294	41 137	0,6	50,5
Total	32 313	286 800	6 734 495	100,0	48,8
Ex-RDA					
Ecoles supérieures polytechniques	5 226	93 206	1 986 314	93,8	49,4
Ecoles supérieures polytechniques élargies	223	2 394	39 626	1,9	57,8
Ecoles spéciales	479	6 663	63 614	3,0	37,0
Les universités populaires	–	–	28 166	1,3	46,3
Total	5 928	102 263	2 117 720	100,0	49,1

Les enfants et les jeunes qui ne peuvent être encouragés suffisamment dans les écoles générales en raison d'un handicap peuvent suivre des cours dans des écoles particulières.

La «seconde voie de formation» est un moyen de se rattraper pour ceux qui ont négligé de tirer parti du système de formation. Les «lycées du soir» permettent aux personnes exerçant une activité de se préparer, parallèlement à leur travail quotidien et en trois à six ans, à l'examen du baccalauréat. De la même manière, en suivant des cours du soir, elles peuvent passer l'examen de fin d'études de la Hauptschule et de la Realschule. Mais il faut admettre que cette méthode est pénible et exige de grands sacrifices personnels.

Les enseignants. En République fédérale, chaque type d'école possède des enseignants formés spécialement à cette fin. Tous doivent avoir effectué des études supérieures, mais les filières d'études sont différentes. Les futurs maîtres de Grundschule et de Hauptschule font en général six semestres d'études. Des études de plus longue durée sont exigées pour les enseignants de la Realschule, des écoles spéciales, des lycées et des écoles professionnelles. A la fin de leurs études, tous les candidats à une carrière dans l'enseignement doivent passer un examen; celui-ci est suivi d'un stage pratique à l'école et, ensuite, d'un second examen. L'enseignant trouvant un emploi est en règle générale nommé fonctionnaire à vie.

La nouvelle école dans les nouveaux Länder fédérés. L'une des tâches majeures en matière de politique éducative au cours des prochaines années consistera à instituer dans les nouveaux Länder fédérés le système scolaire ouest-allemand. A l'époque de la RDA, l'école supérieure polytechnique d'enseignement général en dix classes était l'école publique normale ou obligatoire. Cette forme d'école était axée totalement vers une éducation au socialisme dans le sens de l'idéologie dominante. Depuis la réunification, les programmes ont été «dépolitisés». Les nouveaux Länder reprennent différents modèles d'écoles originaires de l'Ouest. Il n'a toujours pas été décidé si des éléments de l'ancien système — par exemple la scolarité totale plus courte, de douze ans — seront aussi conservés. Après la réunification, les enseignants de l'ex-RDA ont, certes, été maintenus dans leurs fonctions, mais ils ne sont pas devenus automatiquement des fonctionnaires. Une décision sera prise selon les cas d'espèces quant à leur maintien en qualité d'enseignants dans le système scolaire des nouveaux Länder.

La formation professionnelle

90% des jeunes qui ne passent pas leur baccalauréat dans l'intention de faire des études supérieures optent pour une formation professionnelle. La majorité reçoit cette formation dans le «système dualiste»: formation en alternance, c'est une combinaison de formation pratique en entreprise et de formation théorique à l'école professionnelle. L'économie privée et l'Etat assument donc en commun la responsabilité de la formation professionnelle. En ce qui concerne l'Etat, la Fédération est compétente pour les régimes de formation, les écoles professionnelles étant placées sous la tutelle du Land respectif.

On compte environ 400 métiers de formation agréés. Ils jouissent d'une popularité variable auprès des jeunes: les dix professions les plus recherchées regroupent environ 35% des apprentis du sexe masculin, taux qui est même de 55% pour les apprentis du sexe féminin. Les jeunes gens choisissent de préférence les métiers de mécanicien en automobile, électricien, agent commercial, peintre ou menuisier. Les jeunes filles donnent la préférence aux métiers de coiffeuse, vendeuse, agent commercial et assistante de médecin ou de dentiste.

L'ordinateur est devenu indispensable.

Formation sur fraiseuse.

La formation en entreprise. La formation pratique en entreprise, appelée «apprentissage», dure de deux à trois ans et demi selon le métier, mais le plus souvent trois ans. L'apprenti reçoit une rémunération qui augmente chaque année. Les régimes de formation sont adoptés par les ministres fédéraux compétents en vertu de propositions soumises par les fédérations professionnelles de l'économie, les organisations du patronat et les syndicats. Ces régimes établissent ce qui fait l'objet de l'apprentissage et de l'examen. L'examen est passé devant des commissions instituées par les organes d'autogestion de l'économie (Chambre du Commerce et d'Industrie, Chambre des Métiers) et des services analogues.

Plus de 500.000 entreprises de tous les secteurs de l'économie, des professions libérales et de la fonction publique forment des apprentis. Alors que les grandes entreprises possèdent leurs propres ateliers d'apprentissage, plus de la moitié des apprentis reçoivent leur formation sur le tas dans de petites entreprises. Celles-ci sont fréquemment trop spécialisées pour leur dispenser toutes les connaissances nécessaires. C'est pour y remédier que l'on a créé les centres d'apprentissage inter-entreprises, dans lesquels les jeunes gens peuvent approfondir leurs connaissances professionnelles.

L'école professionnelle. Parallèlement à la formation reçue en entreprise, le jeune doit fréquenter pendant trois ans, un ou deux jours par semaine, l'école professionnelle. En dehors des matières faisant partie de la culture générale, on y enseigne surtout des sujets théoriques d'ordre professionnel que l'apprenti peut mieux apprendre ici que dans une entreprise. La formation est sanctionnée par un diplôme de fin d'études. L'école professionnelle est aussi l'école obligatoire pour tous les jeunes qui ne sont pas encore âgés de 18 ans et qui ne fréquentent aucune autre école.

Les autres voies de formation professionnelle. Outre l'apprentissage et l'école professionnelle, il existe d'autres options de formation professionnelle, que de plus en plus de jeunes mettent à profit. En voici deux exemples : la Berufsfachschule (école professionnelle à temps complet) est un établissement qui implique une fréquentation quotidienne durant au moins un an et préparant à une activité professionnelle. Si cette scolarité dépasse un an, elle peut être imputée en partie à la période d'apprentissage ou s'y substituer entièrement. La Fachoberschule, le lycée d'enseignement technique, prend en charge les élèves ayant passé l'examen de la Realschule et leur donne accès, en deux ans, à la Fachhochschule, l'école supérieure de technologie.

Préparer au monde du travail. Par principe, en République fédérale, on aspire à ce qu'aucun jeune n'entre dans le monde du travail sans avoir reçu une formation, domaine dans lequel le système dualiste de la formation professionnelle a fait ses preuves. A tel point qu'une série d'autres pays ont repris ce système. Dans les années quatre-vingt, la demande de postes d'apprentissage était très élevée en raison des années à forte natalité. En 1990, en revanche, l'offre de places d'apprentissage dans les anciens Länder fédérés — 659.000 — dépassait largement la demande, d'approximativement 560.000 jeunes. Dans les nouveaux Länder, également, la totalité des 140.000 jeunes a trouvé un poste d'apprentissage. Ceci est le fruit des efforts généralisés consentis par toutes les personnes impliquées — dans l'économie, l'Etat fédéral, les Länder, à l'Office fédéral du travail et à l'Office fiduciaire. Ainsi l'Etat fédéral a-t-il proposé, dans son champ d'activité, 10.000 places de formation. Toutes les petites entreprises (de moins de vingt salariés) qui ont recruté un nouvel apprenti ont reçu en 1991 une prime. On a aussi créé les premiers centres d'apprentissage inter-entreprises.

L'enseignement supérieur

La plus ancienne université d'Allemagne, l'université de Heidelberg, a été fondée dès 1386. Plusieurs autres universités ont déjà fêté leur cinq-centième anniversaire, par exemple les universités, riches en traditions, de Leipzig (fondée en 1409) et Rostock (fondée en 1419). Mais il existe aussi toute une série de jeunes universités — plus de vingt, en effet, n'ont été fondées qu'après 1960.

Au XIXème et durant la première moitié du XXème siècle, les universités se sont référées à l'idéal pédagogique que Wilhelm von Humboldt a voulu concrétiser à l'Université de Berlin, fondée en 1810. L'université telle que l'imaginait Humboldt était prévue pour un nombre réduit d'étudiants. Elle se concevait avant tout comme un foyer de science pure, de recherche pure et d'enseignement. Mais cet idéal répondait de moins en moins aux exigences de la société industrielle moderne. Parallèlement aux universités, qui n'évoluaient que lentement, on vit naître des écoles supérieures techniques, des écoles supérieures pédagogiques et — en particulier dans les années 70 et 80 de notre siècle — des écoles supérieures de technologie. Mais la politique de l'enseignement, elle aussi, a évolué: l'ouverture des universités à tous les jeunes gens a été élevée au rang d'objectif avoué de la politique de l'enseignement supérieur.

En 1960, seulement 8% d'une classe d'âge faisaient des études alors que, aujourd'hui, près d'un tiers briguent une place en université. Le nombre des étudiants en Allemagne a dépassé 1,7 million pour le semestre d'hiver 1990/91 et, pour la seule année scolaire 1990/91, 318.000 jeunes ont entamé leurs études. Or la popularité des études ne cesse de grandir. L'Etat s'est efforcé de tenir compte de cette course aux études depuis le début des années soixante: il a, pour ce faire, modernisé les équipements existants ou en a construit de nouveaux, multiplié par deux le corps enseignant et augmenté considérablement les budgets consacrés à l'éducation. De nouvelles filiales d'études ont été instituées et les études ont été plus fortement orientées vers la pratique professionnelle ultérieure.

L'organisation des universités. Abstraction faite de quelques universités privées, en particulier confessionnelles, et des universités de la Bundeswehr, les écoles supérieures sont des établissements qui relèvent de l'autorité des Länder. L'Etat fédéral fixe les principes généraux de l'enseignement supérieur, mais il participe en particulier au financement de la construction d'écoles supérieures et de la recherche universitaire.

Les écoles supérieures jouissent du droit à l'autogestion. Dans le cadre des lois, elles se donnent leur propre constitution.

L'université est dirigée par un recteur ou un président exerçant cette fonction à titre de profession et élu pour plusieurs années. L'autogestion s'inspire du principe d'un concours viable et graduel de tous les groupes. Il s'agit en l'occurrence des professeurs, des étudiants et des collaborateurs scientifiques ou autres.

Dans presque tous les Länder fédérés, ce sont les représentations des étudiants qui assurent elles-mêmes la défense de leurs intérêts.

Les différentes formes d'école supérieure. Le principal pilier de l'enseignement supérieur est constitué par les universités et les écoles supérieures qui leur sont assimilées. Les études dans l'enseignement supérieur sont sanctionnées par un examen de diplôme, de maîtrise ou un examen d'Etat. Ensuite, il est possible de poursuivre ses études jusqu'à l'examen de doctorat.

Le plus récent type d'université, également de plus en plus attrayant, l'école supérieure de technologie, offre une formation plus fortement orientée vers la pratique, notamment dans les domaines des sciences de l'ingénieur, de l'économie, des affaires sociales, du design et de l'agriculture, études sanctionnées par un examen de diplôme. Près d'un étudiant débutant sur trois opte aujourd'hui pour ce type d'enseignement supérieur.

Depuis le début des années soixante-dix, deux Länder fédérés possèdent des écoles supérieures intégrées. Elles regroupent sous un même toit différentes formes d'enseignement supérieur et offrent des filières d'études avec les diplômes correspondants. Ce modèle d'établissement supérieur n'est cependant pas parvenu à s'imposer.

Les étudiants d'universités selon les facultés
(ancienne République fédérale 1989/1990)

Droit, sciences économiques et sociologie	427 000	(28,3%)
Sciences de l'ingénieur	320 000	(21,3%)
Langues, cultures et sport	304 000	(20,3%)
Mathématiques, sciences naturelles	215 000	(14,3%)
Médecine	105 000	(7,0%)
Art, sciences artistiques, design	68 000	(4,5%)
Sciences de l'agriculture, de la sylviculture et de l'alimentation	36 000	(2,4%)

Dans un amphithéâtre: les étudiants se disputent les places disponibles.

Une autre nouveauté pour la République fédérale a été, en 1976, l'université par correspondance de Hagen. Elle compte actuellement près de 50.000 étudiants qui, parallèlement à leurs études par correspondance, sont suivis dans des centres d'études régionaux.

Les études et les étudiants. La politique de l'éducation a permis à de larges couches de la population d'accéder à l'enseignement supérieur. En voici quelques exemples: pour le semestre d'hiver 1952/53, 4% des étudiants étaient issus de familles ouvrières, nombre qui était de 19% pour le semestre d'été 1987. En 1952, un cinquième des étudiants étaient des femmes, alors que ce taux approche aujourd'hui 40%.

L'Etat fédéral et les Länder portent un vif intérêt à ce que des étrangers puissent faire des études dans les universités allemandes et leur nombre a été d'environ 76.000 en 1991. L'Etat encourage ces études en tant que contribution à la compréhension internationale.

Par tradition, les étudiants sont très libres en ce qui concerne l'organisation de leurs études. Certes, des plans d'enseignement sont recommandés pour de nombreuses filières et il faut se soumettre à des examens intermédiaires, mais, dans de nombreuses filières d'études, les étudiants peuvent choisir eux-mêmes leurs matières et leurs cours. Les études sont gratuites. Si les étudiants ou leurs parents ne sont pas en mesure de subvenir à leurs besoins, ils ont la possibilité de déposer une demande de bourse conformément à la loi fédérale pour l'aide à la formation (BAföG). La moitié de cette somme est octroyée à titre de bourse, l'autre moitié comme prêt que l'étudiant doit rembourser dès qu'il exerce une activité professionnelle. Dans les nouveaux Länder fédérés, trois étudiants sur cinq qui ont commencé leurs études en 1991 étaient des boursiers, contre un sur cinq dans les anciens Länder. Dans l'enseignement supérieur, des centres d'œuvres universitaires ont pour mission d'assurer l'assistance sociale des étudiants. Avec les subventions fournies par l'Etat, ces centres entretiennent par exemple des résidences d'étudiants et des restaurants universitaires, appelés en Allemagne «Mensa». Aujourd'hui, dans les anciens Länder, environ un étudiant sur dix dispose d'un logement dans une résidence universitaire, dont le loyer est relativement modique. Dans les nouveaux Länder fédérés, près de 70 % des étudiants sont à l'heure actuelle encore hébergés dans une espèce d'internat. 40 % environ des étudiants débutants habitent encore chez leurs parents. Pour de nombreux étudiants, les loyers pratiqués sur le marché public du logement constituent un problème considérable. La situation est par contre nettement meilleure en ce qui concerne les assurances: les étudiants sont couverts par l'assurance accident légale et, contre une cotisation modique, sont assurés dans l'assurance maladie obligatoire.

Liberté d'accès et numerus clausus. Malgré toutes les mesures préventives prises pour augmenter les capacités universitaires, l'accroissement massif des effectifs a obligé à limiter l'accès à certaines disciplines en instituant le système du numerus clausus. Les places d'études disponibles sont réparties par le Bureau central d'attribution des places d'études, le ZVS, dont le siège est à Dortmund. Un mode de sélection a été mis en place pour des disciplines très demandées comme la médecine, la médecine dentaire et la médecine vétérinaire. La note moyenne obtenue au baccalauréat, la durée d'attente, les tests et les entretiens de sélection sont déterminants pour l'admission. Mais ce système prend aussi en considération les cas sociaux. Des systèmes de répartition des places libres sont appliqués pour certaines disciplines comme les sciences économiques, le droit ou l'informatique. Chaque candidat se voit ainsi attribuer une place dans une université déterminée, celle-ci étant, dans la mesure du possible, celle que le candidat a souhaité fréquenter.

Depuis un certain temps, déjà, il est question d'une réforme des études, appelée notamment à raccourcir la durée d'études. Aujourd'hui, un étudiant passe en moyenne quatorze semestres, soit sept ans, à l'université, durée beaucoup trop longue également par rapport à la situation dans les autres pays. De plus, les étudiants néophytes sont de plus en plus âgés. Il est fréquent que, avant leurs études, ils aient suivi un apprentissage de plusieurs années ou aient fait leur service militaire. L'accès tardif à l'exercice d'une profession que cela implique est un grave handicap — également par rapport à leurs concurrents d'autres pays.

Nonobstant certaines difficultés, les étudiants néophytes font preuve d'optimisme pour l'avenir. En 1991, la majorité estimaient que leurs perspectives professionnelles après l'examen étaient bonnes.

La situation dans les nouveaux Länder fédérés. Les universités de l'ex-RDA vont être remodelées en fonction des recommandations faites par le Conseil de la Science. La recherche universitaire sera en partie réintégrée à l'enseignement supérieur et en partie transférée dans des organismes de recherche para-universitaires financés en commun par l'Etat fédéral et les Länder. Les membres de l'enseignement supérieur compétents sur le plan professionnel et n'ayant pas un passé politique chargé seront admis dans la fonction publique. Cette réorganisation devrait être achevée d'ici au milieu des années quatre-vingt-dix; elle est subventionnée en vertu d'un programme de rénovation pour l'enseignement supérieur et la recherche, à hauteur de 1,8 milliard de DM jusqu'en 1996.

Hochschulrektorenkonferenz
Ahrstr. 39
5300 Bonn 2

La formation des adultes

Chaque année, dix millions de citoyens de la République fédérale d'Allemagne mettent à profit les possibilités de perfectionnement professionnel. Apprendre en permanence est un impératif dans une société industrielle moderne où les exigences posées aux emplois ne cessent de croître et d'évoluer. Nombreux sont ceux qui doivent changer plusieurs fois de profession au cours de leur vie. Mais le perfectionnement professionnel est aussi un important facteur d'occupation durant les loisirs et, enfin, il a aussi une fonction politique: le citoyen ne peut en effet participer aux décisions que s'il est à même de porter un jugement fondé dans de nombreux domaines.

Les universités populaires. Les universités populaires ont été fondées à la fin du XIXème siècle selon l'exemple donné par les pays scandinaves. Elles dispensent des connaissances aussi bien pratiques que théoriques. Le programme actuel va de l'astronomie à la méditation zen en passant par les cours de langues. Il existe dans l'Ouest de la République fédérale environ 850 universités populaires avec approximativement 3.800 antennes extérieures. Elles sont en général prises en charge par les communes, les cercles ou une association déclarée; les Länder leur fournissent des subventions. Les universités populaires se situent au-dessus des partis et des confessions. Dans leur majorité, il s'agit d'universités populaires du soir, complétées par des universités populaires à domicile qui proposent des cours de plusieurs jours et de plus longue durée. Rien qu'en 1989, les universités populaires ont dispensé près de 400.000 cours, fréquentés par 5,5 millions d'auditeurs (1965: 78.000 cours avec 1,7 million d'auditeurs). Quatre millions d'auditeurs ont participé à 87.000 manifestations ponctuelles.

Depuis quelques années, des certificats sont accordés dans différents domaines comme les langues, les mathématiques, les sciences naturelles ou la technique. En 1989, environ 15.000 auditeurs ont passé un examen correspondant. Ce travail éducatif est assumé par environ 5.600 collaborateurs à titre professionnel et près de 130.000 moniteurs de cours exerçant à titre secondaire.

Formation initiale et continue dans le monde du travail. Chaque année, l'économie dépense plus de dix milliards de DM pour le perfectionnement professionnel de son personnel. Il existe onze

La formation des adultes.

œuvres de formation suprarégionales de l'économie et 30 instituts de perfectionnement professionnel. En outre, les grandes entreprises organisent elles-mêmes des cours pour leur personnel. Les participants veulent ainsi soit obtenir une qualification professionnelle supérieure (formation continue pour l'avancement), soit rafraîchir leurs connaissances dans le métier qu'ils ont appris (formation continue d'adaptation) ou encore apprendre un tout nouveau métier dans le contexte d'un recyclage. Les trois quarts des participants à des manifestations de perfectionnement professionnel ont ainsi pu bénéficier d'une promotion dans leur métier.

Les pouvoirs publics encouragent le perfectionnement professionnel par l'octroi d'aides financières qui représentent chaque année environ 5,5 milliards de DM. Les participants à une mesure de perfectionnement professionnel ont droit à des subventions sous forme de bourse ou de prêt. Les coûts des cours et des moyens pédagogiques peuvent être pris en charge en totalité ou en partie. Les chômeurs, en particulier, mettent de plus en plus à profit le perfectionnement professionnel afin d'améliorer leurs chances de trouver un emploi.

75% des participants réduits au chômage qui ont mené à bonne fin un stage trouvent un nouvel emploi dans un délai de six mois.

La Bundeswehr assume le perfectionnement professionnel de ses soldats dans les écoles spécialisées de la Bundeswehr. Ils peuvent y passer tous les examens, jusqu'à celui du baccalauréat. Le Service d'encouragement professionnel de la Bundeswehr permet d'apprendre un premier métier, de se recycler ou de recevoir une formation continue. Grâce à ce programme, plus de 300.000 soldats ont pu passer un examen avec succès.

Un éventail éducatif très diversifié. Le programme de perfectionnement professionnel des syndicats est, lui aussi, très diversifié. Les universités populaires et la Confédération allemande des syndicats (DGB) coopèrent dans le cadre du groupe de travail «Travailler et vivre». Les salariés peuvent y suivre des cours sur la politique économique et sociale, sur les statuts des entreprises, sur le droit des assurances et du travail ainsi que sur de nombreux autres domaines. Les membres des comités d'entreprises et des comités du personnel ainsi que d'autres fonctionnaires ont la possibilité de suivre des cours à des académies spéciales.

Les Eglises sont elles aussi très actives dans le domaine du perfectionnement professionnel. Dans ses quinze académies, l'Eglise protestante organise des séminaires sur des thèmes d'actualité. Pour son perfectionnement professionnel, l'Eglise catholique met l'accent sur les questions conjugales et familiales ainsi que sur les thèmes théologiques et culturels.

Les fondations proches des partis politiques considèrent elles aussi comme de leur devoir de se consacrer au perfectionnement professionnel. Il s'agit de la Fondation Konrad-Adenauer (CDU), de la Fondation Friedrich-Ebert (SPD), de la Fondation Friedrich-Naumann (FDP), de la Fondation Hanns-Seidel (CSU) et de la Fondation de l'Arc-en-Ciel (les Verts).

De nombreux instituts privés d'enseignement par correspondance contribuent aussi au perfectionnement professionnel avec quelque 1.000 cours. En 1989, environ 140.000 personnes, dont 40.000 des nouveaux Länder fédérés, y ont participé. Dans cette région de l'Allemagne, il va encore falloir mettre en place des organismes de perfectionnement professionnel offrant une diversité égale à celle de l'Ouest.

Deutscher Volkshochschulverband e. V.
Rheinallee 1
5300 Bonn 2

La science et la recherche

Le prix Nobel de médecine 1991 a été décerné à deux spécialistes de la biologie cellulaire, Erwin Neher et Bert Sakmann; en 1989, le physicien Wolfgang Paul a partagé avec deux collègues américains le prix Nobel de physique et, en 1988, les trois chercheurs Johann Deisenhofer, Robert Huber et Hartmut Michel ont été distingués par le prix Nobel de chimie. Si l'on prend les prix Nobel décernés aux Allemands comme critère de référence, on peut dire que la République fédérale ne craint pas la comparaison pour la recherche de pointe.

Jadis, l'Allemagne avait une réputation de «pays de la science» et, dans de nombreuses disciplines des sciences naturelles et des belles lettres, les universités allemandes étaient une référence. Jusqu'à la Seconde Guerre mondiale, dix des 45 prix Nobel de physique et seize des 40 prix Nobel de chimie ont été décernés à des Allemands. A partir de 1933, la dictature nazie contraignit malheureusement beaucoup des meilleurs cerveaux à émigrer. Certains se réfugièrent aux Etats-Unis, où ils donnèrent d'inestimables impulsions à la science de ce pays. Après 1945, l'Allemagne ne s'est remise que lentement de cette hémorragie et seulement au prix de durs sacrifices. Longue a été la route qui devait la ramener au niveau mondial de la science. Aujourd'hui, elle est confrontée à un autre problème: intégrer judicieusement les hommes de science et les organismes de recherche de l'ex-RDA dans une structure de recherche panallemande qui soit performante.

Les organismes de recherche. En République fédérale d'Allemagne, la recherche s'effectue à trois niveaux différents: dans l'enseignement supérieur, dans les instituts publics et privés et dans les services de recherche de l'économie.

La grande recherche moderne s'effectue essentiellement dans les centres de recherche qu'entretient l'Etat fédéral pour les bases de la physique, des nouvelles sources d'énergie (par exemple la fusion), l'aéronautique et l'astronautique, la médecine et la biologie moléculaire ainsi que la protection de l'environnement et la recherche polaire.

Au total, en Allemagne (ancien territoire fédéral), 420.000 personnes se consacrent à la science et à la recherche: elles sont réparties à raison de respectivement un tiers entre les hommes de science, les collaborateurs techniques et le personnel en tout genre. A cela s'ajoutent leurs homologues de l'ancienne RDA.

En 1990, les dépenses au titre de la recherche et du développement ont représenté sensiblement 2,9% du produit intérieur brut, ce qui place la République fédérale dans le peloton de tête à l'échelle mondiale. A titre comparatif, le Japon y a consacré entre 2,9 et 3%, et les Etats-Unis environ 2,8%.

Quels sont les organismes responsables de la recherche? Dans les universités, la recherche porte en priorité sur la recherche pure. Dans le domaine de la recherche appliquée et du développement, les universités coopèrent avec d'autres instituts de recherche et laboratoires de l'industrie, ce qui favorise et accélère la mise en œuvre dans la pratique de leurs résultats théoriques.

Les cinq académies des sciences de Düsseldorf, Göttingen, Heidelberg, Mayence et Munich sont étroitement impliquées dans les travaux universitaires. Centres de la communication scientifique, elles viennent essentiellement en aide aux projets à long terme dans le domaine des belles lettres, par exemple pour l'édition de dictionnaires. Un complément indispensable à la recherche universitaire est la promotion de la recherche assumée par l'Association allemande de la recherche scientifique (DFG).

La Société Max-Planck de Promotion des Sciences (MPG) jouit d'une réputation mondiale. Cet organisme de recherche, qui est le plus grand en dehors des universités, est financé en majeure partie par l'Etat et entretient une soixantaine d'organismes. La MPG se consacre à la recherche pure dépassant le cadre universitaire ou exigeant des organismes particulièrement grands. Tel est le cas, par exemple, pour les observatoires d'astronomie ou les installations expérimentales de physique du plasma.

Dépenses consenties au titre de la recherche et du développement
(ancien territoire fédéral, en milliards de DM)

Secteur de la recherche	1971	1981	1989
Etablissements de recherche extra-universitaires	3,01	5,78	8,40
Universités	4,27	5,87	9,09
Economie	10,70	26,60	47,30
Recherche à l'étranger	0,79	1,07	1,88
Total	18,77	39,32	66,67

Les lauréats du prix Nobel 1991: Erwin Neher (à gauche) et Bert Sakmann.

Les seize organismes de grande recherche sont un instrument majeur de la politique de recherche menée par l'Etat. Ces organismes de grande recherche sont respectivement financés à 90% par le Ministère fédéral de la Recherche et de la Technologie et à 10% par le Land fédéré dans lequel ils ont leur siège. Leurs missions vont de la recherche sur les microparticules de la matière à la recherche sur le cancer, la protection de l'environnement et le climat, en passant par l'aéronautique et l'astronautique.

Un trait d'union important entre la recherche et l'application de ses résultats dans l'économie et l'administration est constitué par la Société Fraunhofer de promotion de la recherche appliquée. Dans ses instituts, elle s'adonne à la recherche sur commande de clients dans le domaine des sciences naturelles et de la technique.

Les grandes fondations scientifiques de la République fédérale jouent également un rôle important. Nous pouvons nommer à ce propos la Fondation Fritz-Thyssen, la Fondation Robert-Bosch et la Fondation Volkswagenwerk. Celles-ci et la Stifterverband für die Deutsche Wissenschaft (fédération de parrainage de la science allemande) sont des partenaires appréciés, en particulier, de la recherche universitaire. Financée en partie par la Fédération, la Fondation Alexander-von-Humboldt organise des séjours de recherche en Allemagne pour des hommes de sciences étrangers et octroie aussi des voyages de recherche à d'éminents scientifiques de différents pays.

Il ne serait aujourd'hui pratiquement plus possible d'accomplir de nombreuses tâches incombant à l'Etat sans un travail préliminaire scientifique et sans conseils. C'est ce à quoi se consacrent de nombreux organismes de recherche de la Fédération et des Länder, par exemple l'Institut d'histoire contemporaine, l'Institut Heinrich-Hertz de technique des télécommunications, l'Office fédéral de la santé publique ou l'Office fédéral de l'environnement.

La coopération internationale. La République fédérale a passé avec plus de 30 Etats des accords bilatéraux sur la coopération scientifique et technique. Au niveau de la CE, elle participe activement aux projets communs de coordination de la recherche européenne. Il s'agit d'organismes possédant des équipements scientifiques géants dont l'exploitation dépasserait les possibilités financières d'un pays pris isolément. Nous pouvons citer ici, en particulier, l'accélérateur à haute énergie de l'Organisation européenne de la recherche nucléaire (CERN), à Genève, le réacteur à flux maximum de l'Institut Max von Laue-Paul Langevin (ILL), à Grenoble, ou le Laboratoire européen de biologie moléculaire (EMBL), à Heidelberg. En ce qui concerne l'espace, la République fédérale s'engage par le canal de l'Agence spatiale européenne (ESA), à Paris. Pour la République fédérale, le programme-cadre Recherche et Développement technologique de la Communauté européenne revêt aussi une grande signification. La République fédérale coopère également, dans le cadre d'EUREKA, à un programme de coopération européenne dans le secteur de la haute technologie. EUREKA est l'émanation d'une initiative franco-allemande de 1985.

Tous les quatre ans, le gouvernement fédéral présente un rapport fédéral sur la recherche. Il y informe en détail l'opinion publique et

Un océanologue prélève un échantillon de plancton.

le Parlement sur les objectifs et les priorités de la promotion de la recherche et du développement. Par principe, les entreprises de l'économie privée décident en toute liberté sur leurs projets de recherche. L'Etat peut cependant donner des incitations à la recherche, par exemple sous forme d'avantages fiscaux ou de subventions. Il peut encourager des projets de plus grande importance qui revêtent de l'intérêt pour la collectivité.

La littérature

La chanson de Hildebrand est considérée comme le plus ancien témoignage de la littérature allemande. Cette chanson raconte l'histoire de Hildebrand, contraint de tuer son fils Hadubrand en duel pour ne pas faillir au commandement de l'honneur. La chanson de Hildebrand était jouée dans les cours moyenâgeuses par des ménestrels. A partir du XIIème siècle, on connaît les auteurs par leur nom: Wolfram von Eschenbach, Walther von der Vogelweide, Gottfried de Strasbourg ont écrit des vers et des épopées, reprenant fréquemment l'exemple français.

La littérature allemande a toujours reçu des impulsions venues de l'extérieur, s'est toujours abreuvée à des sources étrangères — les humanistes de la Renaissance ont découvert la littérature grecque et romaine. Martin Luther a traduit la Bible dans la langue du peuple et l'a ainsi rendue accessible à quiconque parlait l'allemand. Il est ainsi devenu le père du haut-allemand qui allait se généraliser. Il a fallu attendre le XVIIème siècle pour que des poètes comme Martin Opitz s'efforcent de donner naissance à une littérature nationale allemande. Et pourtant, même par la suite, la littérature allemande ne s'est pas laissé forcer dans l'étroit carcan des littératures nationales; son médium, la langue allemande, n'a jamais coïncidé avec les frontières d'un seul Etat. Cela n'intéresse guère le lecteur de savoir si un auteur s'exprimant en allemand est autrichien, suisse ou allemand. Les poètes Rainer Maria Rilke, né à Prague, et Hugo von Hofmannsthal, né à Vienne, sont des représentants de la littérature allemande, au même titre que les narrateurs Robert Musil, de Klagenfurt, Thomas Mann, de Lübeck, et Franz Kafka, de Prague. Mais que serait également la littérature allemande sans les Suisses Gottfried Keller ou Max Frisch, sans les Autrichiens Adalbert Stifter ou Thomas Bernhard ou encore sans le poète lyrique Paul Celan, né en Roumanie? Les œuvres de tous ces auteurs sont des monuments de la littérature allemande.

Reflets du passé. Au XVIIIème siècle, le siècle des Lumieres, du «Sturm und Drang», du classicisme et du romantisme, les poètes et les penseurs se sont surtout livré des joutes intellectuelles. Plus tard, dans le contexte des guerres de libération, le thème en a aussi été la question d'une littérature allemande ou cosmopolite.

Gotthold Ephraim Lessing a été le premier à mettre en scène des représentants de la bourgeoisie dans une tragédie et à faire l'éloge des idéaux de l'humanisme. Johann Gottfried Herder élabora, à Riga, des concepts d'une nouvelle littérature nationale allemande et éleva notamment Shakespeare au rang d'exemple à suivre. Peu de temps après, les adeptes du «Sturm und Drang» se regroupèrent autour de Johann Wolfgang Goethe. Celui-ci et Friedrich Schiller sont considérés comme les classiques allemands, les poètes allemands par excellence. Pendant plus d'un demi-siècle, leur idéal de l'art, une harmonie du Moi et du Monde, du sentiment et de la compréhension, fondu en une forme trop sévère, a marqué de son sceau la création littéraire en Allemagne.

La Révolution française de 1789 a été une véritable césure dans cette période très fertile sur le plan littéraire.

Les poètes du romantisme aspiraient à des idéaux très différents. Beaucoup étaient obnubilés par leurs visées patriotiques. Les romantiques d'Iéna et de Heidelberg renièrent les idéaux du siècle des Lumières — ils ne voulaient pas améliorer le monde, mais le spiritualiser, le poétiser. Profondeur d'âme, béatitude rétrograde du Moyen Âge et nostalgie romantique de traditions populaires rivalisaient avec le vœu de conquérir de nouveaux mondes, de franchir de nouvelles frontières. Ainsi sont nés les recueils de chansons populaires nationales comme les chants, contes et légendes dus à Clemens Brentano, à Achim von Arnim et aux frères Grimm; leur écho fut grand et leur influence durable: dans ses drames ironiques et réalistes, Georg Büchner lui-même reprend des contes anciens, et la «Lorelei» de Heinrich Heine, la poésie la plus souvent récitée en Allemagne, décrit un motif mythique du Rhin. Mais c'est aussi à cette époque que remontent les grandes traductions d'œuvres de la littérature mondiale. Les traductions de Shakespeare et Cervantes par Ludwig Tieck et les frères Schlegel ont obtenu une grande célébrité et ont été à l'origine de nombreuses autres traductions d'œuvres admirables, à partir des langues romanes et des anciennes langues nordiques, mais aussi, plus tard, de la littérature orientale et indienne.

Aujourd'hui encore, on lit fréquemment les grands narrateurs allemands du XIXème siècle: Adalbert Stifter, Theodor Storm, Wilhelm Raabe, Theodor Fontane. Thomas et Heinrich Mann sont parmi les plus grands de notre siècle. Des œuvres de Rainer Maria Rilke, Gottfried Benn, Hermann Hesse et Bertolt Brecht figurent dans les rayons de chaque librairie.

Nombreux sont les auteurs allemands qui ont dû prendre la route de l'exil durant les douze années de la dictature nazie: à Marseille, Anna Seghers a décrit comment les persécutés poussés par le désespoir ont tenté de s'enfuir de l'Europe placée sous la botte nazie

(«Transit»). Au Danemark, Bertolt Brecht a analysé et fustigé «ces sombres heures», pendant que, aux Etats-Unis, Thomas Mann rédigeait son «Docteur Faust» — rares sont les écrivains qui, (comme, notamment, Gottfried Benn, Hans Carossa, Ernst et Friedrich Georg Jünger, Erich Kästner ou Ernst Wiechert) ont préféré l'«émigration intérieure» et se sont alors vu interdire l'écriture ou ont dû se consacrer à une littérature anodine.

Le nouveau départ après 1945. La littérature allemande tenta de prendre un nouveau départ après la Seconde Guerre mondiale. Les auteurs allemands voulurent tout d'abord combler le vide littéraire en s'inspirant étroitement des tendances littéraires de l'étranger: ils s'essayèrent au néo-réalisme de l'Américain Ernest Hemingway tout comme à l'existentialisme de Jean-Paul Sartre. On parla de la «littérature des ruines» et de la littérature de l'«Heure zéro». L'exemple le plus radical de ce genre de littérature est le «Dehors, devant la porte», de Wolfgang Borchert, qu'il qualifie lui-même de «pièce qu'aucun théâtre ne veut jouer et qu'aucun public ne veut voir». Cette pièce, comme d'autres œuvres de cette époque, reflète un grand engagement politique; les écrivains comme Günter Eich, Peter Huchel ou Hans Erich Nossack considéraient comme de leur devoir de s'engager sur le plan politique par le truchement de la littérature.

Dans les années cinquante et au début des années soixante, cette attitude s'est pratiquement effacée devant une autre approche. Certes, certains auteurs exerçaient encore une critique de la société à motivation morale; ainsi le malaise causé par le revers de la médaille de l'essor économique, par l'égoïsme et le matérialisme de la société de consommation, s'est-il traduit, par exemple, dans des romans comme «Das Treibhaus», de Wolfgang Koeppen ou «Les Deux Sacrements» de Heinrich Böll, qui, simultanément, dans ses essais, dissèque le legs du national-socialisme. Dans les années cinquante et soixante, l'analyse de la dictature nazie a été l'un des thèmes-clés de la littérature allemande, par exemple dans «Zanzibar ou la dernière raison» d'Alfred Andersch ou «Le Tambour» de Günter Grass. Pour de nombreux hommes de lettres, en revanche, des questions d'ordre formel repassèrent au premier plan (Uwe Johnson, Peter Härtling) et la langue elle-même en devint un thème. On parla d'une «reprivatisation de la littérature». Les plus importants dramaturges allemands de cette époque furent les Suisses Friedrich Dürrenmatt («La Visite de la vieille dame», «Les Physiciens») et Max Frisch («Andorra»).

1968 et les années suivantes. La fin des années soixante vit un changement de cap. La littérature en République fédérale éleva au

Siegfried Lenz.

Martin Walser.

Botho Strauß

Ulla Hahn.

Heiner Müller.

Christa Wolf.

rang de thème central sa fonction envers la société. C'est surtout le mouvement estudiantin de la génération soixante-huitarde qui en donna l'impulsion: la littérature se devait de servir la lutte politique. Les poètes lyriques (par exemple F.-C. Delius, Erich Fried, Yaak Karsunke) ainsi que les dramaturges (Rolf Hochhuth: «Le Vicaire», Heinar Kipphardt: «L'Affaire Oppenheimer», Peter Weiss: «L'Instruction») prirent pour thème l'histoire contemporaine ou mirent en scène la réalité de la vie quotidienne (Martin Speer: «Scènes de chasse en Bavière», Franz Xaver Kroetz: «Wildwechsel»). De nombreux romanciers des années soixante, également, se conçurent comme des auteurs politiques, en particulier Heinrich Böll («La Grimace»; «Portrait de groupe avec dame»), Günter Grass («Les Années de chien»), Martin Walser («Mi-temps»), Siegfried Lenz («Deutschstunde»), tous membres du Groupe 47, un «regroupement informel» d'hommes de lettres fondé par Hans Werner Richter dans le but «... de réunir et de promouvoir la jeune littérature». C'est surtout Uwe Johnson qui se pencha sur le thème de la partition de l'Allemagne («Conjectures sur Jacob»). Les membres du Groupe 61, du cercle de travail «Littérature du monde ouvrier», voulaient présenter le monde du travail industriel (Max von der Grün: «Irrlicht und Feuer»; Günter Wallraff: «Wir brauchen dich»). Pour un autre groupe d'écrivains, le vieux principe de «l'art pour l'art» est la clé de leurs travaux: dans la poésie «concrète», l'enjeu est la langue elle-même. Des auteurs célèbres en sont Ernst Jandl, Friederike Mayröcker, Helmut Heissenbüttel et Franz Mon. En 1968, le «Kursbuch», la revue littéraire éditée par Hans Magnus Enzensberger, prophétisa la «mort de la littérature».

La redécouverte du moi. Dans les années soixante-dix, de nombreux auteurs d'expression allemande firent de leurs sentiments personnels le thème de leurs ouvrages (Max Frisch: «Tagebuch»; Wolfgang Koeppen: «Jugend»; Thomas Bernhard: «L'Origine», «La Respiration», «Le Froid»; Elias Canetti: «La Langue sauvée»). Depuis le milieu des années soixante-dix, il existe une littérature spécifiquement féminine (Karin Struck: «Klassenliebe»; Verena Stephan: «Häutungen»; Brigitte Schwaiger: «Wie kommt das Salz ins Meer»), qui n'est toujours pas parvenue à s'imposer jusqu'à aujourd'hui. Dans la littérature documentaire, l'exigence politique se superpose à la réflexion sur le destin de l'individu (Uwe Johnson: «Jahrestage»; Walter Kempowski: «Tadellöser & Wolf»; Günter Wallraff: «Tête de Turc»). Plus encore que le roman, la poésie lyrique (Wolf Wondratschek, Nicolas Born, Ulla Hahn) et la dramaturgie de cette époque (Botho Strauss: «La Trilogie des retrouvailles») sont caractérisées par leur orientation sur la vie quotidienne. Mais il existe toujours, parallèlement, la «fuite dans la poésie». A la fin des années quatre-vingt, des œuvres des «grands maîtres» prouvent que, dans le monde littéraire de cette époque, caractérisé par des auteurs invités à écrire des articles de journaux, des critiques et d'autres ouvrages à caractère plus banal, l'on peut se démarquer avec bonheur des productions de masse. Heinrich Böll, prix Nobel de littérature en 1972, publie «Femmes devant un paysage de fleuve», G. Grass «La Ratte».

Une évolution spécifique à l'Est. Dans l'ex-RDA, les hommes de lettres d'après 1945 se virent inculquer le «réalisme socialiste» d'essence soviétique. Les années cinquante virent publier essentiellement des ouvrages littéraires qualifiés plus tard de romans de la reconstruction, de la production, de l'entreprise et de la campagne. L'ennemi était clairement désigné: les Bons, dont le secrétaire du Parti, partaient en lutte contre les Méchants, les grands paysans, les «scientifiques bourgeois», en réalité des espions travaillant pour l'Ouest.

Les pouvoirs publics est-allemands détournèrent toute tentative d'influence extérieure sur la littérature. «Prends ta plume, camarade, la culture nationale socialiste a besoin de toi !», a-t-on proclamé lors de la première conférence programmatique de Bitterfeld, en 1959. La deuxième conférence, en 1964, dut toutefois concéder que les résultats étaient restés très en deçà des espérances. Dans les années soixante, la majorité des auteurs croyaient encore pouvoir améliorer le système politique. On vit apparaître une poésie lyrique critique et subjective; la littérature de la «reconstruction» fut supplantée par la littérature de l'«arrivée». Des romans firent sensation dans la République fédérale de cette époque, ainsi «Jacob le Menteur» de Jurek Becker, «Die Aula» de Hermann Kant, la prose et le lyrisme de Johannes Bobrowski dans «Le Moulin de Levin» et «Pianos de Lituanie» ou les essais de Franz Fühmann («Das Judenauto») et les drames de Peter Hacks, Heiner Müller et Volker Braun. Il était fréquent que ces œuvres fussent tout d'abord, voire exclusivement, publiées en République fédérale et contribuent de façon décisive à conférer à la RDA un prestige international d'«Etat culturel». Beaucoup d'auteurs revenus de l'exil (en particulier Anna Seghers, Arnold Zweig, Johannes R. Becher) écrivirent des œuvres adaptées au système ou cessèrent d'exercer une activité essentiellement littéraire. Bientôt, le «réalisme socialiste» se vit opposer des fins de non-recevoir plus ou moins claires. Christa Wolf créa la devise de l'«authenticité subjective» («Réflexions sur Christa

T.»). Dans les années soixante-dix, le détracteur du système Wolf Biermann se vit tout d'abord frappé d'une interdiction de se produire en public puis, en 1976, fut «déchu de sa citoyenneté». Son courage intraitable fit tache d'huile: Stefan Heym («Le rapport du roi David»), Ulrich Plenzdorf («Les nouvelles souffrances du jeune W.»), Franz Fühmann («22 jours ou la moitié de la vie»), Reiner Kunze («Les années merveilleuses») et Günter de Bruyn («Recherches dans la Marche») critiquèrent la RDA et son système de mouchards auquel ils eurent eux-mêmes beaucoup de peine à échapper. Des auteurs qui durent quitter leur patrie furent notamment Günter Kunert, Sarah Kirsch, Reiner Kunze et Joachim Schädlich. La littérature est-allemande commença à traverser une phase de crise et à se consacrer à des thèmes auparavant tabous comme la littérature utopique et les thèmes féminins. On osa même évoquer dans les œuvres littéraires le revers de la médaille de la société socialiste; on y décrivit les carriéristes (Günter de Bruyn: «Nouvelle splendeur»), des contemporains adaptés (Christoph Hein: «L'ami étranger/Sang de dragon»), les contradictions entre les dominants et les dominés (Volker Braun: «Le Roman de Hinze-Kunze») et la vie réelle en RDA (Wolfgang Hilbig: «Les bonnes femmes», «Vieil Equarrissoir»).

La littérature après la réunification de l'Allemagne. La chute du Mur de Berlin — elle a été le thème de nombreux romans, essais, poésies — a modifié d'un jour à l'autre la réalité allemande et, ainsi, l'idée que maints artistes se faisaient du monde. Le rétablissement de l'unité allemande va aussi faire entrer la littérature allemande dans une nouvelle phase de son évolution. Beaucoup d'auteurs, en particulier de l'ex-RDA, sont encore occupés à assimiler le passé, parfois même leur passé très personnel, les uns comme victimes, les autres comme «suiveurs» — tous ayant été, malgré leur opposition, impliqués d'une manière ou d'une autre dans la structure hégémonique de leur Etat.

Les hommes de lettres ont besoin de temps pour assimiler artistiquement la réalité et pour la retransposer. Il sera intéressant de voir quels auteurs de la RDA continueront d'écrire à l'avenir et de quelle manière ils le feront. Mais on verra aussi quelles répercussions les modifications des conditions politiques auront sur la création littéraire des auteurs dans les anciens Länder de la République fédérale.

Les lecteurs trépignent d'impatience. Jamais encore il n'y a eu «autant de départs», autant d'ères nouvelles, qu'au début des années quatre-vingt-dix, en Allemagne et au-delà de ses frontières. Le temps est mûr pour voir éclore de nouveaux talents littéraires.

Librairies et bibliothèques

Le premier livre imprimé avec des caractères mobiles est paru en 1455 à Mayence. Johannes Gutenberg, l'inventeur de l'imprimerie, était en même temps éditeur. Avec la naissance de cette nouvelle technique commence donc également l'histoire de l'édition allemande. Longtemps, Francfort-sur-le-Main a été la capitale de l'édition en Allemagne avant d'être supplantée, au XVIIIème siècle, par Leipzig, qui assuma ce rôle jusqu'à la Seconde Guerre mondiale. Aujourd'hui, plusieurs villes d'Allemagne se partagent ce leadership, à savoir Munich, Berlin, Hambourg, Stuttgart, Francfort/Main, Cologne et, depuis 1989, de nouveau Leipzig.

Pour la production de livres, la République fédérale occupe le deuxième rang mondial après les Etats-Unis. En 1990, plus de 70.000 titres (nouveautés et rééditions) sont parus en Allemagne. Les librairies allemandes étaient en mesure de livrer près de 600.000 titres.

La République fédérale possède plus de 2.000 maisons d'édition, dont 75 environ réalisent un chiffre d'affaires supérieur à dix millions de DM. Aucune maison d'édition ne domine le marché. A côté des grandes sociétés, on trouve de nombreuses petites maisons d'édition dont la production contribue à la diversité de la vie littéraire. Après la guerre, les clubs du livre, qui s'inspiraient de l'idée de la formation populaire, ont permis au livre de gagner de nouveaux

Production de livres selon les disciplines

(premières éditions et rééditions en 1990, ancien territoire fédéral)

Titre	Matière	%
4738	Généralités	7,8
3053	Philosophie, psychologie	5,0
3385	Religion, théologie	5,5
12978	Sociologie	21,3
3342	Mathématiques, sciences naturelles	5,5
8629	Sciences appliquées, médecine, technique	14,1
4740	Art, arts et métiers, photographie sport, jeu	7,8
11563	Linguistique et sciences de la littérature, belles lettres	19,0
8542	Géographie, histoire	14,0

Le monument de Gutenberg, à Mayence.

cercles de lecteurs. La Guilde du livre Gutenberg, par exemple, a été fondée par les syndicats. Aujourd'hui, on compte dix clubs du livre, qui regroupent environ six millions de membres, dont les abonnements leur permettent de se procurer les livres à meilleur marché.

En 1990, le chiffre d'affaires total réalisé avec les livres et les revues spécialisées a représenté approximativement 12,7 milliards de DM. Ce résultat sans précédent est dû avant tout à l'importance de la demande en provenance des nouveaux Länder fédérés. A en croire les statistiques, un livre a coûté en moyenne 36,60 DM en 1990, les livres de poche étant nettement meilleur marché. Le commerce de la librairie est le seul et unique secteur économique allemand qui connaisse encore le système des «prix imposés en magasin». Ce prix est prescrit par la maison d'édition et a pour objectif de maintenir les prix à un niveau qui garantisse aussi l'existence des petites librairies, mais ce régime prête à contestation.

On assiste à une concentration dans le commerce du livre également. Dans les années soixante-dix, ce sont les petites librairies avec un fonds de commerce de moins de 500 m² qui dominaient. Aujourd'hui, en particulier dans le centre des grandes villes, la tendance est au «grand magasin du livre» couvrant une surface importante. Les chaînes de grossistes de France et de Grande-Bretagne, également, s'engagent de plus en plus fortement en Allemagne. La majorité des 577 librairies de l'ex-RDA, jadis gérées comme des entreprises collectives, ont entre-temps été privatisées. Les deux tiers ont été acquis par des particuliers de l'ex-RDA, le reste ayant été repris par des firmes ouest-allemandes. Bien des maisons

Librairies et bibliothèques.

d'édition renommées qui avaient été fondées de nouveau à l'Ouest après la division de l'Allemagne ont fusionné avec leur maison-mère de l'Est, par exemple Reclam-Verlag.

Börsenverein et Foire du livre. L'organisation professionnelle des éditeurs publiant et diffusant des livres en République fédérale est le Börsenverein des Deutschen Buchhandels, qui a son siège à Francfort-sur-le-Main. C'est aussi elle qui organise la Foire du livre de Francfort, la plus grande du monde, organisée chaque année à l'automne. Manifestation aux objectifs commerciaux et représentatifs, la Foire du livre est aussi un événement culturel. Chaque année, elle choisit un pays particulier comme thème prioritaire; en 1991, ce fut l'Espagne. La Foire du livre '91 a attiré près de 8.300 maisons d'édition de 95 pays. Le point culminant de la Foire du livre est la remise du Prix de la paix des libraires allemands. Parmi les lauréats de ces dernières années figurent Léopold Sédar Senghor, Max Frisch, Yehudi Menuhin, Teddy Kollek, Wladislaw Bartoszewski, Hans Jonas, Václav Havel et György Konrád. La seconde Foire du livre par l'importance est celle de Leipzig, organisée chaque année au printemps. Elle se conçoit comme un trait d'union avec les pays de l'Est.

Les bibliothèques. Contrairement à d'autres pays, l'Allemagne ne possède pas de grande bibliothèque nationale séculaire. Ce n'est qu'à partir de 1913 que la Librairie Allemande, fondée de nouveau

La bibliothèque municipale de Gütersloh.

Revue spécialisée pour les professionnels de la librairie.

à Leipzig, a commencé à collectionner la totalité des ouvrages écrits en langue allemande. Elle possède aujourd'hui plus de 6,8 millions de volumes. La division de l'Allemagne s'est traduite, en 1947, par la création de la Bibliothèque Allemande à Francfort-sur-le-Main, qui a repris, pour l'Ouest, les fonctions de la Bibliothèque de Leipzig. A l'instar de la Bibliothèque de Leipzig, elle a été fondée par le commerce du livre et est, depuis 1969, un office fédéral. Outre la totalité de la littérature d'expression allemande depuis 1945 et diverses revues et imprimés, Francfort collectionne aussi la littérature d'exil, autrement dit les œuvres rédigées entre 1933 et 1945 par des hommes de lettres allemands émigrés à l'étranger. Ses collections de livres représentent 3,9 millions de volumes.

Parmi les plus importantes bibliothèques figurent aussi la Bibliothèque d'Etat bavaroise, à Munich, avec 5,5 millions de volumes, et la Bibliothèque d'Etat de la Fondation culturelle prussienne, à Berlin, avec 3,7 millions d'ouvrages. Les bibliothèques pouvant se targuer de posséder des collections importantes sont le plus souvent des bibliothèques d'Etat, de Land et d'université. Parallèlement à ces bibliothèques de sciences générales, il existe aussi des bibliothèques spécialisées, par exemple la Bibliothèque centrale de médecine de Cologne. De très anciennes bibliothèques, par exemple la «Bibliothèque du duc Auguste», à Wolfenbüttel, jouissent d'une réputation particulière. Celle-ci renferme plus de 660.000 volumes, dont 12.000 précieux écrits du Moyen Âge.

Les lecteurs des anciens Länder fédérés ont en outre à leur disposition quelque 15.000 bibliothèques publiques leur offrant plus de 30 millions d'ouvrages. Ces bibliothèques sont gérées, en général, par les communes et les Eglises. Dans l'ex-RDA, il existait environ 9.500 bibliothèques et librairies syndicales. Celles-ci ont été dissoutes depuis 1990 ou transformées en bibliothèques publiques.

Börsenverein des Deutschen Buchhandels
Großer Hirschgraben 17-21
6000 Frankfurt am Main

Les arts plastiques

En 1947, à Augsbourg, a eu lieu le vernissage de l'une des premières expositions d'art de l'après-guerre sous le titre «La peinture extrême». L'enthousiasme fut modéré, car le public n'était pas habitué à l'art abstrait. Durant la période du national-socialisme, en effet, la majorité des styles artistiques modernes avaient été diffamés et qualifiés d'«arts dégénérés». Sous le couvert de ce slogan, les nazis menèrent une campagne de répression contre tout ce qui, dans les arts, leur semblait trop critique ou insuffisamment figuratif. L'expressionnisme allemand en pâtit tout autant que la peinture abstraite. Les grands maîtres de l'art contemporain comme Oskar Kokoschka (1886-1980), Max Beckmann (1884-1950) ou Wassily Kandinsky (1866-1944) furent bannis. Rien qu'en 1937, pas moins de 1.052 œuvres furent confisquées aux musées allemands. Ainsi décapité, l'art allemand perdit tout contact avec les milieux artistiques internationaux.

Evolution de la situation depuis 1945. Après la Seconde Guerre mondiale, le retard a été comblé avec une rapidité étonnante. La peinture d'après 1945 reprit le flambeau, s'inspirant particulièrement de Paul Klee (1879-1940) et de Wassily Kandinsky, qui avaient, dès avant la Première Guerre mondiale, rejoint le camp des abstraits. Les grands «Dégénérés» — Oskar Kokoschka, Max Beckmann, Max Pechstein (1881-1955), Emil Nolde (1876-1956), Erich Heckel (1883-1970) et Karl Schmidt-Rottluff (1884-1976) — vivaient encore. C'est à eux qu'il incomba de représenter de nouveau les Modernes, qui étaient déjà en passe d'entrer dans l'histoire. Par la suite, on vit s'imposer l'expressionnisme abstrait, né en France sous l'influence des Allemands Wols (Wolfgang Schulze, 1913-1951) et Hans Hartung (1904-1967). Ses figures de proue furent Willi Baumeister (1889-1955), Ernst Wilhelm Nay (1902-1968) et Fritz Winter (1905-1976).

Au début des années soixante, le groupe «Zero», de Düsseldorf, donna le signal d'un nouveau départ avec son nom qui était tout un programme. Il s'inscrivait dans la ligne de l'op-art, qui avait ses racines, notamment, dans la tradition expérimentale du Bauhaus. Les artistes les plus connus de cette tendance sont Otto Piene (né en 1928), Günther Uecker (né en 1930) et Heinz Mack (né en 1931); refusant de continuer à considérer l'art comme un plate-forme d'humanisme pathétique, ils se tournèrent vers les phénomènes de la nature: lumière — mouvement — espace. Leurs travaux voulaient attirer l'attention sur la perception d'un environnement que l'on découvrait (même s'il avait été modifié par la technique) et sur l'importance de celui-ci pour l'homme, ainsi que cela est visualisé dans les tableaux de feu et de fumée de Piene, les tableaux à clous de Uecker et les stèles de lumière et dynamos de lumière de Mack.

En Allemagne, le pop-art ne rencontra pas le même succès qu'aux Etats-Unis et en Grande-Bretagne. Par contre, l'art signalétique américain et la peinture hard-edge de Günter Fruhtrunk (1923-1982), Karl Georg Pfahler (né en 1926) et Winfred Gaul (né en 1928) firent des adeptes qui les portèrent au pinacle.

Contrairement aux artistes de la République fédérale d'Allemagne, qui s'inspiraient donc de traditions existantes et mettaient à profit tous les nouveaux courants de l'art ouest-européen et américain, leurs collègues de la RDA furent bientôt condamnés au seul mode de représentation admis, celui du «Réalisme socialiste». Les artistes se devaient de peindre un tableau positif de la société socialiste et du type d'homme propagé par celle-ci. Jusqu'à la fin des années soixante prédomina la représentation de processus du travail socialistes dans un paysage artistique récompensé par les libéralités des caciques du régime est-allemand.

De nouvelles tendances dans la peinture du Réalisme socialiste émanèrent notamment de l'école des Beaux-arts de Leipzig. Au nombre de ses représentants les plus connus figurent Werner Tübke (né en 1929) et Bernhard Heisig (né en 1925), dont les peintures monumentales, si elles ne surent se débarrasser de la thématique engagée sur le plan historique ou social, ne possèdent cependant pas le style stérile des années cinquante et soixante. Wolfgang Mattheuer (né en 1927), lui aussi un membre de l'académie de Leipzig, n'hésita pas à aller beaucoup plus loin dans ses efforts pour féconder les styles de peinture réalistes. Ses tableaux — par exemple Blanche Neige représentée sous les traits de la Statue de la liberté — sont plutôt une synthèse de la Nouvelle objectivité post-expressionniste et du Réalisme magique qu'une conjuration socialiste de la réalité. A. R. Penck (né en 1939) s'abreuva aux sources de ses idoles préhistoriques. Les œuvres de ces peintres furent également des objets très recherchés dans les galeries occidentales à la fin des années soixante-dix.

Les artistes d'aujourd'hui. L'«Informel» — qui était nouveau dans les années cinquante — n'est toujours pas démodé aujourd'hui. Avec l'Informel, les arts plastiques sont devenus une action, utilisant des matériaux nouveaux et inédits. La peinture fut apposée en couches

Une action de HA Schult, «Auto-Fétichisme», à Cologne.

épaisses et, parfois, les artistes rompirent la forme géométrique traditionnelle du quadrilatère. La conséquence en fut des happenings, le réalisme critique, les «nouveaux Sauvages», qui s'ébattirent dans le néo-expressionnisme. A cela s'ajoutèrent des ballets de lumière, des

Anselm Kiefer devant l'un de ses «Bildkörper».

structures rotatives, des collages, des affiches et, surtout, l'art-action qui se déroulait le plus souvent en dehors de l'atelier.

Joseph Beuys (1921-1986) a joué un rôle de pionnier dans ce domaine. Il a cessé d'attacher de l'importance à des œuvres «intemporelles», préférant mettre en scène l'art en tant qu'action. Ainsi, un jour, se fit-il par exemple transborder en pirogue de l'autre côté du Rhin. Pour transposer «l'art dans la société», rien ne le faisait reculer. HA Schult, lui aussi, l'artiste «actionniste» de Cologne, est friand de manifestations spectaculaires. Ainsi a-t-il fait du thème «l'Auto-Fétichisme» une source de divertissement populaire. A Cologne, à titre d'exemple, il a placé une voiture-monument sur une colonne moyenâgeuse.

L'Américain Jonathan Borofsky, lui aussi, est grand amateur de telles actions et, en Allemagne, il aime à décorer l'«espace artistique de la

Le «Hammering Man», de Borofsky, devant la Foire de Francfort.

Affiche publicitaire pour la Documenta 1992 à Kassel.

ville» de ses objets mobiles. Un témoignage en est le «Hammering Man», un géant noir qui soulève lentement son marteau de l'enclume en gestes lents et circulaires, devant le Parc des Expositions de Francfort-sur-le-Main.

Actuellement — ce qui est commun à tous les styles —, on constate un penchant pour la démesure. Anselm Kiefer (né en 1945) réalise, dans ses ateliers qui ressemblent à des salles d'usine, de gigantesques objets d'art, notamment en plomb, dont des avions à l'échelle 1:1. «Zweistromland» est le titre de sa sculpture de 32 tonnes, qui représente 200 livres en plomb alignés sur des rayons de huit mètres de long. Il a baptisé «Bildkörper» ses tableaux à l'inspiration souvent mythique parce qu'il y fixe différents matériaux comme de la poussière, des pétales, des cendres ou des racines.

Mais, entre l'art-action, les silhouettes géantes du paysage urbain et les œuvres en plomb d'Anselm Kiefer, il y a, en Allemagne, d'innombrables variantes du goût de l'expérience artistique, qui n'épargnent aucune forme, aucun matériau. L'Arte povera est représenté de façon tout aussi diversifiée que les éléments réalistes, surréalistes ou expressionnistes. Rebecca Horn (née en 1944) présente ses sculptures comme des «Performances», qu'elle utilise d'ailleurs aussi dans ses propres films. Gerhard Richter (né en 1932), funambule entre l'art figuratif et non figuratif, est un maître de l'ambivalence. Georg Baselitz (né en 1938), de réputation internationale et lauréat de nombreux prix, exprime dans ses tableaux placés la tête en bas la misère de la créature humaine. Sigmar Polke (né en 1941) est le représentant de la direction occulte, mais il aime aussi la plaisanterie: «Dürer va passer tout de

«Beethon», sculpture de Klaus Kammrichs devant la Beethoven-Halle à Bonn.

suite» est le nom de l'un de ses objets. De gigantesques blocs en dolomites et le monument dédié à Heinrich Heine, à Bonn, sont des témoignages d'Ulrich Rückriem (né en 1938). Günter Uecker célèbre aujourd'hui la «poésie de la destruction». Jörg Immendorf (né en 1945) est une espèce de peintre historique moderne. Son tableau «Café Allemagne» représente la tempête de l'histoire balayant le Mur de Berlin.

Galeries et expositions. Des peintres comme Max Ernst, Otto Dix, Marc Chagall, Picasso, Dali et d'autres «classiques» attirent encore et toujours des milliers d'amateurs dans les expositions. L'avant-garde est exposée avec une fréquence particulière à Cologne et Düsseldorf, où se sont réunis les artistes les plus épris d'expérimentation. A Berlin, la maison de vente aux enchères Grisebach a tout pour devenir aussi célèbre que son homologue londonienne Sotheby's. Mais, là où l'art se présente de la façon la plus spectaculaire, c'est, tous les cinq ans, à la «documenta» de Kassel. Lors de cette «Exposition mondiale internationale de l'art contemporain», l'avant-garde se présente au public pendant cent jours, le choquant, le provoquant ou l'amusant — et elle attire environ un demi-million de spectateurs.

La promotion des arts. Rares sont, aujourd'hui, les peintres et sculpteurs qui peuvent vivre exclusivement de la vente de leurs tableaux et œuvres. Mais on leur vient en aide sous la forme de subventions publiques ou de bourses et il existe des mécènes amateurs des arts. Le Fonds pour la promotion des arts, créé en 1980, a pour but de fournir un soutien financier aux artistes reconnus pour la réalisation de projets ambitieux. De 1,7 million de DM, son budget annuel est utilisé à des buts culturels. 1,3 million de DM sont fournis par le gouvernement fédéral, 400.000 DM provenant des publications de maisons d'édition consacrées à l'art contemporain. Des «oasis d'artistes» sont la colonie d'artistes de Worpswede, dans le nord de l'Allemagne, ainsi que, en Italie, la Villa Massimo et la Villa Romana. Les boursiers peuvent y travailler dans le calme et à l'abri de toute contrainte financière. L'économie, elle aussi, encourage les arts. Depuis plus de quarante ans, à titre d'exemple, le cercle culturel de la Fédération des Industries allemandes (BDI) encourage peintres et sculpteurs en décernant des prix. Mais la société encourage aussi l'«art du bâtiment». Il est depuis longtemps courant que, lors de la construction d'un nouvel édifice projeté par une entreprise ou un service public, un pour cent des frais de construction soit réservé à son embellissement artistique. Ainsi des peintres décorent-ils les étages des tours de grandes banques et des artistes «actionnistes» laissent-ils leurs témoignages devant les édifices du gouvernement ou le siège de certaines firmes.

L'architecture

Au XXème siècle, l'architecture allemande a connu un grand rayonnement. Les impulsions les plus fortes émanèrent de Weimar et Dessau, où, dans les années vingt, a été fondé le Bauhaus et où s'est développé le style esthétique ainsi nommé. Avec Walter Gropius (1883–1969) et Ludwig Mies van der Rohe (1886–1969), ses deux figures de proue, il a permis au fonctionnalisme de se propager dans le monde entier. On trouve aujourd'hui des chefs-d'œuvre de cette symbiose d'art et de technique sur tous les continents du monde.

L'architecture allemande contemporaine a longtemps souffert de la difficile situation initiale qui a été la sienne après 1945. Il fallait reconstruire rapidement les villes bombardées, car des millions d'hommes avaient besoin d'urgence de logements peu onéreux. Il est évident que la qualité architecturale passa au second plan. Plus tard, on se plaignit de plus en plus fréquemment de la monotonie des villes-dortoirs et des centres villes à l'architecture anonyme qui s'est traduite par des façades de grands magasins ou des bâtiments administratifs sans fantaisie. Des péchés particulièrement graves, sur le plan architectural et urbanistique, ont été commis dans l'ex-RDA. On y a détruit une précieuse et ancienne substance architecturale. Les rares ressources consacrées à la construction de logements allèrent aux grands ensembles, qui furent construits à la chaîne en éléments préfabriqués.

Aujourd'hui, on rencontre en Allemagne de plus en plus d'exemples d'une architecture moderne, éprise d'expérimentation et, néanmoins, à la taille de l'homme. Plus d'un édifice réussi doit, aujourd'hui encore, sa naissance au style et à l'esprit du Bauhaus. Mais de nouvelles tendances architecturales, comme le post-moderne, ont fait naître des édifices tout aussi remarquables. A l'étranger, également, certains architectes allemands défraient la chronique avec d'ambitieux projets. Ceci vaut par exemple pour Helmut Jahn, qui a installé sa principale agence à Chicago — ville où foisonnent les gratte-ciel modernes. A Francfort-sur-le-Main, H. Jahn a dessiné la tour du Parc des Expositions, haute de 254 mètres.

Edifices représentatifs. Les édifices représentatifs sont nombreux dans toute l'Allemagne, avec des exemples célèbres. Les maîtres d'œuvre ne passent pas seulement commande auprès des architectes allemands, mais aussi auprès d'agences d'architecture

Le Musée des Arts et Métiers de Francfort-sur-le-Main.

de réputation internationale. Le gratte-ciel à la construction métallique avec baies vitrées ininterrompues est incarné à la perfection par le Building Seagram de Mies van der Rohe, à New York. Une variation intéressante sur ce thème est incarnée par la Thyssenhaus, l'immeuble à trois pans, à Düsseldorf (Helmut Hentrich, 1960). Dans cette ligne s'inscrit également le siège administratif du producteur d'énergie Hamburgische Elektrizitätswerke (Arne Jacobsen et Otto Weitling, 1969). Un exemple de construction dynamique et non conventionnelle est donné par le siège social du constructeur automobile BMW, à Munich, avec son extraordinaire forme cylindrique (Karl Schwanzer, 1972). On peut également citer, à ce propos, l'usine Bahlsen, à Hanovre, avec ses imbrications cubiques (Dieter Bahlo, Jörn Köhnke, Klaus Stosberg, 1974).

La tour de la télévision qui surmonte Stuttgart, avec son restaurant et sa terrasse panoramique, due à Fritz Leonhardt (1956), donne à la ville un accent urbanistique tout particulier. Les installations des Jeux olympiques de Munich de 1972, avec leur toit suspendu, œuvre de Günter Behnisch (1972), ont fait sensation dans le monde entier. Ces installations sont nichées dans l'écrin de verdure d'un parc qui, depuis les Jeux, offre aux citoyens une zone de détente très appréciée.

Certains édifices culturels sont aussi considérés comme des chefs-d'œuvre d'architecture. Les plus connus en sont la nouvelle Philharmonie de Berlin, de Hans Scharoun (1964), avec ses gradins construits en forme de terrasses de vignobles et orientés vers un orchestre en position centrale. Pour le Théâtre municipal de Münster, une ruine du classicisme a été intégrée à l'édifice. La Liederhalle de Stuttgart et la Multihalle de Mannheim-Herzogenriedpark sont d'autres exemples impressionnants de grandes salles de réunion réussies. De remarquables nouvelles constructions de musées, qui épousent à la perfection le paysage, ont été créées par Hans Hollein à Mönchengladbach (1982) et Godfrid Haberer, pour le Musée Wallraf-Richartz/Musée Ludwig, à Cologne (1986). La Nouvelle Galerie d'Etat, de James Stirling, à Stuttgart (1983), ne reçoit pratiquement que des éloges. Et, enfin, on peut qualifier d'exceptionnelle création le nouveau Musée des Arts et Métiers, à Francfort-sur-le-Main, œuvre de Richard Meier (1985). Dans le contexte de la construction d'universités, de nombreux édifices

Le château de Sarrebruck, restauré, avec sa nouvelle partie centrale

L'Eglise de la réconciliation à Kaiserslautern.

particulièrement réussis sur le plan architectural ont vu le jour. Nous pouvons citer à ce propos, à titre représentatif, l'université de Constance, pour laquelle les masses de l'édifice ont été modulées de façon asymétrique en fonction du terrain. Un exemple brillant de clinique parfaitement intégrée au paysage est la Filderklinik de Filderstadt, près de Stuttgart.

Depuis 1945, un grand nombre d'églises ont été construites en Allemagne. Souvent, leurs architectes ont eu carte blanche pour laisser libre cours à leur goût de l'expérimentation. Parmi la multitude des édifices, l'un des plus remarquables est l'Eglise du souvenir Kaiser-Wilhelm à Berlin, qui a été détruite durant la guerre. Egon Eiermann a ici créé une symbiose de ruine et de nouvelle construction en acier avec de vastes surfaces vitrées (1963). Une autre réalisation remarquable est la massive église du pèlerinage de Neviges, de Gottfried Böhm (1967).

L'urbanisme. L'architecture contemporaine doit aussi s'attaquer aux problèmes de l'urbanisme. A l'époque de la reconstruction des villes, de nombreux édifices précieux sur le plan historique ont été sacrifiés et, longtemps, des maisons anciennes — remontant par exemple à la fin du XIXème et au début du XXème siècle — ont été considérées comme ne méritant pas d'être conservées. Mais les goûts et les opinions des gens ont cependant changé. On apprécie de nouveau ce qui est historique. Les édifices neufs sont intégrés le plus possible à leur environnement ancien ; le fonctionnalisme anonyme des grands magasins des années cinquante ou soixante ne fait plus florès. La philosophie qui a présidé au grand magasin Schneider, à Fribourg (Heinz Mohl, 1976), ou au grand magasin de Wurtzbourg réalisé par Alexander von Branca témoigne, par exemple, d'une plus grande sensibilité envers les centres-villes à la patine organique. Le «Vieil Opéra» de Francfort-sur-le-Main est un magnifique édifice de l'époque wilhelminienne. Sa façade extérieure a été intégralement reconstruite en 1981 et l'on a créé à l'intérieur un ultramoderne centre de concert et de congrès.

De plus en plus de maisons individuelles, d'ensembles anciens ou historiques et de rues entières sont classés monument historique. Mais ceci vaut aussi pour des édifices à caractère technique, par exemple pour la Halle de la fonderie à Bendorf-sur-le-Rhin ou le chevalement d'extraction du Musée allemand des mines, à Bochum. La rénovation a commencé dans les quartiers résidentiels et dans les villes. Celle-ci crée un habitat supplémentaire et va au-devant de la mode qui attire de nouveau d'innombrables habitants des banlieues ou des proches environs vers le centre des villes. Cette rénovation est une tâche séculaire — en particulier en ce qui concerne les centres-villes de l'ex-RDA. Dans cette partie du pays, tout particulièrement, nombreuses sont les vieilles villes qui méritent d'être préservées, mais qui menacent de tomber en ruines pour avoir été négligées durant des dizaines d'années.

Musées, collections et expositions

L'Allemagne peut se flatter de posséder plus de 3.000 musées en tout genre : musées régionaux ou municipaux, musées associatifs, du terroir et privés, auxquels s'ajoutent des chambres du trésor, des musées diocésains, des musées installés dans des résidences princières, forteresses et châteaux ainsi que de nombreux écomusées. Apparus au cours des siècles, les musées sont l'émanation des collections princières, ecclésiastiques et, plus tard, bourgeoises.

Les collections des princes n'étaient pas conçues pour la culture et le divertissement de la collectivité. Elles avaient pour but de présenter aux admirateurs ébahis tout ce que possédaient les souverains. A Munich, par exemple, qui était déjà un foyer des arts de réputation internationale au XVIème siècle, les ducs de Bavière n'ont pas collectionné seulement des œuvres d'art, mais aussi des automates, des outils artisanaux, des instruments de musique, des minéraux et objets exotiques des pays lointains. Les «Voûtes Vertes» des souverains saxons, à Dresde, étaient sans aucun doute la plus grande chambre du trésor européenne au XVIIème siècle. Elles ont ensuite donné naissance à une galerie de peintures, mais aussi à un musée des mathématiques et de la physique ainsi qu'à un musée de minéralogie.

A l'instar des souverains de leurs provinces, bien des bourgeois aisés possédaient aussi leurs collections personnelles. Ceci explique que, en Allemagne, presque toutes les catégories artistiques et professionnelles se soient vu consacrer, pratiquement sans exception, un musée. Tout grand musée qui se respecte s'efforce de présenter le plus possible de choses et, fréquemment, les musées se livrent une concurrence fructueuse. Et il n'y a pratiquement rien qui ne fasse pas l'objet d'une exposition : de Rembrandt à Picasso aux tapisseries (Kassel), des appareils de vinification (Coblence) aux météorites (Marbourg), des momies découvertes dans un marais (Schleswig) aux appareils d'optique (Oberkochen) ou au bateau le plus ancien du monde, reconstitué à partir de vestiges originaux (Bremerhaven).

Amateurs d'art et mécènes. Les musées allemands d'aujourd'hui ont perdu le caractère pseudo-sacré qu'on leur a fréquemment reproché. La connotation éducative sous sa forme sévère, qui caractérisait encore bien des musées il y a des années, a aujourd'hui souvent fait place à un monde de sensations dont font partie vidéo, cafétéria et salles baignées de lumière. Le musée est devenu un lieu de rencontre et de discussion, à l'occasion de quoi les objets exposés sont placés dans un contexte lié au présent. Résultat: les Allemands se rendent aujourd'hui aussi facilement dans un musée que jadis dans un cinéma.

Les musées qui, dans certaines grandes villes, se sont transformés en un véritable paysage de musées, attirent chaque année plus de 100 millions de visiteurs. Tel est le cas, par exemple, à Francfort, avec la Rive du Main, ou Berlin, où la Fondation culturelle prussienne, créée en 1951, peut remplir des musées entiers avec ses collections de l'ancienne Prusse.

Comme par le passé, les citoyens aisés participent fréquemment en tant que mécènes à cet essor des musées. Peter Ludwig, un chef d'entreprise de Rhénanie, est l'un des plus connus. Partout, il aide les nouveaux musées qui privilégient l'art moderne. Son dernier musée est le «Ludwig-Forum», à Aix-la-Chapelle, une ancienne fabrique de parapluies où l'on peut aussi admirer l'art de l'ex-RDA. Une série de nouveaux musées est en projet, une «Maison de l'histoire de la République fédérale d'Allemagne» est en cours de construction à Bonn. A Berlin, le «Musée historique allemand» fait défiler toute l'histoire de l'Allemagne jusqu'à aujourd'hui.

Le bureau du prix Nobel Otto Hahn, Musée allemand de Munich.

*Extrait de l'exposition «Modes de vie juifs»
au Gropiusbau de Berlin.*

Les instituts consacrés à l'histoire de la culture et à l'ethnographie possèdent un statut particulier parmi les musées de par la diversité de leur offre. A titre d'exemple, le Musée allemand, à Munich, retrace, à l'aide d'originaux et de maquettes, les développements de la technique et des sciences naturelles. Le Musée national germanique de Nuremberg abrite la plus grande collection sur l'histoire de l'art

L'autel de Pergame au Musée de Pergame, à Berlin.

et la culture allemandes de l'Antiquité au XXème siècle. Il est étonnant qu'un pays qui n'a été puissance coloniale que pendant peu de temps, mais a donné naissance à tant de grand inventeurs et explorateurs de cultures lointaines, possède un tel nombre de célèbres musées d'ethnologie. Outre les musées berlinois, le Linden-Museum, à Stuttgart, est particulièrement intéressant à ce point de vue.

Les expositions à thème connaissent un succès croissant. Rien qu'en 1989, elles ont attiré pas moins de 4,2 millions de visiteurs. Lors de ces expositions, les musées peuvent puiser dans leurs riches réserves et choisir un thème prioritaire. Des expositions historiques comme «Le monde des Hohenstaufen», en 1977 à Stuttgart, ou «La Prusse — Essai de bilan», en 1981 à Berlin, ont suscité un écho extraordinaire. «L'Art allemand — Une documentation» (en 1976 à Darmstadt), une vaste rétrospective consacrée en l'occurrence à l'Art déco, a aussi attiré des dizaines de milliers de visiteurs.

Il a aussi été possible d'organiser en Allemagne d'importantes expositions itinérantes internationales, par exemple l'exposition dédiée à Toutânkhamon ou l'exposition «Le trésor de Saint Marc» de Venise. L'art des pays non européens a beaucoup d'adeptes en Allemagne. 250.000 visiteurs se sont rendus à l'exposition «La femme dans l'Egypte de l'Antiquité», organisée à Cologne, alors qu'Aix-la-Chapelle a présenté «Les villes oubliées de l'Indus» et que Munich a exposé des témoignages de la civilisation mongole.

Le plus grand festival mondial de l'art moderne est la «documenta» de Kassel, organisée tous les cinq ans et qui attire jusqu'à 500.000 visiteurs.

La diversité des musées. La grande dissémination géographique des musées allemands permet à un large public de les fréquenter. Il n'existe pas de «politique des musées» centralisée, ce qui n'empêche pas les musées de coopérer dans un certain nombre de domaines — par exemple pour la restauration ou la sécurité des musées, la documentation centralisée ou la recherche. Faciliter cette coopération est la tâche à laquelle se consacre la Fédération allemande des musées, fondée en 1917 et qui regroupe les musées de la République fédérale. L'Institut de muséologie, qui relève des musées d'Etat de la Fondation culturelle prussienne, à Berlin, s'est lui aussi donné des objectifs analogues.

Tout aussi diversifié est l'aspect des musées eux-mêmes, des musées-temples du XIXème siècle aux édifices récents de notre époque, qui sont fréquemment des créations de référence sur le plan architectural, ainsi la Nouvelle Galerie d'Etat de Stuttgart ou le Musée de l'architecture, à Francfort-sur-le-Main. Nombreux sont les musées qui ont été détruits durant la Seconde Guerre mondiale, mais ceux-ci étaient néanmoins parvenus à mettre en sécurité en temps utile la majorité de leurs collections. Et pourtant, aujourd'hui encore, les cicatrices de la guerre ne se sont pas effacées complètement. Ainsi a-t-il fallu plus de trente ans pour que la nouvelle Pinacothèque de Munich puisse de nouveau briller dans sa munificence d'antan.

Musées importants:

Musées d'art:
Aix-La-Chapelle: Chambre du trésor de la cathédrale, Nouvelle Galerie
Berlin: Musées d'Etat de la Fondation culturelle prussienne, dont Galerie de Peinture et Galerie nationale
Bonn: Collections municipales d'art moderne
Braunschweig: Musée du duc Anton-Ulrich
Cologne: Musée Wallraf-Richartz/Musée Ludwig
Dessau: Archives de la Bauhaus
Dresde: Galerie de peinture des anciens et nouveaux Maîtres, les «Voûtes Vertes»
Essen: Musée Folkwang
Francfort: Städelsches Kunstinstitut, Musée d'art moderne

Hambourg: Kunsthalle
Hanovre: Musée du Land de Basse-Saxe, Musée Kestner
Hildesheim: Musée Roemer-Pelizaeus
Karlsruhe: Collections d'Etat d'art
Kassel: Collections d'Etat d'art
Leipzig: Musée des Arts plastiques
Munich: Vieille Pinacothèque, Nouvelle Pinacothèque
Ratisbonne: Musée de la galerie est-allemande
Stuttgart: Galerie d'Etat

Musées d'histoire de la culture:
Bonn: Rheinisches Landesmuseum
Cologne: Musée romain-germanique
Mayence: Musée Gutenberg; Musée central romain-germanique
Munich: Musée national bavarois
Nuremberg: Musée national germanique
Wurtzbourg: Musée de Main-Franconie

Musées des sciences naturelles et de la technique:
Berlin: Musée de la technique et des transports
Bochum: Musée allemand des mines
Bonn: Institut de recherche zoologique et Musée Alexander-Koenig
Braunschweig: Musée d'Etat d'histoire naturelle
Bremerhaven: Musée allemand de la navigation
Dortmund: Musée des sciences naturelles
Francfort: Musée de la nature et Institut de recherche Senckenberg
Mannheim: Musée de la technique et du travail
Munich: Musée allemand
Stuttgart: Musée d'Etat de sciences naturelles

Musées d'ethnologie :
A Berlin, Cologne, Francfort, Göttingen, Hambourg, Kiel, Lübeck, Munich et Stuttgart.

La vie musicale

De Beethoven à Stockhausen, de Claudio Abbado à Udo Lindenberg, de «La Flûte enchantée» à «Cats», de la grande salle de concert au concert dans la grange : il y a toujours de la musique dans l'air et les amateurs peuvent l'apprécier partout en Allemagne. La majorité des grandes villes se targuent de posséder leurs propres orchestres et leurs propres opéras. Dans la province elle-même, la musique est souvent cultivée à un niveau élevé. A un rythme bien établi, le plus souvent annuel, sont organisés plus de cent festivals de musique locaux ou régionaux. Chefs d'orchestre, orchestres et solistes du monde entier apprécient le paysage musical allemand, qui a la réputation d'être particulièrement ouvert à l'expérimentation.

Opéras et orchestres. L'Allemagne unifiée compte 95 théâtres musicaux subventionnés par l'Etat et 195 orchestres professionnels. C'est Hambourg qui possède le plus ancien opéra : il a été construit en 1678. Les opéras les plus modernes, aux équipements très sophistiqués, se trouvent à Francfort-sur-le-Main. Berlin ne possède pas moins de trois opéras. Deux des plus magnifiques sont le Nationaltheater de Munich et l'Opéra Semper de Dresde, deux édifices construits dans le style de la haute Renaissance italienne. Pour les orchestres, c'est l'Orchestre philharmonique de Berlin, les maîtres du son porté à la perfection, qui donne le ton. Mais l'Orchestre philharmonique de Munich, l'Orchestre symphonique de Bamberg, l'Orchestre de la Gewandhaus de Leipzig ou la Staatskapelle de Dresde et plusieurs orchestres symphoniques de la télévision sont d'autres ensembles qui jouissent d'une grande réputation internationale.

Dirigeants et solistes. Le monde musical allemand cultive des échanges intenses avec les artistes de réputation internationale et les nouveaux talents. Il est fréquent que des vedettes du monde entier se produisent en concerts et lors de la création d'opéras. L'Orchestre philharmonique de Berlin est dirigé par l'Italien Claudio Abbado, qui a succédé à Herbert von Karajan, décédé en 1989. Inversement, les artistes allemands œuvrent dans de nombreux pays. Par exemple Kurt Masur, en tant que chef d'orchestre de la New Yorker Philharmonie, et Christoph von Dohnanyi, en tant que chef d'orchestre de l'Orchestre de Cleveland. Des solistes allemands comme la violoniste Anne-Sophie Mutter, les chanteurs et

chanteuses comme Hildegard Behrens, Dietrich Fischer-Dies-
kau, Peter Hofmann, René Kollo, Peter Schreier, Hermann Prey
et Edda Moser comptent parmi les figures de proue de leur discipline.

Le répertoire. La musique des grands classiques est cultivée dans
de nombreux endroits, également dans le cadre de festivals
traditionnels qui sont dédiés aux œuvres d'un compositeur en
particulier. A titre d'exemple, Ludwig van Beethoven (dont la maison
natale, à Bonn, attire des visiteurs du monde entier) ou Georg
Friedrich Händel. Les Festivals de Bayreuth, avec des mises en
scène des opéras de Richard Wagner, ont toujours été un «must» du
calendrier international. C'est à la musique de Jean-Sebastien
Bach que se consacrent Helmut Rilling, fondateur et directeur de la
Chorale de Gäching et de l'«Académie internationale Bach», ainsi que
des ensembles spécialisés de Leipzig et Dresde.
 Faisant allusion au ballet allemand, on a parlé, dans les années
soixante, d'un «miracle». La raison principale en a été le remarquable
travail du Sud-Africain John Cranko au Ballet d'Etat de Stuttgart, dont
Marcia Haydée est aujourd'hui la directrice et la première ballerine.
Le nom de Pina Bausch et son Théâtre de danse de Wuppertal sont

La grande salle de concert de la nouvelle Gewandhaus de Leipzig.

Kurt Masur dirige l'Orchestre philharmonique de New York.

également un label de qualité pour les amateurs de mises en scène de ballets originales.

Le palais de Friedrichstadt, à Berlin, se consacre surtout à la «muse légère» de la variété musicale.

Les classiques des temps modernes figurent, eux aussi, régulièrement, aux programmes des concerts, par exemple Paul Hindemith, Igor Strawinsky, Arnold Schönberg et Béla Bartók. D'autres grands noms sont Boris Blacher, Wolfgang Fortner, Werner Egk et Carl Orff, qui, avec son «usine-école» de réputation mondiale, avec ses instruments sonores, voulait familiariser les enfants avec sa musique. Bernd Alois Zimmermann, un téméraire avant-gardiste, a déjà inscrit son nom dans l'histoire de la musique avec son opéra «Les Soldats».

Avec les grands théâtres de musique, avec les effets les plus inhabituels, les compositeurs d'aujourd'hui s'efforcent de faire

Rock et pop: le chanteur Udo Lindenberg.

adopter par le public la musique ayant rompu les frontières des harmonies traditionnelles. En 1990, avec l'opéra «La Mer trahie», inspiré d'une nouvelle du Japonais Yukio Mishima, Hans Werner Henze a créé un théâtre d'action sauvage. Aribert Reimann, qui a fait des expériences avec des accords de vingt ou trente sons et parfois plus, a monté à Munich son opéra «Lear» en tant que psychodrame sinistre. Karlheinz Stockhausen s'adonne à un théâtre de musique visionnaire dans des dimensions wagnériennes. Mauricio Kagel, Argentin qui vit à Cologne et est, depuis des années, l'un des grands noms des milieux culturels allemands, utilise aussi son propre corps comme instrument de musique en tant qu'«artiste-artisan global». En Allemagne, l'Américain John Cage a ouvert à l'ordinateur les portes de la musique, Wolfgang Rihm, dans son œuvre «Oedipe», a, quant à lui, fait donner le rythme par les cuivres et les percussions. Mais la musique contemporaine moins spectaculaire n'est pas réduite à la portion congrue, ce qui est avant tout le mérite des stations de radio-télévision, qui diffusent des séries de concerts de musique moderne et passent commande de compositions. Les rencontres à caractère d'ateliers y contribuent également. Les plus réputées en sont les «Journées musicales de Donaueschingen» et les «Cours de vacances internationaux de Nouvelle Musique», à Darmstadt.

Le «German Kraut Rock». Dans les disciplines comme le jazz, le rock et le pop, la scène musicale allemande a longtemps bénéficié de trop peu de crédit. Puis le «German Kraut Rock» qualifié de «nouvelle vague allemande» a commencé à faire parler de lui avec des chansons souvent loufoques et des textes en allemand. La flamboyante first-lady du punk, Nina Hagen, ou Udo Lindenberg, avec son «Panikorchester», ne pouvaient plus être passés sous silence. Les milieux du jazz allemand, à l'origine plutôt une espèce de mouvement de contestation durant les années cinquante, se sont aujourd'hui donné des musiciens de grande réputation : le joueur de trombone Albert Mangelsdorff est l'un des meilleurs représentants du free jazz à l'échelle mondiale. Avec son groupe «Passport», Klaus Doldinger cherche à jeter des ponts entre le rock et le jazz. Le groupe «BAP», de Cologne, occupe une place à part avec ses textes en dialecte colonais.

La chanson populaire est en revanche sous-représentée. Les orchestres de danse et de divertissement comme ceux de Bert Kaempfert, James Last, Max Greger ou Paul Kuhn se sont constitué, quant à eux, un public fidèle au-delà des frontières de l'Allemagne également. Issus de la chanson populaire et du rock, des chanteurs comme Peter Maffay ou Marius Müller-Westernhagen ne craignent pas la concurrence internationale. A cela s'ajoutent les chanteurs à textes comme Franz Joseph Degenhardt, Wolf Biermann et Hannes Wader, qui, chacun à sa manière, possèdent leur originalité en tant que musiciens ou paroliers.

La musique pour tous. Toute une série de concours a été imaginée pour promouvoir la relève. «La jeunesse s'adonne à la musique» en est le plus connu. Mais la musique est déjà cultivée à l'école. Rien qu'en Allemagne de l'Ouest, il existe plus de 700 écoles de musique publiques, auxquelles s'ajoutent environ 15.000 chœurs. Près d'un jeune Allemand sur deux joue d'un instrument de musique, les favoris étant la flûte et la guitare. Pour la jeune génération, écouter de la musique a beaucoup plus la cote que de regarder la télévision. La musique est une branche en plein essor : chaque année, largement plus de 200 millions de disques, cassettes et disques compacts trouvent acquéreurs en Allemagne. Il n'y a qu'aux Etats-Unis que l'on fasse encore mieux.

Le théâtre

Berlin, Munich et Hambourg, surtout, sont les villes que l'on n'a pas «faites» si l'on ne s'est pas rendu dans un de leurs théâtre — Berlin, à elle seule, en compte trente, dont le «Théâtre allemand» et le «Théâtre Schiller». Mais les programmes d'autres villes sont tout aussi intéressants. Bochum est une bonne adresse pour les amateurs de théâtre épris de créations originales, Mannheim se signalant par sa prolixité pour la création de pièces. L'Allemagne ne possède cependant pas de «capitale du théâtre» qui attirerait à elle tous les talents. C'est pourquoi le paysage théâtral est si diversifié. En province, aussi, le théâtre figure au programme : à Veitshöchheim, en Bavière, tout comme à Memmingen, à Massbach, en Franconie, ou à Meiningen, en Thuringe.

Cette diversité a une longue tradition : au XVIIème et au XVIIIème siècle, chaque prince mettait un point d'honneur à posséder son propre théâtre de la cour et n'hésitait pas à délier les cordons de sa bourse pour avoir ce plaisir. Au XIXème siècle, les villes caractérisées par l'essor de la bourgeoisie firent du théâtre un service public, ce qu'il est pratiquement resté jusqu'à aujourd'hui.

Le monument de Goethe et Schiller devant le Théâtre national allemand de Weimar.

Représentation de ballet à Hanovre-Herrenhausen.

Les scènes. Chaque saison, les théâtres allemands sont subventionnés par l'Etat à raison de plus de deux milliards de marks. Cela représente environ 100 DM pour chaque billet d'entrée vendu. L'Etat encourage par ses subventions les théâtres nationaux, régionaux ou municipaux, mais la majorité des tréteaux privés, eux aussi, peuvent compter sur ses subventions. Sans subventions, en effet, rares sont ceux des 420 théâtres allemands qui pourraient survivre. Les subventions fournies au théâtre font toutefois l'objet d'une critique croissante, surtout quand on connaît le poids des hypothèques financières inhérentes à la reconstruction de l'Est de l'Allemagne. La majorité des 67 théâtres de l'ex-RDA sont dans un état de délabrement architectural et technique et leur personnel n'est pas des plus jeunes. On ne pourra guère éviter de draconiens plans d'économie ni des fermetures de théâtres. Compte tenu de ce danger, de nombreux régisseurs de théâtre cherchent de nouvelles sources de financement, et ce, pas seulement dans l'ancienne RDA. Si l'art et l'économie étaient jusqu'ici deux mondes à part dans les milieux du théâtre, les directeurs généraux d'aujourd'hui commencent à faire appel aux mécènes de l'économie — suivant l'exemple donné par leurs homologues dans d'autres catégories artistiques également.

Les spectateurs. En Allemagne, le théâtre est très prisé d'un public dans lequel les spectateurs âgés prédominent. Les statistiques font état d'environ 34 millions de visiteurs au théâtre et aux festivals pour

«Penser en images»: le metteur en scène Peter Stein.

la saison 1989/90. Ce nombre comprend aussi les six millions de spectateurs qui ont assisté aux représentations de comédies musicales financées sur le marché, à Bochum et Hambourg. Un système sophistiqué d'abonnement épargne aux amateurs de théâtre les longues attentes devant les guichets. Ils peuvent réserver, pour une saison entière, une série de dix à douze représentations.

Les auteurs. Les théâtres allemands montent avec prédilection les œuvres des classiques, qui sont fréquemment modernisées ou politisées sous une forme osée. Les grandes comédies allemandes, notamment «La Cruche cassée» de Kleist, qui a attiré plus de 125.000 amateurs de théâtre durant la saison 1989/90, sont particulièrement appréciées du public. Brecht et Shakespeare le suivent de près. De Brecht, le public aime surtout «L'Opéra de quat'sous» et, de Shakespeare, «Hamlet» et «Le Roi Lear». Les auteurs de théâtre contemporains ont du mal à faire aussi bien. Mais certaines créations ont fait sensation. Avec des pièces comme «Le Vicaire» (1964), Rolf

Hochhut a osé s'attaquer à des thèmes prêtant à contestation et, après la catastrophe de Tchernobyl, en 1986, Harald Mueller a, avec «Le Radeau des morts», brossé une angoissante vision de fin du monde. Tankred Dorst, décoré en 1990 du prix Georg-Büchner (l'un des plus prestigieux prix de littérature allemands) a écrit, avec la «Trilogie allemande», un théâtre narratif psychologique. Heiner Müller se consacre quant à lui aux catastrophes contemporaines. Botho Strauss dépeint les classes moyennes aisées en les déformant souvent à la façon d'un mythe. Klaus Pohl enrichit les programmes de thrillers policiers. Depuis Brecht, Franz Xaver Krœtz, auteur, metteur en scène et acteur, est le dramaturge le plus souvent joué dans le monde entier. Ses quelque quarante pièces, le plus souvent des critiques de la société, ont été traduites en plus de quarante langues.

Les metteurs en scène. Il est fréquent que les metteurs en scène soient les véritables vedettes des théâtres. Beaucoup veulent provoquer le public. Sous leur régie, il n'est guère de pièce classique qui reste produite exactement comme l'auteur l'a écrite. C'est pourquoi leurs mises en scène revendiquent le titre d'œuvres spécifiques, raison pour laquelle a été créée la notion de «théâtre de metteur en scène». Des noms qui viennent immédiatement à l'esprit sont ceux de Jürgen Flimm, Klaus Michael Grüber, Peter Zadek, Luc Bondy et Robert Wilson. Peter Stein est l'homme réputé avoir inventé la «pensée en images». Le pouvoir subjectif de ses mises en scène impressionne critiques et spectateurs depuis les années quatre-vingt. Sa création de «Les Trois Sœurs», d'Anton Tchekhov, a même été montée à Moscou. Aujourd'hui, Peter Stein œuvre à Paris, Milan ou Londres, mais il n'en oublie pas pour autant, occasionnellement, Berlin et des théâtres allemands de moindre importance.

Deutscher Bühnenverein,
Quatermarkt 5,
5000 Cologno 1

Le cinéma

A une certaine époque, le cinéma allemand a eu une renommée mondiale. C'était dans les années vingt et au début des années trente, lorsqu'ont été tournés les grands films de Fritz Lang, Ernst Lubitsch et Friedrich Wilhelm Murnau. En ce temps-là, dans de nombreux pays du monde, on ne jurait que par Marlene Dietrich et l'Ange bleu. Mais la dictature nazie mit brutalement fin à cette période glorieuse. La majorité des grands metteurs en scène et de nombreux artistes prirent le chemin de l'émigration, les légendaires studios de l'Ufa connaissant une véritable hémorragie artistique avant de dégénérer en un centre de production de films de propagande nationale-socialiste. Après la guerre, le cinéma allemand a eu beaucoup de mal à combler son retard sur les autres pays. Aujourd'hui, il doit en outre faire face à une concurrence omniprésente : la télévision ne détourne pas seulement les spectateurs du cinéma, mais aussi les metteurs en scène et les acteurs. Les films d'Hollywood, mis en scène avec des budgets colossaux, monopolisent les programmes des cinémas. Les productions étrangères profitent également du fait que les films en langues étrangères soient presque tous synchronisés en allemand.

Dans un tel contexte, le cinéma allemand n'a pas les choses faciles. De grands succès commerciaux comme la comédie «Les Hommes» de Doris Dörrie ou «Le Bateau», film de guerre de Wolfgang Petersen, font exception à cette règle. Malgré tout, des films de grande valeur artistique sont régulièrement réalisés en Allemagne. Ceci est notamment dû à une promotion intensive du film par l'Etat et à la télévision, qui, occasionnellement, finance partiellement des films pour le cinéma.

Les cinémas et le public. Les cinémas allemands ont connu leur apogée commercial dans les années cinquante, lorsque la télévision en était encore à ses premiers balbutiements. A cette époque-là, plus de 800 millions de spectateurs de tout âge fréquentaient les cinémas chaque année. Aujourd'hui, on en compte encore tout juste cent millions par an. 70 % en sont âgés de quinze à trente ans. Les spectateurs optent de préférence pour les grands films hollywoodiens, qui, en 1990, ont accaparé une part de marché des cinémas allemands de près de 84 %. Le cinéma allemand, en revanche, a dû se contenter d'environ 9 %. En 1990, les 3.754 cinémas d'Allemagne ont réalisé un chiffre d'affaires supérieur à 351

Un nouveau «Cinedrom» à Cologne.

millions de DM sur un marché où régnait une âpre concurrence. Rien que durant la seconde moitié des années quatre-vingt, 450 propriétaires indépendants de cinémas ont dû jeter l'éponge. La télévision exerce une concurrence toujours plus grande : de plus en plus de films cinématographiques sont diffusés à la télévision, domaine dans lequel les émetteurs privés sont en fer de lance. Il est encore difficile de prédire quelles seront les répercussions, pour les cinémas, de l'énorme augmentation de vecteurs médiatiques comme la télévision à câble et le satellite ou la vidéo et la télévision à péage. L'un des objectifs de la promotion du cinéma par l'Etat consiste à assurer une place équitable aux cinémas dans cette concurrence.

Ces derniers temps, les grands groupes cinématographiques internationaux s'efforcent d'occuper le devant de la scène, car ils aspirent à une renaissance du cinéma en Allemagne. Ils tournent le dos au petit cinéma à caractère de studio et favorisent les grands palais cinématographiques du passé. Le supercinéma de l'avenir veut faire de nouveaux adeptes pour les films avec un ensemble comportant des dizaines de cinémas, plus des restaurants, des bureaux et des boutiques sous un seul et même toit. De tels projets sont par exemple en cours de réalisation à Berlin, Francfort-sur-le-Main, Dresde et Leipzig. A elle seule, la firme hollywoodienne United Cinemas International, la plus grande chaîne de cinémas du monde, veut construire en Allemagne quarante de ces «Cinedroms».

Le jeune cinéma allemand. Dans les années soixante et soixante-dix, le cinéma allemand a connu une renaissance dans l'Ouest de l'Allemagne. Les metteurs en scène de l'ex-RDA, sous la pression de l'Etat, ont dû peindre la vie quotidienne socialiste en couleurs gaies, à l'occasion de quoi ils ont toutefois aussi réussi quelques intéressantes productions. Les choses étaient plus faciles pour les jeunes cinéastes de la République fédérale. Fatigués des fades comédies et films sentimentaux dédiés au terroir, ce sont eux qui ont donné naissance au «jeune cinéma allemand». Les subventions fournies par le ministre fédéral de l'Intérieur ont permis de réaliser toute une série de films remarquables. Alexander Kluge a ainsi mélangé avec maestria des éléments fictifs et documentaires dans son film «L'Adieu au passé». Dans «Chacun pour soi, Dieu contre tous/L'énigme de Kaspar Hauser», Werner Herzog a porté avec tact à l'écran la vie et les souffrances d'un enfant trouvé, nimbé de mystère, Kaspar Hauser. Avec «Lina Braake», Bernhard Sinkel et Alf Brustellin ont tourné ce qui est sans aucun doute la meilleure comédie du nouveau cinéma allemand. Dans des films comme «Katzelmacher», «Le Mariage de Maria Braun» et dans l'élégie de la

Scène du film de Volker Schlöndorff «Homo Faber».

métropole «Berlin Alexanderplatz», Rainer Werner Fassbinder a brossé d'impressionnants panoramas de la société allemande. Décédé en 1982, Fassbinder a réalisé en seulement treize ans 41 feuilletons télévisés et films dont «La Nostalgie de Veronika Voss». Ce film lui a valu, en 1982, l'«Ours d'or» du festival cinématographique de Berlin. C'est d'ailleurs pour une bonne part grâce aux films de Fassbinder que l'actrice munichoise Hanna Schygulla est devenue une vedette internationale.

Les premiers succès commerciaux du jeune cinéma allemand ont incité à s'attaquer à des productions sortant de l'ordinaire. Wim Wenders (né en 1945) a brossé des portraits de héros avares de paroles dans des films comme «Paris, Texas» ou encore «L'Etat des choses», pour lequel le festival de Cannes de 1982 lui a décerné la «Palme d'or» et, en 1983, il a reçu le Prix fédéral du film. En 1988, Il a surpris avec son œuvre «Les ailes du désir», dans laquelle, à Berlin, un ange tombe amoureux d'une trapéziste. Ce film qui a reçu en 1988 le Prix fédéral du film et, ensuite, à Cannes, le prix de la Meilleure mise en scène, a également été un grand succès au Japon. Margarete von Trotta a acquis une grande réputation par ses pénétrants portraits de films. «Rosa Luxembourg» est considéré comme son meilleur film. Werner Herzog, né en 1942, réalise un excitant cinéma d'action avec ses originaux héros, thèmes et théâtres. Dans «Fitzcarraldo», un fanatique d'opéra veut se construire un opéra en pleine forêt vierge.

La littérature portée à l'écran. Les metteurs en scène allemands sont particullèrement ambitieux et, aussi, souvent couronnés de

Scène du film «Herbstmilch» de Joseph Vilsmaier

succès lorsqu'ils s'attaquent à l'adaptation cinématographique de grandes œuvres littéraires. Le grand spécialiste dans ce domaine est Volker Schlöndorff (né en 1939), qui a tiré un film de «Les Désarrois de l'élève Törless» de Robert Musil et de «L'Honneur perdu de Katharina Blum», une nouvelle de Heinrich Böll : pour l'adaptation cinématographique du best-seller «Le Tambour», de Günter Grass, Schlöndorff s'est vu décerner, en 1979, la «Palme d'or» du festival cinématographique de Cannes. En 1980, «Le Tambour» a été récompensé par l'«Oscar» du meilleur film étranger. Aujourd'hui encore, les romans sont appréciés comme base de scénario. Le succès mondial de Petersen, «Das Boot» («Le Bateau»), est l'adaptation cinématographique du roman du même titre de Lothar Günther Buchheim. Doris Dörrie, qui est actuellement la réalisatrice allemande la plus connue, s'est inspirée d'Alberto Moravia pour tourner «Moi et Lui», alors que Schlöndorff mettait en scène la «Mort d'un commis-voyageur», d'Arthur Miller et «L'histoire d'une servante», de Margaret Atwood. Schlöndorff y est aussi particulièrement bien parvenu avec «Homo Faber», inspiré du roman de Max Frisch, où Tom Shepard joue le rôle principal. Ce film lui a valu, en 1991 à Berlin, le prix de la «Pellicule d'argent».

Cette même année, la «Pellicule d'or» a été décernée à une autre adaptation cinématographique d'un œuvre littéraire : «Malina», de Werner Schroeter. Ce film dans lequel la Française Isabelle Huppert joue le personnage principal est l'histoire d'une autodestruction et est l'émanation d'une autobiographie cryptée de la femme de lettres autrichienne Ingeborg Bachmann. «Herbstmilch», de Joseph Vilsmaier, est un exemple illustre du nouveau film réaliste dédié au terroir. Le film tiré du best-seller autobiographique du même nom, dû à la paysanne bavaroise Anna Wimschneider, est l'une des plus agréables surprises du paysage cinématographique allemand.

De plus en plus souvent, des réalisateurs allemands osent aborder l'art difficile de la comédie et de la satire. Dans ses films «Oedipussi» et «Pappa ante portas», Loriot, l'humoriste à l'ironie la plus d'Allemagne, éclaire le comique inhérent à certaines situations de la vie quotidienne. Dans son film d'animation «Werner-Beinhart», le metteur en scène Michael Schaack traque sur l'écran des héros de bande dessinée. Dans ses films, Otto Waalkes se présente sous les traits d'un comique plutôt troupier.

La promotion du film. Les nouveaux films créatifs sont aussi dus en partie au «Conseil du jeune cinéma allemand», qui décerne des prix au premier film de grande valeur artistique tourné par un réalisateur et, pour les débutants, également pour leur deuxième œuvre. Le Conseil est un organisme des Länder fédérés. Celui-ci est complété par un accord-cadre passé entre les milieux cinématographiques et la télévision. Cet accord astreint les stations de télévision à fournir des fonds considérables pour les coproductions tournées avec les producteurs de films et à attendre au minimum deux ans avant de diffuser à la télévision les films ayant fait l'objet de la coproduction. Depuis 1968, une loi sur la promotion du film encourage la production de films et vient aussi en aide aux cinémas qui se sont spécialisés dans les films de grande valeur artistique en tant que «cinémas d'art et d'essai». Les fonds nécessaires sont réunis par le biais d'une taxe que doivent verser tous les cinémas et l'industrie de la vidéo.

Depuis 1951, le ministre fédéral de l'Intérieur décerne chaque année le «Prix du film allemand», qui récompense les meilleures prestations. Ce prix comporte notamment la «Coupe d'or», accompagnée d'un million de DM en espèces, et des Pellicules d'or et d'argent, dotées de jusqu'à 900.000 DM. En outre, le ministre fédéral de l'Intérieur accorde des subventions pour la promotion du film allemand au titre des aides à la production et à la projection.

Le «Centre d'appréciation du film», créé en 1951 en vertu d'un accord passé entre les Länder fédérés, décerne les mentions «bon» et «particulièrement bon» à certains longs-métrages et courts-métrages. Ces mentions donnent droit à une exonération d'impôts ou à des allégements fiscaux et permettent d'obtenir des subventions en vertu de la loi sur la promotion du film. Pour le public, ces mentions sont aussi un indice de la qualité du film.

Arbeitsgemeinschaft Neuer Deutscher Film
Agnesstr. 14
8000 München/Munich 40

Spitzenorganisation der Filmwirtschaft
Langenbeckstr. 9,
6200 Wiesbaden

Les festivals

En République fédérale d'Allemagne, le prochain festival n'est jamais bien loin, dans le temps et l'espace. Plus de 100 festivals sont consacrés rien qu'à la musique. Tous les trois ans, au mois de septembre, Bonn organise son festival international Beethoven, ce que fait aussi Augsbourg, en août et en septembre, avec son Eté Mozart, ponctué de concerts dans une ambiance rococo. A Eutin, c'est Carl Maria von Weber, natif de cette ville, qui est en vedette; à Halle et Göttingen, tout tourne autour de Georg Friedrich Händel et, à Munich et Garmisch-Partenkirchen, autour de Richard Strauss. Le premier festival Richard Wagner de Bayreuth a été organisé en 1876.

Il n'est guère de grande ville qui n'organise pas un festival de musique: Munich organise le Festival de l'opéra (juillet), Francfort-sur-le-Main les Fêtes de Francfort (septembre), Stuttgart la Fête européenne de la musique (août et septembre) et Berlin la Fête du jazz (novembre). En août de chaque année, Heidelberg organise ses fêtes romantiques du château. Fondé en 1986 par le pianiste Justus Frantz, le Festival du Schleswig-Holstein attire chaque année des musiciens de réputation internationale dans le Land fédéré le plus septentrional de l'Allemagne et remporte à cette occasion un

Le festival de Bayreuth 1991: «Le Vaisseau fantôme».

Le Festival du Schleswig-Holstein: la musique dans la grange.

immense succès auprès du public — un événement musical aux fins fonds de la province. Nombreuses sont les dates à marquer d'une pierre blanche au calendrier des festivals pour les amateurs de théâtre: les Rencontres théâtrales berlinoises, en mai, où sont présentées les meilleurs mises en scène en langue allemande; le Festival de la Ruhr, à Recklinghausen, également en mai, qui, organisé en plein cœur de la Ruhr, s'adresse en première ligne à un public d'ouvriers avec des pièces classiques et modernes; interminable est la liste des lieux de festival dont le cadre historique de forteresses, châteaux et églises constitue une coulisse idéale pour la mise en scène, en particulier, d'auteurs classiques: Bad Hersfeld, Schwetzingen, Schwäbisch Hall ou Jagsthausen.

Les festivals ont un «ancêtre»: les Mystères de la Passion d'Oberammergau, qui sont organisés tous les dix ans en vertu d'un vœu fait en 1634, année où la ville a été ravagée par la peste.

Berlin est une bonne adresse pour les metteurs en scène et les acteurs. En février, lors du Festival international du Film, se déroulent les concours récompensés par les Ours d'or ou d'argent. En novembre, les Journées du film nordique, à Lübeck, lancent un coup de projecteur intéressant sur les milieux cinématographiques, car on

La Semaine Bach à Ansbach.

peut y voir des films de Scandinavie, Mannheim organise sa Semaine internationale du film en octobre.

Les organisateurs de festivals allemands attachent de l'importance à une participation internationale. Ainsi Bayreuth qui, outre Richard Wagner, organise depuis 1950 les Rencontres internationales du Festival de la jeunesse. «Horizonte», le festival des cultures mondiales organisé à Berlin, donne lieu à une intéressante rencontre des cultures européennes et non européennes.

Index

Nota: (P) = Photo ou gravure; (C) = Carte; (G) = Graphique

Source des illustrations

Rédaction: A. Hoffmann
Traduction: Jean-Luc Lesouëf
Maquette: Peter Lenz
Clôture de la rédaction: 15 mai 1992

© Societäts-Verlag, Francfort/Main
Tous droits réservés pour les textes et les illustrations
Composition et conversions: Societätsdruck, Francfort/Main
Couverture: Icon, Bonn
Reproductions: Gehringer, Kaiserslautern
Impression: Westermann, Braunschweig
Printed in Germany 1992
ISBN 3-7973-0523-0